老子新釋

刘兆英 著

上海古籍出版社

图书在版编目(CIP)数据

老子新释／刘兆英著.—上海：上海古籍出版社，
2017.5
ISBN 978-7-5325-8338-6

Ⅰ.①老… Ⅱ.①刘… Ⅲ.①道家②《道德经》—注
释 Ⅳ.①B223.12

中国版本图书馆 CIP 数据核字(2017)第 032006 号

老子新释

刘兆英　著

上海世纪出版股份有限公司
上 海 古 籍 出 版 社　出版
（上海瑞金二路 272 号　邮政编码 200020）
(1)网址：www.guji.com.cn
(2)E-mail：guji1@guji.com.cn
(3)易文网网址：www.ewen.co
上海世纪出版股份有限公司发行中心发行经销
常熟文化印刷有限公司印刷

开本 635×965　1/16　印张 22.5　插页 2　字数 313,000
2017 年 5 月第 1 版　2017 年 5 月第 1 次印刷
印数：1—2,100
ISBN 978-7-5325-8338-6
B·983　定价：78.00 元
如有质量问题,请与承印公司联系

再版缀语

这本书从写作、出版到现在，七八年过去了，其间已有很多认识上的改变，也发现了书中不少缺陷和错误。如果要认真修订，很可能面目全非，成为另外一本书。考虑之后决定不如存其旧貌，也算自己走过的一个脚印。为了弥补存旧貌的不足，后面附上了三篇文章：一、《老子其人其书》。这是对原书前言的补充，同时明确了其中的一些新观点，如"老子书为语录体"等。二、《老子书中的几个比喻》。所选比喻的解读多与其他学者及流行看法有别。三、《说〈老子〉第十九章中的几个"绝弃"》。这一章是从古到今误解较多的篇章，特别是后世儒家多有微言。因此用了较多的文字做了较细的梳理，提出了不同于以往的看法。这三篇文章虽然有以前的积累为基础，但都是在今年二月份完成的，未免仓促，盼识者正之。

虽说要存旧貌，但文本上的错误却不能不改。去年一位青年朋友告诉我，他在我过去出版的《元刻楼观篆书本道德经》书中发现了一个错字，我一查果然错了，不是一个，而是两个。《老子新释》也沿袭了这个错误，这一次我依据拓片重校一遍，又发现了两处错误，而这种错误是治学者绝对不能犯的粗疏之错。现将改正的几处错误明示如下：

一、第十五章："古之善为道者，微妙玄通，深不可识。夫唯不可识，故强为之容。"其中的两个"识"字，均应为"誌（志）"字。

1

此句和流行本不同处有二，"善为道者"，流行本为"善为士者"。从内容看，流行本的"士"字是明显的错误。再是"誌"误为"识"。楼观本此句不同于流行本，却合于帛书甲乙本，足以说明刻于元代的楼观碑本源远流长，值得重视。

此误对文意影响不大，故只改正文本中的错字和引用文本的错字。

二、第二十章："漂兮，似无所止。"其中的"漂"字应为"廖"字。

三、第三十八章："上德无为而无以为，下德为之而有以为。"上句中的"以"字应为"不"字，下句中的"有"字应为"无"字。

这两个字一改，文意便发生很大改变，因此注释、译文、随笔都得变，所以对此章做了尽可能少的相应修改。

这次再版还更换了勒口上的照片，因为它已经是十年前的旧照了。此外还增添了一段作者的自我简介，因为有网友调侃说我有意藏而不露云云。对一个年过七旬的人来说，快乐最重要，而求真是我最大的快乐，其他都不再重要了。

当前人们对传统文化日益重视，因此对经典的解释也日益重要，这也对学者提出了更高的要求。人们回归传统文化，不是为了欣赏尘封的文物，而是有着迫切的现实需求，要寻回中华民族曾经赖以走向辉煌的思想法宝，特别是修身、齐家、治国、平天下的价值观，从而实现民族的复兴。由此看来，《老子》是最好的教材之一，应该有更多的人去探究老学的真谛。

一本书能再版，毕竟是一件令人高兴的事。感谢读者，感谢出版社。

作者 2016 年 3 月 2 日于西安城南之炊云书屋

目录

附　　录

第一章

道①可②道，非常道；

名③可名，非常名。

无名，天地之始，

有名，万物之母。

常无欲④，以观其妙⑤；

常有欲，以观其徼⑥。

此两者同出而异名，同谓之玄⑦，

玄之又⑧玄，众妙之门。

注解：

①道：本义为道路；引申为途径、方法、原则、言论、言说等。春秋时人们除使用道的本义外也使用引申义，此即老子所谓"常道"。老子借用了常道的"道"字，赋予了它全新的内容，即"道"是宇宙生成的基本物质和推动世界运动发展变化的动力与总规律。因此，老子需要把赋予新意的"道"，即哲学意义上的"道"，和人们通常所说的"道"区别开来，所以说"道可道，非常道"。

②可：语气助词。段玉裁《说文解字注》："可，从口、丁，口气舒。"

③ 名：名称，即与实相对应的概念。这里仍指道而言，所以说"非常名"。

④ 无欲，有欲：指心态的静、动。无形之道，以静得之；运行之变，以动得之。

⑤ 妙：小，言细微之极。

⑥ 徼（jiǎo）：归终也，指变化。

⑦ 玄：深邃。

⑧ 之：动词，至也。又：再，表示重复；引申为重复而无限。

道呵道，并非人们常说的道；名呵名，也非人们常说的名。"无名"的道诞生了天地，"有名"的天地产生之后，万物因此而生，所以天地是万物之母。我们要经常从无形中体悟"道"的微细奥妙，从有形中去观察"道"的运行变化。这两个方面（无、有）同出于"道"，只不过形态不同，都可以把它们叫作"玄"。"玄"是说道是无限深邃的，在无穷尽的深邃之中抓住"道"，也就找到了万物变化的总门户。

读经随笔

此章为全书纲领。

过去此章断句多不相同，后帛书出，意见相对统一了。

"道可道，非常道；名可名，非常名。"

第一句的第二个"道"字，人多释为"说"，"常道"的"常"字帛书作"恒"，于是第一句任继愈、张松如两先生的译文便成为：道，说得出的，就不是永恒的道①。道成了不可言说的东西了。如果永恒的道不可言说，老子何必有五千言？显然把第二个"道"字释为"说"不太妥当。南怀瑾先生指出了这种不妥，但又设问道："第一章首句中的两个'道'字，应当作哪种解释才恰当？我只能说：只有亲见老子，来问个清楚。"②

徐梵澄先生认为释第二个"道"字为"言"，可以成立③；但他又提出了一种新释：释"可"通"何"，"也"为"耶"，于是为这句话就变成了疑问句：

道，何道耶？非常道耶？

名，何名耶？非常名耶？

此说似无懈可击，自成一说。

我以为两个"道"字无分别，均指大道，与后面的常道相对；恒、常为同义词，均指平常。

"可"字另有一义，段玉裁《说文解字注》："可，从口、丁，口气舒。"可，表达的是舒气，又引申为"歌"。作为语气助词释为"呵"，正是舒的表现。王筠《说文句读》："丁，气已舒矣。丁加一口，其舒可知。歌从二可，长言之也。"又，"可"通"哿"，也是语气助词，《诗经·小雅·正月》"哿矣富人"，意思即富人是多么快乐呀。因此，第一句话可以译为：

道呵道，并非人们常说的道；

名呵名，也非人们常说的名。

开宗明义，第一句话应该没有疑问，应该声明这个"道"和人们常说的"道"是不一样的。

这一章既是"开场白"，也是总序、总纲，统领全篇。虽老子的"道"是从哲学高度提出的新概念，已不同于当时人们所经常说的"道"，所以必须强调"非常道"、"非常名"。这一章的"常"指平常、经常，并没有特别的含义。

"无名，天地之始，有名，万物之母。" 是说天地未形成之前是一片混沌状态，是"一"，既然没有别的东西，自然也无需用名去区别，这就是"无名，天地之始"。天地诞生之后，是"二"，"名"出现了。天地又孕育了万物，这就更需要把它们加以区别，所以说"有名，万物之母"。万物之母当然是指天地，有名是指天地的诞生。老子在这里说明了"有生于无"的过程，"有"是看得见的，比如天地万物；"无"是看不见的，比如道，看不见不等于它不存在。

"常无欲，以观其妙；常有欲，以观其徼。此两者同出而异名，同谓之玄。" 妙是极小，是隐而看不见的，指内部；徼是因循、归终，是事物发展的外部表现形态，是有形的。"此两者"指"无"与"有"，"同出而异名"是指它们是一件事物的两个方面，是不可分割的同一体，"同谓之玄"，是说它们都是"道"的反映。

"玄之又玄，众妙之门"。是说道的发展变化，是万物发展变化奥秘的总门户。

天地间万物千差万别，千变万化，但都有所遵循，都有一个从生到死的过程，老子谓之"徼"。徼是外部的，是可见的，老子又称为"有"；万物变化的根据不在外部而在内部，老子叫作"妙"。内部是眼睛看不见的，老子又称为"无"。"有"和"无"，一个是现象，一个是本质。是内因，当然要贵"无"。有人把"无"说成是虚无，是观念，这是误解。老子主张透过现象看本质，从事物的内部去找寻事物发展变化的原因。这种看法出现在二千五百年前，显得十分可贵。在老子看来，天地万物均由道而生，轻者升而为天，浊者沉而为地，它当然也是物质的；天地万物发展、变化，是由道决定的，是按照一定的方式运行的，因而"道"也隐约含有规律的意思。观察自然和社会现象，深入事物内部，掌握规律，我们才能找到"众妙之门"，这种认识无疑非常深刻。

在老子之前，中国尚无一人能够站到宇宙观的高度对我们所处的世界进行哲学表述。在老子之后，似乎也没有什么人能够超越他。在中国哲学史上，老子哲学是"原点"；在世界哲学史上，也受到瞩目。黑格尔在《哲学史讲演录》里概述中国古代哲学时论及道家，他说："这派的主要概念是'道'，这就是'理性'。这派哲学和与哲学密切联系的生活方式的发挥者是老子，他生于基督前第七世纪末，曾在周朝的宫廷内做过史官。"④老子是中国最早的思想集大成者，先秦诸子百家中无一不受其影响，拾得片言只语便可自立门户。老子思想深刻地影响着中国人的思维习惯、审美习惯，对中国社会的政治、经济、文化、军事及人的性格养成都有不可估量的影响力。直到今天，我们仍然可以感受到这种巨大的无形的力量。因此，对老子思想进行研究不但是要还原一个本来的老子，也是了解我们自己的一个入口。老子的"道"固然是哲学的，但并不玄虚，更多的却是社会的，是用于解决社会问题的。因而对处于社会管理层的人来说，非但没有过时，反而具有更多的现实价值和历史意义。

---

① 任继愈：《老子绎读》，北京图书馆出版社，2006，页1。
张松如：《老子说解》，齐鲁书社，1998，页3。
② 南怀瑾：《老子他说》，复旦大学出版社，2007，页49。
③ 徐梵澄：《老子臆解》，中华书局，1988，页2。
④ 黑格尔：《哲学史讲演录》，商务印书馆，1959，页125。

第二章

天下皆知^①美之为美，斯恶已^②；皆知善之为善，斯不善已。

故有无之相生^③，难易之相成^④，长短之相形^⑤，高下之相倾，音声^⑥之相和，前后之相随^⑦。

是以圣人处无为之事，行不言^⑧之教。

万物作^⑨而不辞^⑩，生而不有，为^⑪而不恃^⑫，功成不居^⑬。

夫唯不居，是以不去^⑭。

注解：
① 知：知道。
② 恶：不良行为，引申为争夺。已：同"矣"。
③ 生：草木生长，引申为产生。
④ 成：完成，成事。
⑤ 形：表现，引申为比较。王弼本作"较"，楼观本同于帛书本。
⑥ 音声：音与声。发出为音，入耳为声。
⑦ 随：跟随，引申为相接。

6

⑧ 言：言论、言语，引申为号令。

⑨ 作：兴起。

⑩ 辞：言说。

⑪ 为：本义指作、造。郝懿行《尔雅义疏》："为者，行也，成也，施也，治也，用也，使也，皆不出作、造二义。"

⑫ 恃：守。

⑬ 居：处，指不占有。

⑭ 去：失掉。

天下都知道美的东西是美的，纷争就产生了；都知道好的东西是好的，种种不好的行为就出现了。所以，有和无相互转化，难和易相反相成，长和短互相比较，高和下相互分明，音和声出入相应，前和后紧紧相随。因此，圣人治国以"无为"方针行事，推行没有强制的教化。就像万物自然生长而不加干预，万物生成而不认为是自己的功劳，培育了万物而不要其报答，万物兴旺而不居功夸耀。正因为不居功夸耀，功绩才不会泯灭。

读经随笔

上一章老子已经指出道是普遍的存在，是"众妙之门"。本章接着指出道是由相互对立、矛盾的方面组成的，这些看起来相反的东西却有着非常紧密的联系。他首先举出一个例子：

"天下皆知美之为美，斯恶已；皆知善之为善，斯不善已。"

"美"、"善"，均指物；"恶"、"不善"均指人对"美"、"善"的占有欲望引发的争夺行为。或者视"美"、"善"为利益的泛指，"恶"、"不善"为利益争夺的泛指。争夺是春秋的时代特征：小到一块玉、一把剑①、一个美女②，大到土地和国家③，无时不在争夺，人民因之而蒙受了巨大的灾难。老子试图解释引发争夺的根本原因，他认为这是人的占有欲所致，这正是老子用道的立场和方法发现的问题，极为深刻！老子是一位关注社会、关注民生的哲学家，他从相反的方向去把握对立的范畴，常常有惊人的发现。老子试图进一步说明他发现的这一规律具有普遍性，他接着分析了若干对立的范畴。

"**故有无之相生。**"在第一章里，就讲过这个道理：天地未形之前是"无"，天地既生之后是"有"，这是无中生有；万物循道而动是"有"，归徼死亡为"无"，"有"必归于"无"。一穷二白是"无"，民富国强是"有"；生灵涂炭是"无"，国泰民安是"有"。由此类推，则"有"、"无"之理遍矣。

"**难易之相成。**"难易指成就事物。做成一件事是很难的，特别是大事，但这些难事却是由若干个易事组成，所以"天下难事必作于易"（第六十三章）。"千里之行，始于足下；千层之台，起于累土。"（第六十四章）千里者难也，一步则易；千层者难也，累土则易。所以成就难事要从易入手，成就大事，要从小事入手。难和易之间的关系竟如此简单，如果要实现没有争夺的社会理想，必须一点一点去做。这正是老子反复强调"难易相成"的出发点。

"**长短之相形，高下之相倾。**"相形、相倾都是通过相互比较知其长短、高下，也就是说长短高下都是相对的，而不是绝对的。当出现另一可比事物时，结论就会出现新的变化，或者这一事物本身就是正在发展变化中的事物，那么长可变短，短可变长，"高岸为谷，深谷为陵"，向相反方向转化。矛盾双方是相对的，这就肯定了变因。战国时庄子发展了老子的相对论，进一步拓展了人们的思维空间，丰富了人们的思想。

"**音声之相和，前后之相随。**"发出为"音"，入耳为"声"。前者说的是事物都是由若干矛盾构成的，例如：五音宫、商、角、徵、羽，和谐才有好听的音乐。所以只有处理好它们之间的关系，才能成事。后者强调了事物的连续性，不能割裂它的历史联系去对待事物，是一种纵向思维。

有无、难易、长短、高下、音声、前后，老子用相生、相成、相形、相倾、相和、相随来说明了它们各自的特点，内容丰富多彩，很值得我们细细品味。老子把社会问题提升到哲学层面去分析，独此一家。

接下来的话似乎独立成章。如果把第一句放到最后，似比较顺畅一些。

"是以圣人处无为之事，行不言之教。万物作而不辞，生而不有，为而不恃，功成不居。夫唯不居，是以不去。"

不辞、不有、不恃、不居，均指天地而言。天地生养了万物并不自私，而是平等地对待它们（不有）；任由它们自由成长而不发号施令、横加干涉（不辞）；给予它们阳光雨露而不求回报（不恃）；果实成熟了也不去占有、享用（不居）。老子认为人之道应该向天地学习，这就是"处无为之事，行不言之教"。

"处无为之事"就是不与民争利；"行不言之教"就是没有苛繁的政令刑罚。对待民众应该像天地对待万物那样，不把它们看作是自己的私有财产，要多给予而不是尽力索取，要让他们有平等、自由的生活空间，而不是用法令去束缚民众。老子认为社会管理者如果能做到这些，就会得到民众的拥戴，他的功绩也不会失去，"夫唯不居，是以不去"。

从天道中提取人道，这是老子说理的一大特点。老子借用天道，是因为天在人们的观念中拥有至高无上的地位。与过去不同的是，老子的"天"已经具有自然天的特征。他从自然现象中去撷取天所具有的"品性"，这些观念性的品性只是表达了老子的人间理想，对社会无疑有进步意义。而天自身并不具有任何"品性"。用自然现象类比或对比社会现象并企图解决社会问题，或许是历史的局限，但这一点并不能掩盖老子哲学夺目的光辉。老子对社会问题的无情揭露和深刻分析，特别是老子始终站在最大多数人民的一边，大概是多数执政者不太喜欢老子的原因，也表明老子哲学的人民性。

---

①《左传·桓公十年》："初，虞叔有玉，虞公求旃。弗献，既而悔之，曰：'周谚有之："匹夫无罪，怀璧其罪。"吾焉用此，其以贾害也。'乃献之。又求其宝剑。叔曰：'是无厌也。无厌，将及我。'

遂伐虞公，故虞公出奔共池。"

②《左传·桓公元年》："宋华父督见孔父之妻于路，目逆而送之，曰：'美而艳。'"《左传·桓公二年》："二年春，宋督攻孔氏，杀孔父而取其妻。公怒，督惧，遂弑殇公。"

③《左传·文公十八年》："齐懿公之为公子也，与邴歜之父争田，弗胜。及即位，乃掘而刖之，而使歜仆。纳阎职之妻，而使职骖乘。"

第三章

不尚贤①，使民不争；

不贵难得之货，使民不为盗②；

不见可欲，使民心不乱。

是以圣人③之治：虚其心，实其腹，弱其志，强其骨。

常使民无知④无欲⑤，使夫知者不敢为⑥也。

为无为，则无不为⑦矣。

注解：

① 贤：本义为多财。段玉裁在《说文解字注》里对"贤"的注文是："贤本多财之称。引申之，凡多皆曰贤。人称贤能，因习其引申之义而废其本义矣。"老子此处使用的是贤的本义，即多财。

② 盗：窃贿曰盗。

③ 圣人：指古时以道治天下的君主。

④ 知：同"智"。

⑤ 欲：贪欲。

⑥ 为：指争。

⑦ 无不为：没有做不到的事情。王弼、河上公本作"无不治"。

执政者不崇尚财富，就不会和民众发生争夺；不崇尚稀有的财物，就不会把百姓逼上为盗的路。执政者如果不放纵贪欲，就不会使民众的心神散乱。因此，圣人治理政事的原则是：简化他的头脑，填饱他的肚皮，削弱他的欲念，强化他的体魄，永远使民众处于不用智识、没有欲望的状态，这样即使聪明的人也不敢胆大妄为。以"无为"的态度去处理政事，那么，就没有做不到的事情。

读经随笔

老子认为争夺是万恶之源，也是不合乎天道的。因此，怎样消除纷争，就成为执政者面临的第一要略。老子首先对执政者提出了三条要求：

"不尚贤，使民不争。"

尚贤在老子前后都被视为君主美德，老子本人也以贤者自许，但这里明确提出"不尚贤"，是什么意思呢？过去多数释家从尚贤会有竞争的角度去理解，终觉勉强。郭世铭先生从"贤"字的本义出发释为"多财"，使这一问题得到了妥善的解决①。不尚贤，就是执政者不要聚敛过多的财富。那么，民可得自足，自然无争。

"不贵难得之货，使民不为盗。"

事实上执政者不但聚敛过多的财富，还热心追求"难得之货"，从而和民形成了尖锐的对立，迫使民"为盗"。民之"为盗"，是执政者的疯狂掠夺造成的。在这种情况下，这些社会权势集团还要追求"难得之货"，只能激化矛盾，助长争端。

不贵难得之货也是古训。周克商以后，"通道于九夷八蛮"，西旅献给周王一只獒犬。太保就此事指出："不役耳目，百度惟贞。玩人丧德，玩物丧志。""不贵异物贱用物，民乃足。犬马非其土性不畜，珍禽奇兽，不育于国。不宝远物，则远人格；所宝惟贤，则迩人安。"②老子自己说他的话"言有宗"，确是如此。

"不见可欲，使民心不乱。"

"见"通"现"。从字面上看，是"不接触足以引起欲望的事物，使百姓的心思不被扰乱"。③似乎完全是指民而言。我以为，"不见可欲"仍是指执政者，是要求执政者克制各种贪欲的产生，做到没有贪欲，则民心自然不乱。

"是以圣人之治：虚其心，实其腹，弱其志，强其骨。常使民无知无欲，使夫知者不敢为也。" 圣人，指古时候有道的君主。虚其心，指心中没有贪欲；实其腹，指满足人本能的求生需求，即吃饱肚皮。"实其腹"的问题是个大问题，历代都讲"民以食为天"，毛泽东早在 1919 年 7 月《湘江评论》创刊宣言中指出："世界什么问题最大？吃饭问题最大。"③二十世纪六十年代初的自然灾害夺去了千万人的生命，凡经历者无不心有余悸。看来"实其腹"不但重要，而且是一个不容易解决好的大问题。"弱其志"和"虚其心"是一个意思，即减弱他们的欲望；"强其骨"和"实其腹"是一个意思，即强壮他们的身体。做到这些还不够，还要使民经常保持"无知无欲"的状态，使少数有贪心的"聪明者"也不敢存有争夺之心。无知，即无智。智指心机，即多占的欲念。为，争也。

执政者自己必须做到"不尚贤"，也就是不聚敛过多的财富，"不贵难得之货"、"不见可欲"，还要做到让民能够"实其腹"、"强其骨"，进而"常使民无知无欲"，这就可以称为"为无为"。

老子最后说：

"为无为，则无不为矣。"

"无为"是老子对执政者提出的基本要求。从本章的内容看，"无为"说白了就是无争，或者说不与民争利。处于强势地位的人如果能做到这一条，就会自然得到民的拥护。而得到人民拥护的君主就能具有真正的力量，就没有什么事情办不到，这就是"无不为"。

春秋时各国君王均欲"有为"，因为都面临着国内以及国与国之间的各种危机、压力和问题；老子开具的药方上却是"无为"二字，正好是"有为"的反面。因为老子的"道"是两分法，执政者及其集团和民之间的利益冲突是社会的基本矛盾。这种少数人和多数人之间的冲突一旦爆发，少数人的强势将瞬间化为乌有。这一点老子看得很清楚，但执政者却看不明白，在对待民的问题上，常常以为强权在握，自可为所欲为。老子的"无为无不为"的主张站在维护人民利益的立场上，同时也符合执政者的长远利益，本来应该是"甚易知甚易行"的，但"世人莫能知，莫能行"。

---

① 郭世铭：《老子究竟说什么》，华文出版社，1999，页 35。

②《尚书·旅獒》。

③ 任继愈：《老子绎读》，页 8。

第四章

道盅①而用之或似不盈②。

渊兮，似万物之宗。

挫③其锐④，解其纷⑤，和⑥其光，同其尘。

湛⑦兮，似或存。

吾不知谁子，象帝⑧之先。

注解：

① 盅：杯也。帛书本作"冲"，王弼本亦作"冲"。段玉裁《说文解字注》："凡用冲虚字者，皆盅之假借。"冲有空虚而动之意。

② 盈：满。

③ 挫：折损，引申为抑。

④ 锐：锋刃。

⑤ 纷：乱丝。引申为杂乱。

⑥ 和：融合。

⑦ 湛：隐无。

⑧ 象帝：天帝。

道好像一只空杯子，或许看起来并不盈满，但却用之不竭。道的深远是天地万物的总根源。它可以无坚不摧，解除一切纷争。它和太阳的光芒在一起，也和地上的尘土在一起。它隐而不现，但又实实在在地存在着。我不知道它的祖先是谁，它在天帝之前就已经存在了。

读经随笔

第一章说"道"是普遍存在的，"众妙"莫不含道。第二章又说，"道"是由矛盾的两方面所组成的统一体。这一章说明"道"看似没有固定不变可见的形态，却又有着强大无比的能量。"道"的存在不但是万物的总根源，而且在"天帝"之先，已经运行不息了。

"道盅（冲）而用之或似不盈，渊兮，似万物之宗。" 老子先打了比方：如果把道放在杯子里，看起来好像并不盈满，但它却像深渊一般用之不竭。这是因为道是一种无限存在，它是万物的总根源。

后来我国民间传说中一些宝物也具有这种神奇功能；外国也有类似的民间神话。看来这是人类思想里共有的东西。老子以这种用之不竭的人类幻想比喻"道"，实际上赋予了"道"以最美好的属性。

"挫其锐，解其纷。" 道可以挫败天下最坚硬最锋锐的东西，也可以理顺世上最纷繁最凌乱的事物。锐指锋刃，纷指乱丝；无论坚硬的或是柔软的东西，道均可战而胜之，理而顺之。这是讲"道"的作用、功能。

"和其光，同其尘。" 道是无所不在的。它和日月星的光芒在一起，也和细微的浮尘在一起。和，合也；同，一也。光，是明亮的，是人所易见的，是显赫的；尘，是细小的，轻飘的，人所不易见的，但道都和它们在一起。这就表示"道"对光、尘是一视同仁的，或者说"道"具有"平等"的属性。

平等是人们曾经拥有过的东西，后来出现了"剩余"，平等被破坏了。少数人不但占据了"剩余"，而且还要继续"损不足"。现代人们还把这种情况称为社会进步而予以肯定。如果有"剩余"就必然无"平等"，那"平等"就永远是一种梦想了。

老子也有这种梦想，他梦想社会有"平等"。

老子接着又对"道"进行讴歌：**"湛兮，似或存。"** 湛是无的意思。《说文》："湛：没也。"道是用眼睛看不见的存在，所以老子说"似或存"。但道的存在又是真真切切的，"挫其锐，解其纷"，具有强大的功能；道又无所不在，既"和其光"，又"同其尘"。

"吾不知谁子，象帝之先。" 如果有人问：道又是谁产生的呢？它是谁的儿子呢？老子说：不知道。这句话实际上是说"道"没有始，它是"自然"。因为有始就必然有终，有生也就必然有死，而"道"是"恒"，是永恒的存在。

佛教有一个故事。释迦牟尼年少时名叫悉达多，他的父王为他聘请了国内最有学问的老师跋陀罗尼为他授课。老师说"梵天创造了世界"，悉达多就问："梵天创造了世界，又是谁创造了梵天呢？"跋陀罗尼说："梵天是自始至终存在的。梵天至尊，它的存在不容置疑。"悉达多太子又问："老师说梵天自始至终存在，如果这个'始'指的是梵天存在之始，那么梵天就应有所出，也就说明梵天并非至高无上；如果这个'始'指梵天创世之始，则众生不应有轮回，因为轮回无始无终……"少年悉达多的问题是很有道理的，他的老师跋陀罗尼回答不了这个问题。印度的"梵天"相当于中国人的"天帝"。老子说道在"象帝之先"，也即是说天帝并非至高无上，只有道是至高无上的，它无始，因而也无终。悉达多的问题则可在老子这里得到圆满的回答。老子虽然没有否定"天帝"的存在，但却推翻了天帝至高无上的地位，这在二千五百年前是不可思议的事情。因为那时人们普遍顶礼天帝，没有人敢于冒犯天帝的神威。

老子保留了并不存在的"天帝"，因而老子不是"彻底的唯物论者"。如果是，那他就不是生活在两千五百年前的"先贤"了。

第五章

天地不仁①，以万物为刍狗②；
圣人不仁，以百姓为刍狗。
天地之间，其犹橐龠③乎？虚而不屈④，动而愈出。
多言数穷⑤，不如守中⑥。

注解：
① 不仁：与人不同。仁，人也。
② 刍狗：祷雨祭祀用品之一，以草扎成，饰以文绘，用毕即弃。
③ 橐龠：风箱。橐是无底的口袋；龠是古代一种乐器，形似箫。古时风箱用皮腔，以管子和炉子相接，压缩鼓风。
④ 屈：穷尽。
⑤ 多言：话多，指政令繁杂。数穷：数，促也，指无法可治。
⑥ 中：冲，虚也。

天地没有仁爱，把万物视同"刍狗"一般，任其自然；圣人没有仁爱，也把百姓视作"刍狗"一般，任其自然。天地之间，不就像一个大风箱吗？其中心空虚而风不可穷尽，愈动风就愈多。话说得太多必然困乏，不如虚静守中为好。

18

读经随笔

过去人们在论及老子的天命观时，总要引用《老子》第七十九章的"天道亡亲，常与善人"为证，来说明老子的天道观中存在着一个有意识的"天"，因而是"唯心主义"的。其实这句话并不能代表老子的天道观，他只是引用了被称为黄帝六铭之一的《金人铭》中的结束语："天道无亲，常与善人。戒之哉！戒之哉！"①类似的话还见之于《尚书》："皇天无亲，惟德是辅。"②这句话经常被春秋时人所引用，《左传》中记载很多。老子引用了这句古语，于是成了老子的话。这句话还曾被司马迁误解，他在写完《伯夷叔齐列传》之后，发牢骚说："或曰'天道无亲，常与善人'，若伯夷、叔齐，可谓善人者，非邪？积仁法行如此而饿死！且七十子之徒，仲尼独荐颜渊为好学。然回也篓空，糟糠不厌而卒早夭。天之报施善人，其何如哉？"③这个牢骚饱含司马迁本人的遭遇，他对此语痛加驳斥也在情理之中。现代一些喜欢给古人贴标签的人就抓住这句话给老子打上了"奴隶制的印章"。《金人铭》传为黄帝所作，并不可靠，但不迟于周初则是可以肯定的。夏人的天道观从《甘誓》④可知，商人的天道观从《汤誓》⑤可知。从安阳出土的甲骨文字中我们还可以进一步了解商人的思想，如"帝其令风"、"帝其令雨"，天帝是自然和人间祸福的唯一主宰。到了周人开始有了重大改变，德成为天命的唯一标准，这就是"皇天无亲，唯德是辅"。

这个变化可不小，天上的"令"变成了地上的"德"，民的地位突显，但那个有意识的"天"还在。到了老子，"道"生天地，他从根本上推翻了那个有意识的天，提出了"天地不仁"的颠覆性天道观，这无疑具有划时代的意义。

"天地不仁，以万物为刍狗。"

"不仁"就是没有意识，没有人类的情感，没有喜怒哀乐，没有好坏美丑，也没有什么欲望和要求。老子指出了天是物理的天、自然的天，"老子这一观念，打破当时天人同类的谬说，立下后来自然哲学的基础"⑥。吴澄说："仁谓有心于万物也。天地无心于万物而任其自生自成。"⑦正因为它没有意识，所以"万物"对它来说也没有什么用处，只不过像是一些"刍狗"而已。刍狗，是用草扎成狗形的祭品，用完就扔掉了。

天不再发号施令，甚至也不再选择，也没有任何欲望，这已经是自然的天了。不仅如此，天和万物一起还要受到"道"的制约。"道"不在天地万物之外，却在天地万物之中。老子的天道观在他所处的时代无疑是先知先觉的。

"圣人不仁，以百姓为刍狗。"

老子谈天，是要从天道中引出人道。天从不向万物索取什么，也没有任何欲望和要求，无私地给予万物阳光雨露，平等地对待它们，包容它们。老子认为人间的执政者应该从天所表现出来的"道"学习，也应该这样对待百姓。所以说"圣人不仁，以百姓为刍狗"。

"天地之间，其犹橐龠乎？虚而不屈，动而愈出。"

橐是皮口袋，龠是管状的乐器，合指风箱。老子把天地之间比喻为大风箱，其中心却是空虚的，所以因道而动，风永不衰竭，越动越多。

"多言数穷，不如守中。"

多言，说话多。言为心声，即表示心中的欲望、要求。这里特指执政者向百姓的索取、剥夺、法令等。数穷，没有办法，指必然失败；中，指虚无。

最能代表老子天道观的，就是本章的"天地不仁"。老子从天的自然特性中提取的天之道，并不是天的属性，而是"道"用于社会后产生的属性，这是需要分辨清楚的。

---

① 严可均：《全上古三代秦汉三国六朝文》卷一，中华书局，1958。

②《尚书·蔡仲之命》。

③ 司马迁：《史记·伯夷叔齐列传》．

④《尚书·甘誓》："大战于甘，乃召六卿。王曰：'……有扈氏

威侮五行，怠弃三正。天用剿绝其命，今予恭行天之罚。'"

⑤《尚书·汤誓》："王曰：'格尔众庶，悉听朕言。非台小子敢行称乱。有夏多罪，天命殛之。……夏氏有罪。予畏上帝，不敢不正。'"

⑥ 胡适：《中国哲学史大纲》，上海古籍出版社，1997，页40。

⑦ 吴澄：《道德真经注》卷一。

第六章

谷①神②不死，是谓玄牝③。
玄牝之门，是谓天地根。
绵绵④若存，用之不勤⑤。

注解：
① 谷：深穴。
② 神：主也，灵也，指道。
③ 玄牝：雌性生殖器。这里指道生天地的出口。玄有黑色及深邃二义。
④ 绵绵：形容连续不绝。
⑤ 勤：疲倦。

道是永存的，它像一个深邃无际的黑洞，这个洞可以称作"玄牝"。这个黑洞的门户就是天地之根。道绵绵不绝，萌生万物，永无穷尽。

读经随笔

老子试图说明"道"是怎样产生天地的，他说："谷神不死，是谓玄牝。"

先说"谷",《说文》:"水注川曰谷。"历来释家均取"山间空虚处"之意,王弼释谷神为:"谷中央无谷也。无形无影,无逆无违;处卑不动,守静不衰。谷以之成,而不见其形。此至物也。"河上公则说:"谷,养也。人能养神则不死也。神,谓五脏之神也。"这是从山谷引申并附会出的解释。现代释家则把这句话译为:

> 虚空的变化是永不停歇的,这就是微妙的母性。①
> 道(谷神)永存,叫作"玄牝"。②
> 太空的元神不死而永生,这就是微妙的母性。③
> 气海中的元神是不死的,这叫作微妙的生命元始④。

这几种解释把"谷"释为"虚空"、"太空"、"气海",或干脆把"谷神"释为"道",都有所本,但都来自古释或古释的引申,都不够确切。我试提出一种新说,即"谷"有另一义:深穴也⑤。"谷"即"深穴"。谷是极深极大的洞穴,其中充满着灵动的"道",这就是"谷神"。

玄牝,指谷,也就是这个洞;牝,雌性生殖器。这个洞穴是一个幽深无底无边的大生殖器。

人类和动物的生殖出自穴状生殖器,这是古人对生殖现象观察所形成的观念。道生天地,也应该来自一个洞穴,当然这个洞穴非同一般,其深不可测,其大无边,所以称"玄牝"。玄,既有幽暗黑色之意,又有深邃无际之意,可称为黑洞。朱熹说:"谷之虚也,声达则响应之,乃神化之自然也。是谓玄牝,玄妙也。牝是有所受而能生物者也。至妙之理,有生生之意焉。"⑥神化之自然,就是道,即谷神之"神"。

"谷神不死,是谓玄牝。"总起来是说,永恒的道、冲虚的道、灵动的道在一个黑色幽暗、深邃无际的洞穴里生生不息,这个洞穴就是一个大生殖器。

"玄牝之门,是谓天地根。"天地的根和这个"玄牝"的门户相连，正天地所由出也。

任继愈先生在《老子绎读》第六章的注中说："抗战时期在滇时，据友人云南大学历史系李埏教授说，云南省剑川县有古洞，门口刻有女性生殖器，题为'玄牝之门'，可见古人对'玄牝'的理解。"女性生殖器崇拜是原始母系氏族社会的遗存，后来则被男性生殖器崇拜所取代，"生殖柱"便是。云南昆明的民族园里有模拟物展出。

老子把道生天地安排在一个巨大的黑洞里，正是来自对人类和动物生殖现象的联想，或者说源自远古人类对女性生殖崇拜的遗存。

"绵绵若存，用之不勤。"这说的是"道"之动。"道"绵绵不绝地输入天地，催生万物，推动着天地万物的一切变化，永不停止，永不衰竭。因为"道"是冲虚的，是看不见的，所以老子用了"若存"二字。若存并没有"好像"、"似乎"的意思。他最后坚定地说："用之不勤。"

追寻宇宙万物的生成，是人类智慧成熟的表现，通常是由最具智慧的哲学家来完成的。老子是我国历史上第一个最具智慧的哲学家，和民间神话传说不同，老子是从哲学意义上最早完成宇宙观这一命题，并形成了完整的体系。

---

① 陈鼓应：《老子注译及评介》，页 86。

② 任继愈：《老子绎读》，页 14。

③ 张松如：《老子说解》，页 45。

④ 冯达甫：《老子译注》，上海古籍出版社，2006，页 14。

⑤《辞源》，1980 年修订版，页 2928。

⑥ 朱熹：《朱子语类》，宋咸淳元年导江黎氏本影印，卷一二五。

第七章

天长地久。

天地所以能长且久者，以其不自生^①，故能长生^②。

是以圣人后其身^③而身先，外其身^④而身存。

非以其无私邪？故能成其私^⑤。

注解：

①　不自生：不繁殖，没有后代。老子认为这是天地无私而长久的原因。

②　长生：永存。

③　后其身：身指个人，引申为个人利益。后其身即把个人利益放在众人利益的后面。

④　外其身：置之于身外，即无私，不求个人利益。

⑤　私：自己。

天长地久。天地之所以能长久存在的原因，是因为它不会再生一个天地，所以能长久。因此，圣人谦虚退让，反而在众人之先；把自己置之度外，反而能安然存在。这不正是由于他没有私心吗？所以能成全他自己。

读经随笔

"**天长地久**",至今还作为成语广泛使用,并且是原意不变,多用于美好的事物。这是老子的贡献。

"**天地所以能长且久者,以其不自生,故能长生**。"有趣的是,老子还进一步解释了天地能够长久的原因,答案是"以其不自生,故能长生"。

什么叫自生?任继愈、陈鼓应均释为"不为自己",郭世铭则译为"它不是单独存在而是与万物共存",释德清则说:"以其不自私其生。"还有说"不独自生存"的①,看来也众说纷纭。我认为这些解释虽然都抓住了"不自私"的特点,但却没有能说明"不自生"的本意。其实"不自生"指生殖现象。除天地之外,动植物均自生。自生指自我繁殖,就是龙生龙,凤生凤,人生人,狗生狗。唯有天地是个例外,天没有再生一个天,地也没有再生一个地。而凡是自生的东西都有亲、有后代,这个"亲"和"后代"即是"私";万物都有生有死,或者说都有一个从生长到死亡的必然过程,概莫能外。

我们知道,天长地久也不过是相对的。但在老子看来,"不自生"的特点决定了天地的无私,而只有无私才能做到对万物平等对待而达到大公。

"**是以圣人后其身而身先,外其身而身存**。"人是"自生"的,有"亲"有"私",即使做不到大公无私,也应该效法天地做到把自己的私利放在第二位,即"后其身",当然最高的境界还是"外其身",即"无私"。老子认为执政者如果能做到"后其身",他反而能够首先得到;如果做到"外其身",他就可以长久,因为他得到了民众拥护。

由此看来,老子的理想社会应该具有大公无私的特征,这也就是他所谓"天之道"的本质特征。过去人们在谈到老子的社会理想时总喜欢引用"小国寡民"那段话,有人据此判为"倒退"、"反动",有人不同意这种观点而予以辩驳,也仍然局限在"小国寡民"里②。我认为可以代表老子理想社会的不是"小国寡民",而是大公无私。这是一种非常崇高的境界。与他同时代的哲人中,只有释迦牟尼的"西方世界"堪与比肩，柏拉图的"理想国"犹不能及。

老子用"后其身而身先，外其身而身存"来告诫执政者不要与民争利。如果拿宋朝范仲淹的"先天下之忧而忧，后天下之乐而乐"的庙堂忧乐观和这句话相比，就显得有些轻飘了。因为老子这句话还可以这样说：把自己的利益放在前面，你反而得不到利益，你千方百计要得到利益，不择手段进行掠夺，即使得到了也会失去，甚或连性命也保不住。

"非以其无私邪？故能成其私"。千方百计想得到的反而得不到，不想得到的却常常可以得到，这真是奇妙的辩证法。"成其私"指成就名声地位。

近几十年来，人们看重阶级立场，对古人也采用了这一标准。因此，说老子思想"标出了奴隶制印章"，认为"反映着农民小私有者的空想性"，后来又修正为老子代表"奴隶主阶级"，于是，"老子企图使社会倒退至西周初期奴隶制社会"③，成了过去的主流看法，反映了那个时代政治对学术的影响，也给老子错划了立场和成分。老子为民说话，代表民的利益。人民拥有绝对优势的力量，却经常被驱使、被利用、被剥夺。因此，凡是为民的利益说话、符合人民利益者，就是人民的立场。无论什么阶级出身的人，也无论是否是执政者，只要站在人民的立场就代表先进，代表正义。老子是一位站在最大多数人民立场上的代言人，因而老子不但在当时是先进的，现在看也是先进的。

① 任继愈：《老子绎读》，页16；陈鼓应：《老子注译及评介》，页88；释德清：《老子道德经解》；郭世铭：《老子究竟说什么》，页44；兰喜并：《老子解读》，页29。

② 詹剑峰：《老子其人其书及其道论》，湖北人民出版社，1982，页478。

③ 见郭沫若《中国史稿》，任继愈《中国哲学史》、《中国哲学史简编》，张岂之《中国哲学史略》。

第八章

　　上善①若水。水善利②万物而不争，处众人之所恶③，故几④于道。居善地⑤，心⑥善渊，与⑦善仁，言善信⑧，政善治，事善能，动善时⑨。夫唯不争，故无尤⑩。

注解：
① 上善：最好。此处"善"字，泛指好，并无其他含义。
② 利：利益。这里用作动词，指有利于。
③ 恶：厌恶，讨厌。
④ 几：差不多，接近。
⑤ 居：处。善地：适合的地方。
⑥ 心：心境、心胸。
⑦ 与：交往。
⑧ 信：信用。
⑨ 时：时宜。
⑩ 尤：过失。又通"忧"，忧患，亦可通。

　　最好的就像水一样。水有利于万物而不与万物相争，甘愿停留在人们不喜欢的低洼地方，所以比较接近于"道"。人应该像水一样

28

避高就低，心境保持平静，交往与人亲爱，承诺遵守信用，施政简洁清明，做事无所不能，行动不失时宜。正是因为与人无争，所以就不会犯过失。

读经随笔

老子是哲学家，又是诗人、政论家。

诗人面对水发出了诗意的赞叹："上善若水！"

政论家评论水"善利万物又不争"；

哲学家看到水总是向低处流，而"低"又是大多数人不喜欢的位置，所以老子说水"几于道"。

正因为"水几于道"，老子认为执政者应该向水学习。无论是要求自己，还是对待别人，无论是施政或者做事，都应该学习水的"品德"，都要做到"善利万物而不争"，只有做到了不争，就不会有过失，也不会有忧患。

"上善若水"，最好的就像这水一样呵！

"上善"，即"上好"，就是最好。如果释为最好的"善"，则是画蛇添足了。但是现在画蛇添足的人太多，可能是人人愿意"向善"吧。

水是最能引发诗情画意的东西。《诗经》首篇"关关雎鸠"，就是"在河之洲"鸣叫的①。此外，"汉之广矣"，"江之永矣"②，采蘩"于沼于沚"③，采蘋"南涧之滨"④，都离不开水。蘩、蘋都是可供人食用的水生植物。水不仅滋生万物，而且水本身就是人不可缺少的生活必需品，这只是水善利于人的一个方面。其善利万物亦同于人，是人和万物的生命线。正如英国哲人培根所说："利人的品德我认为就是善。在性格中具有这种天然倾向的人，就是仁者。"⑤但水却对它无私付出的对象从来没有任何要求，甘愿处在最低凹的地方。所以老子说：

"水善利万物而不争，处众人之所恶，故几于道。"

处下、不争，这是老子从水的特性提取出的"道"的属性，是执政者应该效法的准则。具体地说，应该做到以下七条：

一、**居善地**。所谓"善地"，就是下。国兴在民，民为本，民为上，所以君主应居下，下可得民，则君主处上而民不重，处前而民不害。

二、**心善渊**。渊是静的意思，指没有贪欲之心，像深渊一样平静无波。君主没有贪欲，则民不起争端，上下和谐相处。

三、**与善仁**。与，相与，指君主周围的臣子，他所交往信任的人。这些人应该是有道的"仁人"，是对民有爱心的人。孔子也说过："仁者爱人。"⑥

四、**言善信**。对内信守对民众的承诺，对外信守国际间的盟约，这样才能有信誉。

五、**政善治**。施政简明、公平。

六、**事善能**。做事快捷、多能。

七、**动善时**。不失时宜。应指"使民以时"。

老子认为做到这"七善"，也就做到了"不争"，就不会有过失。

---

①《诗经·关雎》。

②《诗经·汉广》。

③《诗经·采蘩》。

④《诗经·采蘋》。

⑤《培根论人生》，上海人民出版社，1983。

⑥《论语·先进》。

第九章

持①而盈②之，不如其已③。
揣④而锐⑤之，不可长保。
金玉满堂，莫之能守。
富贵而骄⑥，自遗其咎⑦。
功成、名遂⑧、身退，天之道。

注解：
① 持：执，指拥有、占有。
② 盈：满，指继续追求，以使更盈满。
③ 已：止，停下来。
④ 揣：捶击、磨砺。
⑤ 锐：形容词用作动词，使之锋利。
⑥ 骄：自满。
⑦ 咎：罪过。
⑧ 遂：完成。

已经拥有了还要继续追求盈满，不如快停下来吧。
东西磨砺得太锐利了，难以保持长久。

金玉堆满屋中，没有人能够守得住。

已经富贵了还要追求更富贵，会给自己带来灾祸。

功成名就，急流勇退，才是符合天道的啊！

读经随笔

老子说话一针见血：

"持而盈之，不如其已！"

持，拿在手上。这些人已经为自己聚集了大量财富，远远超过了自己的生活需要，他们还要继续为自己增加财富，追求盈满。老子劝告这些人赶快停下来："不如其已！"

老子是针对执政者对民的掠夺说这番话的。贪婪是这些人共同的特点，而这一点正是产生"民怨"的根源之一。

一方面是无止境的掠夺，另一方面是不断增长的"民怨"，这对矛盾的紧张、恶化，势所不免。

"揣而锐之，不可长保。"

老子又耐心地用道理开导君主：凡是捶打得尖尖的东西，锋芒毕露，但都不能长久。这就是所说的物极必反，而物极必反是事物的普遍规律。老子怕这些人还不明白这个道理，接着直截了当地说：

"金玉满堂，莫之能守。"

这正是既得利益者最担心的问题，满屋子的金玉宝贝，没有人能够守得住；别说金玉宝贝，甚至连命也保不住。《左传·昭公十三年》记载了楚灵王的故事，楚灵王是一个贪得无厌的人，在他担任令尹的时候，杀了大司马薳掩，霸占了他的全部房产。他即位做了国君，又夺取了薳居的田地。他把许国人迁到别处，灭了蔡国、陈国，夺取了斗韦龟和成然的封邑，并且企图夺取天下。他占卜时说："余尚得天下。"占卜的结果"不吉，投龟，诟天而呼曰：'是区区者而不余畀，余必自取之。'民患王之无厌也，故从乱如归。"楚灵王最后在叛乱中走投无路，自杀而亡。

老子告诫执政者说：

第九章

"富贵而骄，自遗其咎。"

富，指拥有财产；贵，指拥有地位。骄，指狂妄贪求，永无止境。已经拥有很多财产，还要聚积更多的财富；已经贵为国君，还要妄图得到天下，这就是"骄"。而骄的后果是自取的，所以说"自遗"，咎是罪过、灾祸，这都是自己招来的，自找的，怪不得别人，这是"自遗其咎"的意思。

这种人过去有，现在也有。一些居于高位的贪官一旦走上"富贵而骄"的路，其疯狂不亚于楚灵王。当他们被推向被告席而身败名裂，实在是"自遗其咎"。人的私欲具有自发膨胀的特点，超过理性控制线就进入了"骄"的阶段，而"骄"则是个人无法控制的非理性状态，直到灾祸来临。因此，对私欲应该有足够的警惕，应该保持勤拂拭而不使惹尘埃。老子认为必须用"天之道"来规范自己：

"功成、名遂、身退，天之道。"

老子把"天之道"概括为六个字：功成、名遂、身退。关键在身退不居，也就是为而不争。用于人道，则是不谋私利，不为个人打算。"功成"，指"和民"，使民能够享受自由的生活，自然而然地达到富足安康；"名遂"，指得到民的拥护，从而拥有高尚的德；身退，指不居功名，不贪富贵，继续为民服务，并非一定要退位、退休或去做隐士。

老子讲"天道"，目的是为人道树立榜样。违背天道的人虽然没有好结果，但这种人历代都不缺乏，总是有增无减。历史上没有一位君主能做到"功成、名遂、身退"；被誉为"功成、名遂、身退"的有几个臣子，也是为了自保而作出的无奈选择。由此看来，"天之道"只是寄托了老子的理想，一个非常美好但难以实现的理想。

第十章

载营魄抱一①，能无离乎？

专气致柔②，能如婴儿乎？

涤除玄览③，能无疵乎？

爱民治国，能无为乎？

天门开阖④，能无雌乎？

明白四达⑤，能无知乎？

生之畜之。生而不有，为而不恃⑥，长而不宰⑦，是谓玄德⑧。

注解：

① 载营魄抱一：载指地；"营"通"茔"，人死后形体所处。魂魄，均为人的精神。古人认为魂为阳神，人死后可脱离人而升天，魄为阴神，必附于形而入地，不能分离，故称"抱一"。

② 专气致柔：专，同搏，结聚；指吸气。致柔，使关节活动、柔顺。

③ 览：观，指铜镜。

④ 阖：同合。

⑤ 明白四达：眼睛看清四方。

⑥ 恃：依靠。

⑦ 宰：主宰。

⑧ 玄德：最高最大的德。

　　一个人从生到死都和魄合一，能分得开吗？

　　结聚精气以至柔顺，能像婴儿一样吗？

　　清除掉镜子上的黑斑，就算是没有瑕疵吗？

　　爱护百姓、治理国家，可以用"无为"吗？

　　鼻子一呼一吸，能做到只进不出吗？

　　通晓天下事理，能做到"无智"吗？

　　道生长万物，养育万物。但生长万物而不看成是自己的，养育万物却不居功，让万物自然成长而不干预它们，这就是最高的"德"。

读经随笔

　　老子提出了六个问题，第一个是："**载营魄抱一，能无离乎？**"

　　古人认为人有魂魄，魂又被称为阳神，是"附气之神"，人死后魂可以脱离人体而上升于天；魄则被称阴神，是"附形之灵"，不能脱离人体而只能入于地①。"载"，指地，天覆地载；营指人死后入地的居所，通"茔"。抱一，指魄与形体合一，也就是形神合一。老子提出的第一个问题是魄与形紧紧地抱为一体，它们能分开吗？如果把这种设问句式转换成表述句式，这句话就变成了魄与形是不可分离的，魄必须依附于形而存在②。

　　第二个问题："**专气致柔，能如婴儿乎？**"

　　婴儿具有精元充足于内、柔弱单纯于外的特点，因而一再受到老子的称赞。正是由于精气充足于内，看起来柔弱的婴儿具有顽强的生命力和继续成长的广阔空间。如果人们只是结聚（专）精气达到柔顺，能做到像婴儿一样吗？答案显然是否定的。

　　第三个问题："**涤除玄览，能无疵乎？**"

　　览，观也，指铜镜；玄，指镜面上的黑斑。通过清洗除掉黑斑，能做到一点瑕疵也没有吗？显然是做不到的。

第四个问题：**"爱民治国，能无为乎？"**

要做到爱民治国，能离开"无为"吗？原来，前三个问题都是为这个问题服务的。治国和"无为"的关系，就像魄与形合——一样不可分离。"专气致柔"和"涤除玄览"，都是"有为"，所以即使有很好的愿望也达不到目的。

第五个问题：**"天门开阖，能无雌乎？"**

天门指鼻子，开阖指呼吸。吸进为雌，呼出为雄，谁能做到只出不进呢？

第六个问题：**"明白四达，能无知乎？"**

明白指眼睛，四达是看清四方。人们都有能明白四达的眼睛，怎样才能使人们不争呢？知同智，谋也，争也。

后两个问题仍然是围绕治国与"无为"的关系而引出，旨在进一步说明治国离不开"无为"，而"无为"必要熄灭纷争（无知）。怎样才能做到这一点呢？这就需要向"天之道"学习：

"生之蓄之。生而不有，为而不恃，长而不宰，是谓玄德。"

天地生养了万物，但并不把它们看作是自己的私有财产，也不因养育它们而自恃有功，成就它们而不加干预，这才是最高最大的德。对于治理国家的人，也应该学习天道，对待百姓就像天地对待万物一样，惟有不恃不宰，这才算得上有德，这也就是老子所倡导的无为。

---

①《礼记·郊特牲》："魂气归于天，形魄归于地。"

②《左传·昭公七年》孔疏："附形之灵为魄，附气之神为魂也。"

第十一章

卅辐共一毂①，当其无②，有车之用；

埏埴③以为器，当其无，有器之用；

凿户牖④以为室，当其无，有室之用。

故有⑤之以为利，无⑥之以为用。

注解：

① 卅辐共一毂：辐，辐条，车轮上支撑外轮与连接轮毂的木条。毂，车轮中心的圆木中空以穿车轴的部分。据考古发现，从殷商至战国的车马坑出土的车辆测量，轮辐数为 18～26 个，轮径为 95～146 cm，轮距为 100～244 cm。尚未发现有三十辐的车轮，所以卅辐有可能是廿辐之误。陈鼓应先生说卅辐是应一月有三十日之数，不知是否有根据。（陆敬严：《图说中国古代战争战具》，同济大学出版社，2001）

② 无：中空处。

③ 埏埴：制作陶器。埏（shān），作动词用，揉土；埴（zhí），黏土。

④ 户牖：户，泛指门；牖（yǒu），窗。

⑤ 有：实体。

37

⑥无：虚空。

三十根辐条安装在一个毂上，因毂中间的空处——"无"，这才有车的作用；

糅合黏土制成器皿，因器物中间的空处——"无"，这才有器皿的作用；

开凿门窗建成房屋，因有了门窗的空处——"无"，这才有房屋的作用。

所以虽然"有"给人带来便利，但靠"无"才能发挥作用。

读经随笔

道有"无"的特点，那么，"无"有什么用呢？老子认为"无"的作用很大，就是在生活中也离不开它。他一口气举出了三个例子：

"卅辐共一毂，当其无，有车之用。"

第一个是车轮。三十根辐条安装在轮毂上，而轮毂中间却是空的，用以穿轴的地方是"无"，这样车子才能轻快地转动起来。还可以再引申一下，车子由若干部件组成，为实为有，但用于乘坐或载重的车厢却是空的，也是"无"，但车辆的功用得以实现。

"埏埴以为器，当其无，有器之用。"

第二个例子是制作陶器。陶器一般都是中空的，而中空的部分正是用来盛放物品的。它的功用也是通过"无"来实现的。

"凿户牖以为室，当其无，有室之用。"

第三个是房子。房子四面有墙，中间的空处是"无"；墙上开了门、窗也是"无"。正因为有"无"，人得以出入居住，空气得以流通，阳光得以照耀，房子的功用得以实现。

车子、房子和陶器都是日常生活中常见的事物。从常见的事物中发现人们不易懂的道理，对依靠常识判断是非的人们来讲非常有说服力。老子进一步把从这些事例中提取的结论推广为普遍道理，他说：

"故有之以为利，无之以为用。" "有"的价值通过"无"来实现，"无"就成为实现目标的唯一途径。这正是老子主张"无为"所需要的根据。老子将他的辩证思维运用到极致，这是非常有价值的。人们常常重视"有"而忽视"无"，这是一个最常见的思维误区。"有"固然很重要，是"体"，但"无"也很重要，是"用"。只有用两分法去分析对待事物，则不致以偏概全，可得"全"也。

道有"无"的特点，是针对一般人多使用身体器官去感知周围世界而言，因为一般人只相信"眼见为实"而排斥哲学思维。老子举这些例子可以方便这些人对"有、无"这对范畴的理解，而老子的"无"远非陶罐、车子、房子的空间所能尽言。

第十二章

五色①令人目盲；
五音②令人耳聋；
五味③令人口爽④；
驰骋田猎⑤，令人心发狂；
难得之货，令人行妨⑥。
是以圣人为腹⑦不为目。故去彼取此⑧。

注解：
① 五色：赤、青、黄、黑、白。
② 五音：宫、商、角、徵、羽。
③ 五味：酸、咸、甘、辛、苦。
④ 爽：败坏，指因味浓而败坏口味。
⑤ 田：亦作"畋"，打猎。
⑥ 妨：害。
⑦ 为腹：填饱肚子。
⑧ 去彼取此："彼"指以上行为，"此"指"为腹"。

眼睛迷恋于五彩缤纷的颜色，会使人看不见民众的痛苦；

耳朵沉溺于美妙的音乐，也就听不见民众的呻吟；

贪吃五味调制的美食也会失了胃口；

纵情骑马打猎，只会使人心狂气躁；

追求难得的奇珍异物，就一定会妨害德行。

因此圣人治国，要让民众吃饱肚子，自己不去追求声色之娱。

所以必须舍弃声色犬马而为民众的吃饭着想。

读经随笔

老子在这里揭露和抨击了统治者只顾自己享受而不顾百姓死活的罪恶，指出"圣人"治国必须首先解决百姓的吃饭问题，把"民以食为天"放在第一位。"为腹"显然指老百姓，统治者不存在填饱肚皮的问题，因为他们对"五味"都已经失去感觉了。他们眼睛享受着"五色"，耳朵享受着"五音"，口腹享受着"五味"，沉迷于驰骋打猎，千方百计追求以供玩乐的"难得之货"，而民却在饿肚子。

两种生活状态，对比非常鲜明，而老子的立场也非常鲜明，他站在民的立场上，大声疾呼：

"五色令人目盲"，五色为青、黄、黑、白、赤，这里指衣服的颜色及器用装饰的色彩极尽绚丽多彩。目盲是瞎子，眼睛看不见事物；而这些人看不见的正是民众的疾苦，他们衣不蔽体，甚至没有衣服穿。

"五音令人耳聋"，五音为宫、商、角、徵、羽，这里指统治者沉湎于音乐歌舞。耳朵却听不见声音；而这些人听不见的是民众的声音，他们饥寒交迫而痛苦呻吟。

"五味令人口爽"，五味为酸、辛、甘、苦、咸，这里指统治者的饮食极尽奢侈。口爽，失掉口味，指吃腻了，没有感觉了。晋灵公因为厨子没有把熊掌烧熟而杀了厨子，把人剁成几块让宫女盛在畚箕里示众①；楚成王在被政变推翻，临死前提出的要求是吃熊掌后再死，这个愿望没有得到满足②。统治者对吃的要求没有止境，而民众则饥寒而死于非命。

"**驰骋田猎，令人心发狂**"，统治者不管民众死活，纵欲享乐之余还醉心畋猎，一味寻求感官上的刺激，老子指斥这些人是"疯子"！

这些人不但纵情声色犬马，口腹享受，而且千方百计追求奇珍异宝。

"**难得之货，令人行妨。**"难得之货为罕见之物，指所谓珍宝。行妨，德行受到伤害。妨，碍也。统治者的贪欲没有满足的时候，对"难得之货"的追求也没有止境；而这些行径正是丧失德行的表现。

老子揭露的社会现状不独春秋时代有，古已有之，后亦有之，现代亦有之。

夏康王失国后的《五子之歌》，殷纣王的酒池肉林，周幽王的烽燧之戏，是古已有之③。现代人对声、色、味、身等各种感觉享受的追求和放纵无以复加。

然而，老子最可贵的是站在了最大多数民的立场上对统治者的奢靡生活加以无情揭露和鞭挞，通篇没有出现一个"民"字，但处处有民在。老子不愧是民的代表，先进文化的代表。

本章老子没有谈玄论道，讲的完全是社会问题，这一点非常明白。但不少人却把这段话理解为个人修养问题，这就有了偏差。还有一些人把"五色"、"五音"解释为"五彩缤纷的物质"④和"繁杂邪乱的噪音"⑤，这就错了。这种错误导致人们对老子产生另一种误解，似乎老子反对"五色"、"五音"、"五味"，要倒退到吃饱肚皮就行的社会。这当然不是老子的本意。五色、五音、五味无疑都是好的东西，但这些好的东西如果只有极少数人享用而大多数人却在饿肚子，这极少数人只配称作瞎子、聋子和疯子。

"**是以圣人为腹不为目。故去彼取此。**"

"为腹"的问题是民生的头等大事。老子在二千多年前把解决人民的"为腹"问题视作"圣人"治国的大事，在今天仍然具有现实意义。

① 《左传·宣公二年》："晋灵公不君，厚敛以雕墙，从台上弹人而观其辟丸也。宰夫胹熊蹯不熟，杀之，置诸畚，使妇人载以过朝。"

② 《左传·文公元年》："冬十月，以宫甲围成王。王请食熊蹯而死，弗听。丁未，王缢。"

③ 《尚书·五子之歌》："其二曰：训有之：'内作色荒，外作禽荒，甘酒嗜音，峻宇雕墙。有一于此，未或不亡。'"

④ 朱恩田：《重读老子》，辽宁大学出版社，2000，页175。

⑤ 罗伟国：《永远的老子——老子现代版》，汉语大词典出版社，2001，页38。

第十三章

宠辱若惊①，贵大患若身②。

何谓宠辱若惊？宠为下③。得之若惊，失之若惊，是谓宠辱若惊。

何谓贵大患若身？吾所以有大患者，为吾有身④。及吾无身，吾有何患？

故贵以身为天下⑤，若可寄天下；爱以身⑥为天下，若可托⑦天下。

注解：

① 宠辱若惊：无论受到恩宠和屈辱都会惊恐。若，及也。杨树达《词诠》："外动词，及也。"

② 贵大患若身：最担心有大患落到自己身上。贵，重视、担心。

③ 宠为下：为下，处于下位。宠是上对下的行为。

④ 身：《尔雅·释诂》："身，我也。"郭注："今人亦自呼为身。"此处指自己及自己的利益。

⑤ 天下：国家，指民。

⑥ 爱以身：爱惜自己的身家性命。同于"贵以身"。

⑦ 托：寄托，托付。

无论受宠和受辱都感到惊恐，最担心大祸会降临到自己身上。

什么是宠辱？受宠的人地位处于下。得宠时觉得惶恐不安，失宠时也是惶恐不安，这就叫"宠辱若惊"。

为什么最害怕灾祸降临到自己身上？我所以会有祸患，是因为我有自身的利益。如果我没有私利，我会有什么祸患呢？

所以只有像重视自己的身家性命一样去为天下人民考虑的人，才可以把天下托付给他；只有像爱惜自己的身家性命一样去治理天下的人，才可以把天下委托给他。

读经随笔

老子这段话似乎是有特定对象的，这个对象应该是君王之子。

春秋时，诸公子对君位继承权展开激烈争夺，充满血腥，无论大国小国都是这样。其结果不是国君被"弑"，便是"尽杀之"，或者"奔"窜异国，堪称"大患"。所以老子一开始就指出了这个血腥事实：

"宠辱若惊，贵大患若身。"

受到君主宠爱，被立为继承人，就会处于危险的境地；不受君主宠爱，没有被立为继承人，也会处于非常危险的境地。受宠或受辱都让人惊恐，因为最担心、最害怕的事就是有大祸将要降临到自己身上。"大患"非同一般，乃是生命攸关；《春秋》三传中这类事触目惊心，比比皆是。老子进一步明确指出：

"何谓宠辱若惊？宠为下。得之若惊，失之若惊，是谓宠辱若惊。"

"宠为下"，处下位。无论得到或失去的是宠是辱，都面临着极大的危险。出现这种危险的原因不是别的，乃是由所处的地位身份决定的。

"何谓贵大患若身？吾所以有大患者，为吾有身。及吾无身，吾有何患？"

有身，既指对方独特的社会身份、地位，也指拥有或失去这种身份地位的利益。从本质上看，围绕国君继承权的争夺仍是利益的争夺。在老子看来，这种争夺不但毫无意义，而且十分可耻。所以最后老子提出了承继君位的首要标准是：

"故贵以身为天下，若可寄天下；爱以身为天下，若可托天下。"

"贵以身"，指看重自己的身家性命；"爱以身"，指爱惜自己的身家性命。执政者应该像看重自己的身家性命那样去为天下的民众服务，则可以把政权交给他；如果他能做到像爱惜自己的身家性命那样为天下的民众做事，就可以把天下重权托付给他。

"故"字后的这段话或为引文亦未可知。此处如引用古语，更能增强说服力。本章没有出现"民"字，但最后全落实在"民"字上。

本章全讲政治，是十分明显的；但历来释家多说为论修养，因而从修身角度去理解。老子原意虽然并不在此，但后人引申之亦无不可。林语堂说："至于道家的解脱，乃是透过自身之'无'及天地之'有'而来。明白了这个道理，万事幸与不幸，荣或辱都将化为肤浅和无义。"①饶尚宽说："在老子看来，宠也罢，辱也罢，都是因名利之类的身外之物而造成的后果。"②现代人或许也可以从这段话吸取营养，做出如下释读：

凡是被领导者都会有一个疑问：领导是否信任自己？如果是，古人称为"宠"；如果不是，古人称为"失宠"。

居下位的人一般都希望得到上级领导的宠信。受到宠信的人自然会同时得到很多好处，比如表扬、出人头地、更好的职位，以及丰厚的物质回报等。因此，受宠的人也会担心失去这种信任，失宠为辱。所以老子说"宠辱若惊"，就是受宠和失宠都会担惊受怕，都有忧虑，担心会有倒霉的事降临到自己的身上。有一句成语叫患得患失，指的就是这种情况。

为什么会有倒霉的事（大患）降临呢？原因可能会有很多很多，但内因恐怕是主要的："吾所以有大患者，为吾有身。及吾无身，吾有何患？"身，指的是个人的私利，不是指身体。正是个人利益导致人们患得患失，宠辱若惊。但要求一个人做到无私（无身），几乎是不可能的事情，所以老子对从事公务的人员提出了一个似乎可行的标准：对待老百姓的利益要像看重自己的利益一样；爱护老百姓要像爱护自身一样。只有做到这一点，才能把治理天下的大事寄托给他们。

读老子的这段话人们不会感到陌生，因为现代和古代存在着类似的问题。一位二千五百多年前的古人，我们今天仍然能从他一针见血的分析中，感受到那犀利睿智的眼光，真是令人不可思议！

---

① 林语堂：《老子的智慧》，陕西师范大学出版社，2004，页 43。
② 饶尚宽：《老子》，中华书局，2006，页 30。

第十四章

视之不见，名曰夷①；听之不闻，名曰希②；搏之不得，名曰微③。

此三者不可致诘④，故混而为一⑤。

其上不皦⑥，其下不昧⑦。绳绳⑧不可名，复归于无物。

是谓无状之状，无物之象，是谓惚恍⑨。迎之不见其首，随之不见其尾。

执古之道，以御⑩今之有。

能知古始⑪，是谓道纪⑫。

注解：

① 夷：平。平淡之极则视不见。

② 希：少，后作"稀"，稀疏。稀疏之极则听不见。

③ 微：细小。细小之极则抓不住。

④ 致诘：问到底，意为穷其究竟。

⑤ 混而为一：混一，不是混合，而是指同时具有。

⑥ 皦：光亮。

⑦ 昧：黑暗。

⑧ 绳绳（mín）：绵绵不绝的样子。

⑨ 惚恍：模糊不清的样子。

⑩ 御：驾驭，控制。

⑪ 古始：自古即存在的，指"道"。

⑫ 道纪：纪是理出乱丝的头绪，即纪律、规律之意。道纪指以"道"为纲纪。

道，看它看不见，叫作"夷"；听它听不到，叫作"希"；摸它摸不着，叫作"微"。

用看、听、摸这三种办法，是无法穷其究竟的，因为道本来就是无色、无声、无形的混一体。

从上面看，并非洁白光明，从下面看，并不是黑暗昏昧。它连绵不断，难以给它起个名字，循环往复又回到虚无的状态。

这是一种没有形的状态，没有物的形象。这就叫作"惚恍"。迎着它，看不见它的头；跟随它，看不见它的尾。

掌握自古以来就存在的"道"，用以解决现今的具体问题。

能推知古今的变化，这便是"道"的纲纪作用。

读经随笔

人们最早认识事物，几乎完全依赖身体的感官，特别是眼睛、耳朵和手。在这三种感觉器官中，又特别信任眼睛，有"眼见为实"的成语。如果你告诉人们有一种东西眼睛看不见、耳朵听不到、手摸不着，很难让人相信它的存在。老子要告诉人们的"道"，正是这种无色、无声、无形的存在，也就难怪有人会哈哈大笑了。

针对常人的成见，老子直截了当指出："**视之不见，名曰夷；听之不闻，名曰希；搏之不得，名曰微。**"这是需要勇气的。夷是平，引申为淡，极淡；希是疏，引申为极疏；微是小，引申为极小。虽然极淡、极疏、极小，但毕竟是"有"，是"存在"；可眼睛看不见、耳朵听不到、用手抓不住，又是"无"。"有无之相生"，从相对的观点看，真是微妙玄通。

"此三者不可致诘，故混而为一。"

"道"本来就无色、无声、无形，所以用看、听、摸这三种办法是无法认识"道"的，就是"不可致诘"。致诘，是追根问底的意思；混一，不能理解为混合为一体，而是指这三种特点同时存在，是一。"道"的存在不容置疑，但是人们又总是喜欢"致诘"，它究竟是什么样子呢？

为了回答这个问题，老子由哲人变成了诗人：

"其上不皦，其下不昧。" 从上面看它并不明亮，从下面看也不昏暗。这种不明不暗的状态指"道"是若隐若现的，隐则"昧"，显则"皦"。

"绳绳不可名，复归于无物。" 绳绳，形容绵绵不绝的样子，是动的状态，这是纵向观察。复归于无物则是静的状态，由动转静，这是横向观察。

"道"若明若暗，若隐若现，动起来绵绵不绝，静起来就好像不存在一样。这还是说不清楚"道"的模样。于是，老子只好明说，"道"的模样**"是谓无状之状，无物之象，是谓惚恍"**。就是没有固定的形状，也没有什么具体的物和它一样，只能叫作"惚恍"。惚恍也称恍惚，指心理状态迷茫、不稳定，这里借指"道"具有隐显不定、起伏不定的特点。然而"惚恍"也不能说尽"道"的特点，"道"的伟大真是令人惊讶：

"迎之不见其首，随之不见其尾。" 为什么不见其首也不见其尾呢？因为"道"本来就没有首尾。

"道"是永恒的存在，没有开始也没有终结。或者说"道"体之大，无所不包，无所不容，人们当然看不到它的首尾。

"执古之道，以御今之有。"

掌握自古以来就存在的道，可以用来解决现在存在的实际问题。老子认为这就是**"能知古始，是谓道纪"**。

看来理论联系实际是老子最早提出的主张，并不始于近代。老子反复强调"道"的指导作用，强调抓住了"道"（古始），就像抓住了丝缕的头绪（纪），它也就不会散乱了。

　　从老子对"道"的阐述可知，人类对规律的认识经历了很多坎坷，甚至今天也不能说已经进入平坦大道。他要告诉人们他觉悟的东西，显得非常吃力，这大概是先知先觉的命运所决定的。也正因为这个原因，老子的表述常常被曲解为各人所需要的东西。这是研究老子极易进入的误区，甚至高手亦难免。比如以庄解老，似乎是一条捷径，但庄子并不是老子，战国也不同于春秋，漆园吏更不是守藏史。林语堂先生用英文写成的《老子的智慧》一书，援庄入老，似乎就进入了这个误区。因此，我们应该谨慎地把老子放在他所在的时代背景中去，历史地去观察他，小心翼翼地把他和他的前人比较，和与他同时代的人比较，但更要把它和后来的人区别开来。

第十五章

古之善为道者，微妙玄通，深不可志。夫唯不可志，故强为之容：

豫①若②冬涉川，犹③若畏四邻，俨④若客，涣⑤若冰将释，敦⑥兮其若朴⑦，旷兮其若谷，浑兮其若浊。

孰能浊以静之徐清？孰能安以动之徐生？

保此道者不欲盈。夫唯不盈，故能弊不新成⑧。

注解：
① 豫：兽名。
② 若：如。
③ 犹：兽名。
④ 俨：恭敬。
⑤ 涣：散。
⑥ 敦：浑朴。
⑦ 朴：本义为小树。特指自然、浑元无人为损及者，喻道。
⑧ 弊不新成：弊，破败，指错误。弊不新成，不再犯错误。

古时候，精通道的人，对道的奥妙通达、幽远深邃也难以彻底认识。由于无法真正认识它，所以只能勉强地描绘它说：

小心谨慎啊，如同豫兽在冬天淌过河川；东张西望啊，好像犹兽害怕四周有什么危险；一副严肃恭敬的样子，好像是一位宾客；涣涣散散啊，如同快要融化的冰凌；敦厚无损啊，如同深山里的小树；空旷无边啊，如同宽阔的山谷；浑浑沉沉啊，如同混浊流淌的河水。

谁能使混浊的水静下来，慢慢地澄清？谁能使长期沉寂的东西动起来，慢慢地复生？

保持这个"道"的人，不去追求盈满。正因为他不自满，所以不会犯新的错误。

读经随笔

中国哲人不同于西方哲人。中国哲人几乎同时也是诗人，喜欢用诗句描绘出哲理的生动形象，使人通过形象去把握哲理。富有诗歌传统的中国人心领神会，但西方人去读就会感到茫然不知所云。

老子指出："**古之善为道者，微妙玄通，深不可志。**"为了说明这个特点，老子使用了一系列诗意的形象：

"**豫若冬涉川。**"豫是一种兽，属象类，它在冬天趟水过河时总是先反复试探，一幅怕冷的样子，这说的是"谨慎"。谨慎不但是对执政者的个人品德要求，也是重要的施政原则。凡是事涉民众，必须有"如临深渊，如履薄冰"①的谨慎态度，惟恐伤害于民。谨慎也是古训，周穆王任命君牙为周大司徒时就要求他做到"心之忧危，若蹈虎尾，涉于春冰"；告诫他关心民生："民心罔中，惟尔之中。夏暑雨，小民惟曰怨恣；冬祁寒，小民亦惟曰怨恣。厥惟艰哉！思其艰以图其易，民乃宁。"②

"**犹若畏四邻。**"犹也是一种兽，属犬类，它在外出时总是东张西望，来回巡视，好像担心四周有什么危险，这说的是"警惕"。对执政者来说，首当警惕自身："居上克明，为下惟忠；与人不求备，检身若不及"③，还要做到"敖不可长，欲不可从，志不可满，乐不可极"④；对喜欢追求"政绩"的领导人也有古训："罔违道以干百姓之誉，罔咈百姓以从己之欲。"⑤一定要扎扎实实地施德于民，做到"德日新，万邦惟怀"；警惕"志自满，九族乃离"⑥。

"**俨若客**。"客居下位，在主人面前彬彬有礼，这说的是"诚敬"；

"**涣若冰将释**。"已经散解快要溶化的冰，更需要小心，这说的是"慎之又慎"。执政者特别要"慎终如始"，因为"不矜细行，终累大德，为山九仞，功亏一篑"⑦。

老子认为谨慎、警惕、诚敬、慎之又慎是道的属性，也是从事于道的人应该具有的品质，对执政者更为重要。道还具有更多的属性，他又举出三条：

"**敦兮其若朴**。"道像一棵尚未成材的小树，但具有向上的顽强的生长力，纯朴自然而精神充足。

"**旷兮其若谷**。"道又像一座空旷的山谷，这说的是"空虚"和"低凹"，因为"满招损，谦受益"⑧。

"**浑兮其若浊**。"道更像浑浊的河水，这说的是"容"，即包容。中国式哲理充满了诗一般的形象，道理就藏在里边，这也是微妙玄通，深不可识。

面对浑浊的河水，极有可能就是黄河，诗人忽发异想：谁能让这浑浊的水安静下来使之变清？谁又能让安静下来的水慢慢地重新流动？"**孰能浊以静之徐清？孰能安以动之徐生？**"但老子并没有回答这个问题，现在也没有人能够回答。据说当代西方大哲学家海德格尔很喜欢老子这句话，请人用汉字写下来挂在自己家里，他又会怎么想呢？

老子话锋一转，回到老话题：

"**保此道者不欲盈。夫唯不盈，故能弊不新成。**"

前述七种形象都有不盈的含义，所以不追求盈满是道的根本属性之一，是所有人立身的原则，更是治理国家的人必备的品德和为民服务的工作作风。这一点对我们现在的人也应该有积极的意义。如果我们在律己和工作中能做到"谨慎"、"警惕"、"诚敬"和"慎之又慎",又能守柔、谦虚、宽容,就不会犯错误,更不会有贪官污吏。

---

① 《诗经·小雅·小旻》。

② 《尚书·君牙》。

③ 《尚书·伊训》。

④ 《礼记·曲礼上》。

⑤ 《尚书·大禹谟》。

⑥ 《尚书·仲虺》。

⑦ 《尚书·旅獒》。

⑧ 《尚书·大禹谟》。

第十六章

致虚极①，守静笃②。万物并作③，吾以观其覆④。

夫物芸芸⑤，各复归其根⑥。

归根曰静，静曰复命⑦，复命曰常⑧，知常曰明。

不知常，妄作，凶。

知常容⑨，容乃公⑩，公乃王⑪，王乃天，天乃道，道乃久，没身不殆。

注解：

① 虚极：极为空虚。极，表示程度，意为无欲。

② 静笃：极为安静，亦指无欲。

③ 并作：同时兴盛。

④ 观其覆：覆，灭。

⑤ 芸芸：繁茂的样子。

⑥ 归其根：回到出生的地方，即归本。

⑦ 复命：返于本。

⑧ 常：恒，不变。

⑨ 容：包容，意为无所不包。

⑩ 公：公平、公正、无私。

第十六章

⑪ 王：称王于天下。

　　努力使自己的心境达到空虚无物的状态，一心一意使其寂然不动。万物竞相生长，我看到的却是它们正在走向死亡。

　　这些繁茂的枝叶都要回归到它们的根本。

　　归根就叫"静"，"静"就是"复命"。天地万物都是如此循环往复以至无穷，这就是道的法则——"常"。认识了"常"这一万物变化中不变的法则，就叫作"明"。

　　违背"常"，轻举妄动，必遭凶灾。

　　只有认识"常"，才能包容万物。包容才能做到公平，公平才能称王于天下。称王天下就是天，天就是道，只有道是永恒的。明白了这个道理，终生都会没有危难。

读经随笔

　　这一章的主题仍然是针对执政者而发，但也适用于所有的人。

　　老子先把结论摆在前面："**致虚极，守静笃**。"意思是让人清除私欲，保持平静的心态。对执政者来说，私欲太多太盛必取诸民，这样国家就没有"静笃"，也不会太平。而欲望又是人性的弱点，人皆有之，要克服人性的弱点，当然不是一件容易的事。于是老子举例说"**万物并作，吾以观其覆**"，这些争相生长的万物很快就走向死亡了，这就是"覆"。"覆"是万物之必然，这就是下边所谓的"常"。老子从"**夫物芸芸，各复归其根**"开始，引出了一个哲学概念——"常"。"常"就是我们今天所谓的规律，它不但适用于自然界，也适用于人类社会。老子认为人应该顺应规律，所以"**归根曰静，静曰复命，复命曰常，知常曰明**"。如果不能顺应规律，"**不知常，妄作，凶**"，就会受到规律的惩罚。最后老子切入正题：既然明白了"常"是不可违抗的，那就应该"致虚极，守静笃"，也就是清除私欲而坚守无为，才可能有广阔的胸怀，才能真正明白"**知常容，容乃公，公乃王，王乃天，天乃道，道乃久，没身不殆**"。所谓做到

"有容"，也就是在心中有民。心中有民，才能做到"公"；做到了公，才算抓住了执政的主旨。这是符合天道的，也只有符合天道，国家才能长治久安，自己终生不会受到祸害。

老子非常善于讲道理，他经常透过自然现象和社会现象，找出规律性的东西，上升到哲学高度进行概括，然后又用他总结的哲理去解决社会和人生的问题，有的放矢，既深刻又亲切，极具说服力。这一点和古希腊的柏拉图、古印度的释迦牟尼有相似之处。不同的是，老子更加关注人民，关注政治，有时就站在民的立场上无情揭露统治者的腐败。因为他看到了表面上任人驱使的"民"拥有极其强大的力量，一旦这种力量爆发，统治者难免覆灭的厄运。老子虽然是一个归隐者，但他的思想却并不消极，也没有逃避，而是对人民充满热情。

"致虚极，守静笃"对今天的人而言，仍是修身的箴言。因为当今社会转型引发了种种问题，这些问题归根结底源自私欲的膨胀。因此，只有减少欲望，心里才能空出一片天地容纳快乐，保持"安静"，才不会惹祸上身。

这一章最精彩的地方是"万物并作，吾以观其覆"。老子看着万物欣欣向荣、蓬勃生长，脑子里想的却是这些生物正在一步一步走向它的归宿。时间每过去一段，它就向死亡接近了一步。在这个世界上，除了"道"是永恒的，就数天地是最长久的，因为天地无私，它"不自生"。除天地之外，凡是有私、自生的动植物，都要走向死亡。这是不可改变的"常"。人们要想"不殆"，则需要断私欲，也就是"致虚极，守静笃"。

老子观察和分析事物的立足点非常独特，因此他说出的话非常冷静，甚至冷酷。

还有一点也很精彩，那就是"容乃公"。老子认为"公"是最高理想，"私"是万恶之源。公是无私，为民是"公"，公则平，是谓公平。如果执政者以公心待民，则民何"怨"之有？民心归顺，则天下可"王"也。此千古不变之理，很值得居上位的人思考。

58

第十七章

太上①，下知有之；

其次，亲之誉之；

其次，畏之侮之。

信②不足，有不信③。

犹④兮，其贵言哉！功成事遂，百姓谓我自然⑤。

注解：

① 太上：最好的。

② 信：信用。指兑现承诺。

③ 信：信任。

④ 犹：兽名，见第十五章。引申为谨慎。

⑤ 自然：本来如此。

最好的君王，百姓只知道有他；

差一点的，百姓亲近他赞颂他；

最差的，百姓当面害怕他，背后轻慢他。

如果君王没有信用，百姓也不会信任他。

谨慎啊！要少说话，重承诺。当事情成功的时候，黎民百姓都会认为这很自然，本来就应该是这样。

读经随笔

老子把领导人分为三类：最好的领导者群众只知道有他而已；受到群众亲近、赞颂的领导者属于次等；当然还有最次的：群众当面害怕他，背后咒骂他。

"**太上，下知有之**。"

"太上"，奉行的是无为之治，不言之教，自然不会去张扬。政府对人民重在给予而非索取，社会自然和谐无争，百姓自然安居乐业、生活富足。他们认为这很平常、很自然，本来就应该这样，用不着赞颂。这是老子理想社会中的领导者，现实中自然是不存在的。

"**其次，亲之誉之**。"

差一等的领导者才是那些受到赞美和亲近的人。但能够真正得到群众亲近、赞美的领导者实在是极为罕见的，即使有，也是一时一事，更多的是制造出来的"亲之誉之"。

"**其次，畏之侮之**。"

再其次的领导者倒不稀罕，古今中外都有，无论何时何地都有一大堆，大到国家首脑，小到单位领导。这是为什么呢？原因是：

"**信不足，有不信**。"

这是老子经常说的一句话。信，《说文解字》释为"诚也"。这是第一个"信"的含义。下一个"信"字则可解释为信任。这句话是说领导者不诚，百姓当然不会信任他。不诚，就是不真，就是有假，就是名义上为民办事，实际上是为自己谋取私利，这就是"信不足"。"有不信"表现为"畏之，侮之"还是比较轻的反应，更为严重的后果也是经常发生的。因此，老子希望这些人能向最好的领导者学习，劝他们施行无为之治：**"犹兮，其贵言哉！功成事遂，百姓谓我自然。"**老子没有向这些领导者提出"不言"的要求，只提出"贵言"的希望，希望他们少发号施令，减轻人民的负担，这个要求并不算高。

居公位而谋私利是社会顽疾，也是造成"信不足"的根本原因。老子对这种现象深恶痛绝，不遗余力予以鞭挞、揭露、讽刺、挖苦，有时甚至大骂这些人是瞎子（"目盲"）、聋子（"耳聋"）、骗子（"大伪"）、疯子（"发狂"）、强盗头子（"盗夸"）。老子对居公位而谋私利者的揭露历来不受为上者的欢迎，这不奇怪。而居公位谋私利的社会遗传病在现代社会痼疾复发，并且蔓延滋生，几乎到了不可救药的境地，说明这种病的病根很深很深。

"信不足"现在称"信用危机"。这种危机因为"有不信"，则会导致非常严重的后果。夏桀曾自称是不落的红太阳，但老百姓却诅咒他"时日曷丧，予及汝皆亡"①。强大的夏王朝最后被民心所向的商汤所灭，"桀走鸣条，遂放而死"②。春秋时这种事例太多了，已用不着举例。老子的话至今掷地有声。

---

① 《尚书·汤誓》。
② 司马迁：《史记·夏本纪》。

第十八章

大道废，有仁义。
智慧①出，有大伪②。
六亲③不和，有孝慈。
国家昏乱，有忠臣。

注解：

①智慧：聪明、才智。这里指为利益争夺而出现的各种计谋、手段、心机等。

②大伪：伪即虚假，此处指诡诈、大骗子、伪君子。

③六亲：父子、兄弟、夫妇。

大道被废弃了，才显出仁义的重要。
各种"智慧"出现了，就有了大骗子。
六亲不和睦，才显出孝、慈的重要。
国家陷于动乱的时候，才会显出忠臣的可贵。

读经随笔

大道不行于天下，才会有人讲仁义；换句话说，当有人讲"仁义"的时候，也就是大道已经被废弃了。也正是因为大道被废弃，种种争夺权利的"智慧"出现了。这些"智慧"的出现，必然导致出现"大伪"——蒙蔽天下以获取私利的人。正如一个家族出现了"六亲"不和的问题，才需要"孝慈"，一个国家到了昏乱的时候，才会出现"忠臣"一样。

老子这段话并没有贬斥"仁义"、"孝慈"、"忠臣"的意思，而是通过这些人们赞美的东西说明大道被废弃后，本来正常的东西反而成了稀罕的东西。这是一层含义。老子的第二层意思是说，正是因为大道不行于天下，使得奸诈横行，社会败坏，一些人用"仁义"、"孝慈"、"忠臣"把自己装扮起来，而这些人是最大的骗子，老子称之为"大伪"。

"大道废，有仁义。"

人们总是认为历史上曾有过大道普行的时代。对于那些原始共产主义社会留下的模糊印记，人们总是很留恋，从文中可知，老子也不例外。列子曾经描绘过"华胥氏之国"的情景：

> （黄帝）昼寝而梦，游于华胥氏之国。华胥氏之国在弇州之西，台州之北，不知斯齐国几千万里。盖非舟车足力之所及，神游而已。其国无师长，自然而已；其民无嗜欲，自然而已。不知乐生，不知恶死，故无夭殇；不知亲己，不知疏物，故无爱憎；不知背逆，不知向顺，故无利害。都无所爱惜，都无所畏忌。入水不溺，入火不热。斫挞无伤痛，指擿无痟痒。乘空如履实，寝虚若处床。云雾不碍其视，雷震不乱其听，美恶不滑其心，山谷不踬其步，神行而已。①

庄子也十分神往华胥时代，他描绘说："赫胥氏之时，民居不知所为，行走不知所之，含哺而熙，鼓腹而游，民能以此也。"②这种景象是自然无为走向极端的产物，并不能完全代表老子的思想，但确实有老子思想的基础，比如其中的"无嗜欲"、"无利害"、"无智识"、"无美恶"、"无等级"等等，在老子的思想里都有明确的反映。

在老子所处的春秋时期之前，人们对五帝时代也仍然留有憧憬："黄帝、尧、舜垂衣裳而天下治。"③比老子略后的孔子也描绘过"大同"的情景：

> 大道之行也，天下为公，选贤与能，讲信修睦。故人不独亲其亲，不独子其子，使老有所终，壮有所用，幼有所长，矜寡孤独废疾者皆有所养；男有分，女有归；货恶其弃于地也，不必藏于己；力恶其不出于身也，不必为己。是故谋闭而不兴，盗窃乱贼而不作，故处户而不闭，是谓大同。④

孔子、列子、庄子思想各异，但一致认为有过一个"大道之行"的社会阶段，在这个阶段里，仁义固存。因为没有不仁义，所以也没有仁义。当这个阶段一去不返，出现了种种不仁不义的事。所以老子说："大道废，有仁义。"伴随着不仁不义的正是为了私欲而出现的争夺。老子把这种争夺称为"智慧"；孔子把没有这种争夺的社会称为"谋闭而不兴"，意为阴谋诡计被扼制而得不到施展。因此，为私欲争夺而出现的"智慧"、"智识"、"智谋"就成为老子批判的对象。后来私有制确立，"智"、"谋"的地位也随之确立。但老子从历史的立场出发仍然不放松攻击"智慧"，所以他说：

"智慧出，有大伪。"

大伪，就是大骗子。"大伪"不同于赤裸裸作恶的人，而是伪装成有道有德、满口仁义孝慈的伪君子。一个"大"字，点明了指向，当然是指执政者及其帮凶。

老子揭露了"大伪"的真面目，真是痛快淋漓、一针见血。从老子这番话可以看出他看问题的视角十分独特，特别是他观察社会的方法，非常准确而实用，我们可以称之为"反观法"。

反观法是从一般人常常忽略的事物对立面去发现问题，实际上还是两分法。如大道存则仁义存，无人谈论仁义；大道废则仁义贵，就显出仁义的重要。或者说在人们呼吁"仁义"的时候，就说明大道已经不行于天下了。下面两句话的道理和上面相同，完全是一个思路：

"六亲不和，有孝慈。国家昏乱，有忠臣。"

老子所处的时代是春秋末期，距今已有二千五百年左右的历史。纵观老子之后的历史，直到现代，"大伪"们在政治、经济和社会生活的各种舞台上大行其道，并且延及民间。几十年来"假、大、空"横行中国，自是有目共睹，何须多言！

---

①《列子·黄帝篇》。
②《庄子·马蹄篇》。
③《周易·系辞下》。
④《礼记·礼运》。

第十九章

绝圣①弃智②，民利百倍；

绝仁③弃义④，民复孝慈；

绝巧⑤弃利⑥，盗贼无有。

此三者，以为文⑦不足。

故令有所属⑧，见⑨素抱朴，少私寡欲，绝学无忧⑩。

注解:

① 圣：指出众的才能，意聪明。

② 智：智识、智谋。引申为手段、方法。

③ 仁：指人与人之间相互爱护。

④ 义：指人与人之间相互忠诚。

⑤ 巧：技巧、技术，此指为适应人不断增长的贪欲而出现的各种器具及生产技术。

⑥ 利：便利。此处"圣、智、仁、义、巧、利"都用作贬义。

⑦ 文：原意为花纹，引申为典章制度，这里指治理。

⑧ 属：从属。

⑨ 见：通"现"，表现。

⑩ 学：学习。特指学习所谓"圣智、仁义、巧利"等。

远离所谓"才能",抛弃"智谋",百姓才会获得百倍的利益。

远离假仁,抛弃假义,百姓才能恢复孝慈。

远离机巧,抛弃利欲,才会没有盗贼。

这三点可以使社会治理安定,但还不能使社会昌盛。

所以要使人的认识和行为归属于"道",外表单纯,内心质朴,减少私欲,不要去学那些"才智"、"仁义"和"巧利"。

读经随笔

老子提出执政者要做到"三个绝弃",最后又加了一条"绝学无忧"。

第一,**"绝圣弃智,民利百倍"**。这一条的核心是说不要争夺,王弼注:"圣,才之善也。"《抱朴子·辨问》:"世人以人所尤长,众所不及者便谓之圣。"这里的"绝圣"和"不尚贤,使民不争"是一个意思。智者,谋也。起于争才需要谋,当然要在老子的绝弃之列。

第二,**"绝仁弃义,民复孝慈"**。这一条的核心是说要去掉虚伪。仁义本是好东西,但到了末世,仁义成为虚伪的代名词,所以要"绝仁弃义"。

第三,**"绝巧弃利,盗贼无有"**。这一条的核心是提倡简单节俭,不贪图个人生活享受。巧,指精美的器具,代指奢华的享受。

老子认为做到这三条,就能使百姓得到百倍的利益,使得民风敦厚淳朴,社会安定,没有盗贼。老子又指出,如果要使社会在安定的基础上繁荣,仅做到这三条是不够的,这就是**"此三者,以为文不足。故令有所属,见素抱朴,少私寡欲,绝学无忧"**。文,此处作治理使走上正规解。孔子就曾说过"郁郁乎文哉!吾从周",以赞美西周的典章制度。老子认为必须教化百姓回归到保持淳朴、减少私欲的状态,远离伪学才能做到没有忧虑,这是第四条。

第一条老子就提到"利",并且是百倍的利,因为是民利,老子是欢迎的。接着他又要求"弃利",这是因为执政者常常在治理国家时谋求自己的私利,所以这个"利"必须放弃。由此看来,老子并不一概地反对利，他反对的是对民利的剥夺，是统治阶层对私利的追求。即使对民，也要求"少私寡欲"，防止欲望膨胀。

在第四条中，老子不但要求"见素抱朴，少私寡欲"，而且要求"绝学无忧"，这又是指什么呢？难道老子反对学习吗？或者反对"学问"？

> 抛弃学问，可以使人无忧。①
> "绝学无忧"做起来很难。绝学就是不要一切学问，什么知识都不执著，人生只凭自然。②
> 知识是一切忧愁烦恼的根源，弃绝一切知识，就不会再有忧愁烦恼。③

以上三种说法基本相同，是对"绝学无忧"的主流看法。都把"学"释为现代意义的学问、知识，而老子本人正是一位在现代看来很有知识有学问的人，老子是在反对自己吗？因此有人对"绝学无忧"提出了不同的看法：

> 抛弃［圣智礼法的］学问，没有忧虑。④
> 学，指儒家所提倡的仁义礼智之学。⑤

这两种看法基本相同，把"绝学无忧"说成学派之争。这种观点放在战国中期或可，放在老子时代却不可，因为那时尚不存在儒道的学派之争。所以又有人提出新解：

> "学"是追随他人、仿效他人的意思。绝学无忧是说不要去追随他人、效仿他人，就不至左右为难。⑥

这种看法也很牵强。

那么，这个"学"到底指什么呢？我认为这个"学"就指的是"三绝"，即"圣、智""仁、义"和"巧、利"；绝，就是要远离这些东西，不要学习这些东西。

　　用现代的眼光看，老子的四条政治主张表达了人民渴望社会安定的强烈愿望，也在一定程度上抨击了统治阶层追求享受、侵吞民利的恶行，这是有积极意义的。但他寄希望于统治阶层的觉悟，这又是不现实的，有局限的，也是行不通的。老子生活在一个激烈动荡的社会，争夺是那个时代的特征，种种恶行和恶果均由争夺而起，所以老子针锋相对提出"不争"。"不争"是老子思想里最重要的组成部分之一，凡属可能引发争端的社会现象都在老子的反对之列。了解这一点，是解开"不尚贤"、"绝圣弃智"的一把钥匙。老子为了论证"不争"的合理性，上升到"天道"的高度去阐述，并且把"不争"说成是"道"的重要属性，这是老子哲学服务于社会主张的鲜明特色，也是古代哲学难以摆脱的宿命。

---

① 任继愈：《老子绎读》，页 42。

② 南怀瑾：《老子他说》，页 261。

③ 林语堂：《老子的智慧》，页 69。

④ 陈鼓应：《老子注译及评介》，页 138。

⑤ 饶尚宽：《老子》，页 47。

⑥ 郭世铭：《老子究竟说什么》，页 77。

第二十章

唯之与阿①，相去几何？

善之与恶②，相去何若？

人之所畏，不可不畏③。

荒兮其未央哉!④

众人熙熙，如享太牢⑤，如春登台⑥；

我独泊兮⑦，其未兆⑧！如婴儿之未孩⑨，累累兮⑩，
若无所归。

众人皆有余，而我独若遗⑪，

我愚人之心也哉！沌沌兮⑫！

俗人昭昭⑬，我独若昏⑭；俗人察察⑮，我独闷闷⑯。

澹兮其若海，廖兮，似无所止。

众人皆有以⑰，我独顽似鄙⑱。

我独异于人，而贵食母⑲。

注解：

① 唯：应答语，表示顺从。阿：阿谀，表示奉承。

② 善：美好。恶：丑陋。以上两句似乎反映出诗人内心的矛盾。

70

③ 人之所畏，不可不畏：人们所畏惧的，我也不能不担心。

④ 荒：形容遥远。央：中央，半路。

⑤ 太牢：指用（牛、羊、猪）三牲祭祀。祭毕即分食享用。

⑥ 春登台：春天里登上高台，指登高赏春。

⑦ 泊：停止。

⑧ 未兆：没有结果。

⑨ 未孩：不会笑的婴儿。孩通"咳"。《说文》："咳，小儿笑也。"

⑩ 累累兮：形容疲倦。

⑪ 遗：弃，被动用法。

⑫ 沌沌兮：形容糊涂。

⑬ 昭昭：光明。

⑭ 昏：黑暗。

⑮ 察察：明白。

⑯ 闷闷：糊涂。

⑰ 有以：有依靠。

⑱ 顽似鄙：顽，愚；鄙，郊野，指农夫。

⑲ 贵：依赖。食母：乳母。

顺从与奉承，有多大差距？

美好与丑陋，相距又有多远？

人们所畏惧的，我也不能不畏惧。

我像是行走在广漠的荒原上，还没有走到一半！

大家都熙熙攘攘欢喜高兴，就像在享用君王举行祭礼的太牢，又像在春天里登上高台游玩；

只有我停在这里，看不到一点好兆头，如同还不会笑的婴儿。我觉得疲劳而无精打采，好像是无家可归的人。

人们都有富余，唯独我好像被遗忘了。

我真是愚蠢糊涂得很呢！世人都很精明，唯独我十分糊涂。世人都很清醒，唯独我愚蒙。

我像漂浮在波涛浩淼的大海上，它无边无际，不知何时才能到头？

人们都有依靠，唯独我冥顽无知，像一个粗鄙的农夫。

只有我与人们不一样啊，反而像一个依赖乳母的婴儿！

读经随笔

这是一首充满激愤的感怀诗。

诗中表现了一位智者的寂寞和孤独，激愤与感伤，悲怆和坚毅。通过这首诗，我们进入了老子的感情世界，可以触摸到一位不得其时、蓬累而行的真老子。

顺从和奉承、美与丑之间，实际上差距很小。人们所担心的问题，我同样也得担心，比如吃饭穿衣等生活问题。开头两句，诗人把自己所关心的"是非"、"美丑"问题和一般人所关心的生存问题都摆出来，显然诗人面临着双重压力，特别是生存压力也很大。

追求真理的道路漫长而遥远，永远没有尽头。老子用行走在荒原和漂泊于大海作了形象的比喻，耐人寻味。行走在这条路上的人太寂寞了，太清苦了，和世俗的人形成了强烈的反差："**众人熙熙，如享太牢，如春登台**"，但诗人却像还没有长大不会笑的婴儿，孤零零地躺在那里，还是一个无家可归的人。"**众人皆有余**"，"**众人皆有以**"，"**众人熙熙**"、"**俗人察察**"……别人的日子过得很富足，别人都有依靠，别人都活得热热闹闹、明明白白的，而只有诗人日子清贫、无依无靠，只能和苦闷、寂寥为伴。最后诗人感叹说，只有我与众人不一样啊，像一个只知道耕田的粗野农夫，像一个离不开乳母的婴儿。

这一章虽然没有直接论道，却给了我们一个求道者的光辉形象以及在光辉背后的生活境况和心路历程。老子远远高于同时代的人，因此注定要寂寞、孤独；老子经常站在民的立场上教训执政者，话又说得尖刻刺耳，所以注定要贫穷、困顿；老子坚定地追求真理，因此他没有退路，只能勇往直前了。

　　这首诗和前文后章并无直接联系，但为老子所作应无疑问。我猜想是老子后学在整理时误入的。现在有很多人作了不少牵强的解释。我们应该明白老子也有普通人的一面，有时发一点牢骚也在情理之中。

第二十一章

孔①德之容，唯道是从。

道之为物，唯恍唯惚。

惚兮恍，其中有象②；

恍兮惚，其中有物③。

杳兮冥④，其中有精⑤。

其精甚真⑥，其中有信⑦。

自古及今，其名⑧不去，以阅众甫⑨。

吾何以知众甫之然哉？以此。

注解：

①孔：大。

②象：指道所表现出来的迹象。亦即事物在发展变化中一定会出现的或反复出现的带有共性的现象。

③物：指真实存在。不指某种具体的物或泛指物，只是用物代指道的真实存在。虽然"恍兮惚"，难以捉摸，但仍然是一种客观存在。

④杳兮冥：杳冥，幽暗貌。据楼观篆文，杳应为突。突、杳音近义通。

⑤ 精：指道。物之极细微者谓之精。

⑥ 真：自然。

⑦ 信：必然。

⑧ 名：亦指道。指道的存在及作用。

⑨ 众甫：万物。指万物始终。

大德的表现，都是遵从道的结果。

道这个东西，恍恍惚惚的，难以捉摸。

但在恍恍惚惚之中，也有物象可寻；

道深远而幽暗，但其中有精。

这"精"真真切切，永恒不变。

从古到今，道始终在推动、审视着万物的变化。

我怎么会清楚万物变化的情况呢？依靠的就是道。

读经随笔

《道德经》过去被分为两篇：一篇是《道经》，一篇是《德经》。马王堆出土的西汉帛书《老子》还是《德经》在前，《道经》在后，所以《道德经》也称为《德道经》。那么，"德"与"道"之间是什么关系呢？老子说：

"孔德之容，唯道是从。"

最大的德都是遵从道的结果，也就是说所有的德无不是道的反映。德是外在表现，道是内在原因。有德必有道，无道必无德。德是社会公认的最高行为准则，为民众造福是其中最主要的内容。但德的实现要遵守道的原则，只有"唯道是从"，才可完成德的圆满。

道如此重要，它又是怎样呢？

"道之为物，唯恍唯惚。惚兮恍，其中有象；恍兮惚，其中有物。杳兮冥，其中有精，其精甚真，其中有信。"

第一，道是客观存在，是可以认知的。

老子用"有象"、"有物"、"有精"、"有信"说明道是有迹象可循的（有象），它可以通过一些看得见的事物表现出来（有物），特别是通过反复出现的或者必然出现的现象表现出来（有信）。这些现象虽然不是道本身，但道却在其中（有精），并且"其精甚真"，道的存在是真真切切。庄子说："夫精，小之微也。"①管子说："精也者，气之精者也。"②道是一种客观存在，又是可以认知的，实际上老子讲的道近似客观规律，或者可以按规律去理解。

第二，道不能用常规的方法认知。

常规的方法即通过眼、耳、鼻、舌、身去感知。道是"无"，无色，眼睛看不见；无声，耳朵听不见；无嗅，鼻子没有用；无形，身体抓不住。正是因为不能用常规的方法直接获得，所以老子的道又具有"唯恍唯惚"、"杳兮冥"的特点。后世有人抓住这个特点引申发挥，从而为道披上了种种玄而又玄的神秘外衣。

"自古及今，其名不去，以阅众甫。吾何以知众甫之然哉？以此。"

第三，道无始终，永恒存在。

道古已有之，及今不去，可谓无始无终，是一种永恒的存在。哲学要回答宇宙的生成问题，老子认为天地万物均因道而生，而"道法自然"，说明道是无始也是无终的。它不是某一种具体的物质，它在人的主观意识之外而独立存在，因此在哲学上它不是意识而是物质。如果要给老子哲学"贴标签"，恐怕很难和"唯心主义"扯上关系。如果根据"其中有物"、"其中有精"给老子哲学贴上"唯物主义"的标签，也扯不上关系。因为"有物"只是说有形的现象，"有精"只是对客观存在的道的描绘，道甚至也不是所谓"精气"。

老子的道是朴素的，它代表了当时人们对客观世界认识的最高水平，这一点则毫无疑问。老子之后，老子思想被各取所需，甚至相互非议，也是正常现象。一种思想被发展，本身就是异化，就是不同。比如庄子，虽然祖宗老子，但庄子并非老子，甚至大不相同。魏晋时崇尚三玄③，王弼注《老子》，把老子思想概括为"无"，他说："万物万形，其归于一也。何由致一？由于无也。由无乃一，一可谓无。"④和王弼同时代的郭象注《庄子》，不同意王弼的观点。他说："无既无矣，则不能生有，有之未生，又不能为生。"⑤裴颁也反对王弼的观点，他著有《崇有论》指出："夫至无者，无以能生。"他认为"无"只不过是"有"的一种变化形式，"虚无是有之所谓遗也"⑥。葛洪则把道称为"玄道"，认为对玄道的膜拜和"炼人身体，故能令人不老不死"⑦。这去老子何止十万八千里。

---

① 《庄子·秋水篇》。

② 《管子·内丛篇》。

③ 三玄：指《老子》、《庄子》、《周易》。

④ 王弼：《老子注》第 11 章。

⑤ 郭象：《庄子·齐物论》注。

⑥ 裴颁：《崇有论》。

⑦ 葛洪：《抱朴子·内篇》。

第二十二章

曲则全①，枉则直②；洼则盈③，弊则新④；少则得⑤，多则惑⑥。

是以圣人抱一⑦为天下式⑧。

不自见，故明；不自是，故彰；不自伐，故有功；不自矜，故长。

夫唯不争，故天下莫能与之争。古之所谓"曲则全"者，岂虚言哉？诚全而归之⑨。

注解：

① 曲则全：曲，弯、偏；全，保全。

② 枉则直：枉，弯曲，与"直"对。

③ 洼则盈：洼，处下。

④ 弊则新：弊，破败；新，新生。事物破败到一定阶段，就会新生。

⑤ 少则得：少，少取于民。得同德，得到也。

⑥ 多则惑：惑，迷惑。指对财富的占有欲望没有止境，深陷而不能自拔。

⑦ 抱一：抱，守，坚持；一，道也。

⑧ 天下式：治理天下遵守的准则。

⑨ 全而归之：归之以全。

因为不直反而能保全，弯曲反而能伸直；低凹反而能盈满，破旧反而能生新；少取反而能获得，多取反而会使人迷惑。因此，圣人坚持把道作为治理天下的模式。不显露不张扬，所以聪明；不自以为是，所以有好名声；不自我夸耀，所以能成功；不骄傲，所以能够长存。因为他从不与人争，所以天下没有谁能与他争。古人所说的"曲则全"，难道是虚话吗？它实实在在是能够做到的。

读经随笔

老子是用反观法观察这个世界的，或者说他从对立着的事物的相对弱的一面来看待和分析事物，抓住了矛盾转化的微妙契机，所以出语惊世骇俗。

"曲则全"，斜的、偏的能够保全。"委曲求全"是这一原则在社会生活中的应用。

"枉则直"，弯的能够变直。木匠以火炙使直，是无弃物也。

"洼则盈"，低凹的反而能够得到；空虚总是有好处的。

"弊则新"，破旧能够变新。对于处于逆境中的人这句话是很有用的，对革新者也很有用。

"少则得"，少取反能多得。对于执政者来说，"少取"是双赢：除了得到地位，还有民心。

"多则惑"，多取必导致迷惑。惑于利欲，则难以自拔。

曲、枉、洼、弊、少，都是一般人所不喜欢的，这是因为人们没有看到事物在向自己的对立面转化。老子看到了这种转化，看到了这种转化具有普遍性、规律性，他就认为道之所存，就在那些看似不好的方面。这种辩证地观察、分析事物的方法使老子高于同时代人很多，对今天的人仍然具有指导价值。

老子并没有停留在哲学圣殿，而是马上用这一原理分析社会问题，指出治理天下的人必须以这一原则作为行为标准：

"是以圣人抱一为天下式。"

根据这个标准，必须去掉执政者身上最易出现的四种毛病：

一、**"不自见，故明。"** "自见"，显露，张扬；明，眼睛看得清楚。指对事物作出正确的判断。

二、**"不自是，故彰。"** "自是"，自以为是；彰，耳朵听得清楚。指听取正确的建议，作出正确的处理。

三、**"不自伐，故有功。"** "自伐"，夸耀，虚言；有功，做成事情。指做出对民有利的好事。

四、**"不自矜，故长。"** "自矜"，骄傲，自大。长，久。指不失去君主的地位。

这四种毛病的共同点都是有争，都是争的表现。所以老子说：**"夫唯不争，故天下莫能与之争"。**如果这四种毛病都去掉了，就可以做到断事准确，聪明睿智（明）；从善如流，获得好名声（彰）；成就事业（功）；保全自己（长）。在第二十四章里老子换了一种说法"自见者不明，自是者不彰，自伐者无功，自矜者不长"，完全是同一个意思。

"古之所谓'曲则全'者，岂虚言哉？诚全而归之。"

"曲则全"是老子引用的古语，但引自何处，殊不可详考。"枉则直"、"洼则盈"，比较容易理解。"弊则新"、"少则得"就包含着更多的道理。"弊"是事物发展到极端时的产物，同时也是"新"即将来临前的最初时刻。俗话说，旧的不去，新的不来。因此，新旧交替、破旧立新就成为事物发展变化中反复出现的现象，它反映了事物运动的阶段性。把握住这个特点，就能对"弊"和"新"采取正确的态度和立场。"少则得"，大概主要是针对取用于民而言。老子认为一定要少取，少取不伤民力，不但可以保全所得，而且可以得到民心；多取导致君主走向迷乱，并且多取则民怨，民怨则身家性命难保，得到的也要失去。这个道理其实并不简单，但老子只分别用了三个字，表述得非常精彩。

作为一种思想方法，老子的反观法也是很有价值的。它可以由反入正,获得正确的认识;也可以因反趋正,促进事物的转化。站在反面,风景独特,能获常人所未见,俗人所未闻。但立足点一定要高,还要看到对面,这样就全面了。人们看问题常常有片面性,似乎有先天的因素。晋代的裴頠说:"夫品而为族,则所禀者偏;偏无自足,故凭乎外资。"① 反观法是以道观之,而道是自足的,所以能不偏。

---

① 裴頠:《崇有论》。

第二十三章

希言自然①。

飘风不终朝②，骤雨不终日③。孰为此者？天地。

天地尚不能久，而况于人乎？

故从事于道者：道者同于道，德者同于德④，失者同于失⑤。

同于道者，道亦得之；

同于德者，德亦得之；

同于失者，失亦得之。

信不足，有不信。

注解：

①希言自然：希言，即稀言，少说话。言，话语，引申为政令、欲望等，希言即指减少政令或欲望。自然，合于道，自然而然也。

②飘风不终朝：飘风，狂风。朝，早晨，概指时间不长。

③骤雨不终日：骤雨，暴雨。日，一天，概指不能持久。

④德者同于德：第一个"德"字为道之德；第二个"德"字为得。

⑤失者同于失：失是偏离于道。有得岂能无失？失为失去之意。

少说话、少发政令，是合乎自然的。

狂风刮不了一早晨，暴雨下不了一整天。这是谁造成的呢？是天地。

天地尚且不能使风雨长久，又何况人呢？

所以，追随道的人一定要明白：有道的人合于道，有德的人合于德，有失的人合于失。

同于道的人，道也和他在一起；

同于德的人，德也和他在一起；

同于失的人，失也和他在一起。

执政者失信于民，人民也不相信他。

读经随笔

"希言自然"，是说执政者要省刑简政，少发号施令。以前他还说过"多言数穷"，都是就施政而说，目的是为了给民一个比较宽松的环境，不要再增加人民的负担。

老子举例说：**"飘风不终朝，骤雨不终日。"** 意在说明施暴政是不能长久的。

春秋时大国争霸、小国自保，无不横征暴敛，以至"民参其力，二入于公，而衣食其一。公聚朽蠹，而三老冻馁。国之诸市，屦贱踊贵"。这是齐国晏婴和晋国叔向谈的齐国情况。叔向也谈了晋国的情况："庶民罢敝，而宫室滋侈。道殣相望，而女富溢尤。民闻公命，如逃寇仇……"①从这里不难看出，执政者和民之间的矛盾非常尖锐。"屦贱踊贵"说明刑与法是执政者最喜欢使用的手段，也是最容易导致迅速败亡的手段。刑是国家机器，它除了规范君臣的关系之外，主要是对民施行镇压，是一种暴力。刑的滥用必将引发更大的暴力，这就是老子说的"民常不畏死，奈何以死惧之"、"民不畏威，则大威至"。但在这里老子却耐心讲述暴风骤雨难得长久的道理：**"孰为此者？天地。天地尚不能久，而况于人乎？"** 因此，执政者要宽以待民，少发号施令！如果执政者有道有德，他就可以和道德一起获得长久；如果失道失德，那他就和失败在一起，迅速灭亡。老子警告说，正是因为执政者没有取信于民，老百姓也不相信执政者。"信不足，有不信"，这是非常严重的警告。

老子说过"天长地久"，这里又说"天地尚不能久"，有没有矛盾？没有。"天地尚不能久"指的是天地不能使风雨长久。这个细节被很多释家忽视，以致误为"天地"，特此说明。

天地不能使风雨长久，当然也是由道决定的，所以老子又引出道的一段议论：

"故从事于道者：道者同于道，德者同于德，失者同于失。同于道者，道亦得之；同于德者，德亦得之；同于失者，失亦得之。"

道当然是纲纪。追随道的人不但要合于道，同于德，还要合于失。德同于得，因此出现了一对新范畴：得与失。老子认为"失"是合于道的，它和德同样重要，因为事物总是有得有失。在得到的同时就意味着失去，或者在失去的同时也在得到。

老子最后说：

"信不足，有不信。"

"信不足"，是春秋时的普遍现象。国与国之间的关系，公侯与大夫之间的关系，统治阶层与民众之间的关系，都存在着信用危机。"君子屡盟，乱是用长"是《诗经》里说的[②]，春秋时代的特点之一就是战争多，但是目的在"取信"的盟会却非常之多。从西周开始，"德"开始进入天命，并上升到极高的地位，"天道无亲，惟德是辅"[③]，是周布告于天下的。德，就是指为民而言。到了后来，"民之所欲，天必从之"[④]，甚至"民为神主"[⑤]的民主论也出来了。到了战国，孟子敢说"民为贵，社稷次之，君为轻"[⑥]。民在统治阶层口头上的地位越来越高。为什么民的地位一路飙升？因为"君者，舟也；庶人者，水也。水可载舟，亦可覆舟"[⑦]。民心向背既然如此重要，打着为民的旗号就成为历来统治者的口头禅，一种施政宣言惯例，一种积久已深的虚伪和矫情，一种从不打算履行的"郑重承诺"，正如《诗经》所言："巧言如簧，颜之厚矣。"[⑧] 所以老子说："信不足。"

"信不足"的结果是"有不信"。

"不信"的结果初则是"怨",继则为"乱",最后则"大威至矣"。

---

① 《左传·昭公三年》。

②⑧ 《诗经·小雅·巧言》。

③ 《尚书·周书》。

④ 《左传·襄公三十一年》,又《左传·昭公元年》。

⑤ 《左传·桓公六年》,亦见于《左传·僖公十九年》。

⑥ 《孟子·尽心下》。

⑦ 《孔子家语》。

第二十四章

跂者不立①，跨者不行②。

自见者③不明，

自是者④不彰；

自伐者⑤无功，

自矜者⑥不长。

其于道也，曰余食赘行⑦，物或恶之⑧，故有道者不处。

注解：

① 跂者不立：跂，抬起脚后跟。不立，站不直。正常人跂立是使身高而望远，非常态。跂者为病足之人，即俗谓之"跛子"，跛子是无论如何都站不直的。

② 跨者不行：跨，一作"胯"，走路用及整个腿部，谓大步走。不行，走不了长路。正常人跨行求速，非常态。跨者谓病腿，即俗谓"瘸子"，瘸子是无论如何都行不远的。

③ 自见者："见"同"现"，意为显露、张扬。

④ 自是者：自以为是，听不得不同意见。

⑤ 自伐者：自我吹嘘，自吹自擂。

⑥ 自矜者：骄横自大，傲慢无礼。

⑦ 余食赘行：余食，吃剩下的残余；赘（zhuì）行，身上长出的畸疣等物。

⑧ 物或恶之：人们都非常讨厌这些人。

脚跛的人是站不直的，腿瘸的人是走不远的。

那些喜欢显露自己、爱出风头的人没长眼睛，是瞎子；

那些自以为是、听不得不同意见的人是聋子；

那些只会自我吹嘘的人什么事也干不成，

而那些骄傲自满、狂妄自大的人决不会长久。

这四种人从道的观点看，如同残羹剩饭赘疣畸形一样使人厌恶。所以有道的人决不这样做。

读经随笔

"跂者不立，跨者不行。"

跂（企），指踮起脚跟；跨（胯），大步走。这是正常人的特定动作，并非常态。而具备这种常态的，一种是病足的跛子，他是无论如何也站不直的；一种是病腿的瘸子，无论如何也是不善行走的。老子剖析下面四种毛病，断言都是站不直、行不远的毛病。因此，宜释为"跛子"、"瘸子"。

老子下面这段话同样是针对执政者说的。这四种人，或者说这四种毛病是执政者的常见病，也是古今中外的通病。因为这种病植根于人性的弱点，所以它具有普遍性，几乎所有的人都很难避免。但对执政者来说，这四种毛病更容易对国家和社会造成极大的危害。

"自见者不明。" 自见就是显露自己，表现自己，突出自己，抬高自己。再进一步则要求别人也要歌颂他，拥护他，宣传他。如果他的周围都是唱赞歌的人，他的眼睛自然什么也看不到，当然是"不明"，是瞎子。

"自见者"当然是肤浅的人，因此他显露出来的也必然是肤浅，他张扬出来的只能是可笑。就是不肤浅的人也不必"自见"。

老子是主张"深藏"的，他曾经对孔子说："良贾深藏若虚，君子盛德，容貌若愚。"①到了现代，"自见者"也不曾绝迹，似乎更多一些。

"**自是者不彰**。"自是，就是自以为是。自以为是自然听不得不同意见，特别是反对的意见。这种人如居高位则一定会刚愎自用，独断专行，发展到极端就是"独裁"了。独裁者听不到不同的声音，是"不彰"，当然是聋子。

"自是者"现代虽然无人主张，但却几乎人人是"自是者"，因为这种毛病植根于人性的弱点，所以应该对它有更清醒的认识。人之所知，难免于偏，"自是"必偏。荀子说："偏生暗。"②所以需要兼，兼则明。

"**自伐者无功**。"自伐，就是自我吹嘘，夸夸其谈，玩的全是嘴上功夫。这种人没有治国和民的真才实学，自然也解决不了任何实际问题。但他们却有一张善于弄虚作假、颠倒黑白的嘴巴，因而更具迷惑性和欺骗性。近代社会分工日细，这种人似乎已形成专业群体，专事摇唇鼓舌。因为这种人脱离实际，什么实事也干不成，所以说"无功"。

"自伐者"和"自见者"差不多，可能更为严重。"伐"常有攻击性，更可恶。

"**自矜者不长**。"自矜，就是骄傲狂妄，目空一切，自认天下第一，唯我独尊。这种人居上则无众，必为孤家寡人终而祸至；居下则不群，终而招祸。这种人常处于危险之中，自然不能长久。

"自矜者"个人虽然不能长久，但"自矜者"自古至今比比皆是，可谓长矣久矣。

"**其于道也，曰余食赘行，物或恶之，故有道者不处**。"

老子将这四种人比作残羹剩饭和赘疣，指为残疾（跛子、瘸子、瞎子、聋子），这些毛病害人害己，误民误国，非常令人厌恶，是"有道者不处"的。

这四种毛病细细想来人皆有之，看来只能用人性的弱点来说明了。因此，对所有的人来说，都有一个加强道德修养的问题。要了解这些毛病，要克服这些毛病，要以合乎道作为立身处世的准则。

---

① 司马迁：《史记·老庄申韩列传》。
②《荀子·不苟》。

第二十五章

有物混成①，先天地生。

寂兮！寥兮②！独立而不改③，周行而不殆④，可以为天下母⑤。

吾不知其名，强字之曰道，强为之名曰大⑥。大曰逝⑦，逝曰远⑧，远曰返⑨。

故道大，天大，地大，王亦大。域中有四大，而王居其一焉⑩。

人法地，地法天，天法道，道法自然⑪。

注解：

① 有物混成：指道。道无色、无声、无形，所以称"混"。

② 寂兮，寥兮：寂，无声而静；寥，广大无边。

③ 独立而不改：独立，不受任何影响；不改，不改变。

④ 周行而不殆：周行，周而复始；不殆，不止。

⑤ 天下母：天地万物的本源，指道。

⑥ 大：指道包容天地万物，至极为大。

⑦ 大曰逝：指道和光同尘，至细为逝。

⑧ 逝曰远：指道之动，远去。

⑨ 远曰返：指道之动，周而复始。

⑩ 域中有四大，而王居其一焉：域中，宇宙之中。四大，指道、天、地、王。人之中，王为大。

⑪ 道法自然：法，按照；自然，自有的，本来的，不受任何影响的面貌。

有一种浑然一体、不可分割的东西，在天地之前就出现了。

它寂静得没有一点声音，寥廓得无边无际。独立存在而永不改变，循环往复而永不疲劳，可以说它就是产生天下万物的根源。

我不知道它的名称，只能勉强把它叫作"道"，勉强给它取名叫"大"。"大"运行不止而远去，远去而又复归。

所以说，道大，天大，地大，王也大。宇宙中有四大，而王只是其中之一。

人效法地，地效法天，天效法道，道按照自己固有的规律运行。

读经随笔

道是老子反复描绘、反复论述的对象。

什么是**"有物混成"**？"物"指的是道，并非某种具体的物。混成也不是混合而成，而是指道的三个特点（无色、无声、无形）"混而为一"，"混"指同时存在。这一观点在第十四章已有详述。

"先天地生"，是说道在天地出生之前就已经存在了。第四章已明确指出道生天地，并且描述了道生天地的过程。老子说的"玄牝"和当代天文宇宙的"黑洞"理论颇有相似之处，或许是一种巧合吧。

"寂兮！寥兮！独立而不改，周行而不殆。"

寂，指从外部看不见、听不见也摸不着，道藏在事物的内部，因而沉静；寥，指道的广大无边。一切事物莫不含道；一切变化都是因道而起；一切结果都是道的作用。

道傲然独立，没有什么可以凌驾于道之上，也没有什么可以和道并驾齐驱，更没有什么可以改变它。它从来就是周而复始地运动着，并且永不疲倦，永不停歇。

道在事物的内部推动事物发展、运动、变化，呈现出周而复始的特点，贯穿于事物的始终，这几点在这一句话中全谈到了。

"可以为天下母。"

指在宇宙之中，天地万物的发生、发展、变化、衰亡，道是总根源，所以称"母"。

"吾不知其名，强字之曰道，强为之名曰大。大曰逝，逝曰远，远曰返。"

道，本意是路径；大，本指形体。这两个字都不能准确完整地表述老子发现的这一奥秘的内涵和特征，所以老子说"强字之"、"强为之名"，给它起了个名字叫"大道"。

大道至大，大到看不见，所以叫"逝"；大道是运动着的，所以又可以叫"远"；大道远而复归，称为"返"。这句话描述的是道具有周而复始的运行特点，是对"周行而不殆"的进一步说明。

"故道大，天大，地大，王亦大。"

环宇之中道为最大，天、地、人之中，天为最大，人与地之间，地为最大，人之中，王为最大。

"域中有四大，而王居其一焉。人法地，地法天，天法道，道法自然。" 虽然同为大，但四大之间的大小已经排定，王为最小。在王与人之间，王为大，说明老子对王的重视。或许说这句话的时候，有一位君王坐在对面，"人法地、地法天、天法道、道法自然"，正是对君王的说教和要求。所以王服从于地，以地为榜样；地服从于天，以天为榜样；天服从于道，以道为榜样。道为最大，它只是按照自己的规则运行，所以说"道法自然"。

现在有不少人喜欢引用"道法自然"来说明人与自然界和谐的重要，须明白的是，此自然非彼自然，所指不同，是毫不相干的两码事。

老子哲学主张和谐是他最突出的特点。和谐是道的最高境界，甚至道就意味着和谐。虽然"道法自然"的"自然"不指自然界，但人与自然界的和谐却合乎于道。

第二十六章

重为轻根①，静为躁君②。

是以君子终日行③，不离辎重④。

虽有荣观⑤，燕处超然⑥。

奈何万乘之主⑦，而以身轻天下⑧？

轻则失臣⑨，躁则失君⑩。

注解：

① 重为轻根：重和轻相比，重是根本。

② 静为躁君：静和躁相比，静是主导。静，表示无欲、不争；躁，表示贪欲、躁动。

③ 终日行：终日，一整天。行，行程，指出门。

④ 辎重：指后勤供应车。

⑤ 荣观：养眼的鲜花。荣，花；观，看。

⑥ 燕处超然：不为所动，安然处之。

⑦ 万乘之主：指大国之君。乘（shèng），马拉的战车。

⑧ 以身轻天下：身，指个人的私利、私欲。轻天下，看轻天下的民众。

⑨ 臣：指民众。

⑩君：主导。或指君王。

重是轻的根本，静是动的主导。

所以圣明的君主要整日出行，就不能离开载有生活用品的车子。

外界虽然繁花似锦，他却能安然不为所动。

为什么有的大国之君把自己看得重，把天下看得轻呢？

因为他不明白"轻视民众就会失去根本，躁动多欲就会失去主导"的道理。

读经随笔

有人说，老子是帝王之师，这是实话。

老子是一位循循善诱的老师。他先讲道理：

"重为轻根，静为躁君。" 轻重之间，重是根本，是基础。这是字面意思。实际上老子所谓"重"指民，"轻"指君主；君主与民，孰轻孰重？老子认为民为重，君为轻，这句话后来被孟子明说出来，已经是一百多年后的事情了。动（躁）静之间，静是主导（君），是根本。"静"为不争，"躁"指盲动。老子喜欢"静"而反对"躁"，所以特别强调静的君位。

"是以君子终日行，不离辎重。"

"终日行"，一整天的行程。辎重，载着饮食等器具的重车。出去一天就要自己带着生活用车，谓明白轻重。比喻君王要以民为重，任何时候都不要脱离民众。

"虽有荣观，燕处超然。"

外界有非常好看的鲜花，这些君子却能超然处之，不为所动。因为他们心里装着老百姓的事情。

老子认为这样做才是对的。所以他反问道：

"奈何万乘之主，而以身轻天下？"

春秋时每乘战车有甲士三人，步兵（徒卒）七十二人。这可能是标准编制。实际徒卒可多可少，并无一定。万乘指可动员七十五万人左右的军队。天下，指民众。为什么万乘之主要为了自身的私利而牺牲民众（轻天下）去争夺呢？

此处出现了"万乘之主"四字，春秋末年时有无"万乘之主"？本来这个问题和理解文意没有太大关系，但因为涉及《老子》的成书时间甚至老子这个人究为何时人，所以变得重要起来，为此曾引发过热烈的讨论。

老子最后警告说：

"轻则失臣，躁则失君。"

与"重为轻根，静为躁君"相应，其实是针对上一句"奈何万乘之主而以身轻天下"说的，看轻民众就会失掉基础，成为无本之木；盲目躁动则会失去主导，迷失方向，必会招致失败。

这一章讨论了紧密联系的两对范畴：轻与重，躁与静。这两对对立的范畴通过"万乘之君而以身轻天下"联系起来，表达出"民为重，君为轻"的观点；如果万乘之君不能取静，因身（私利）盲目躁动，则必然失掉民众（臣），甚至失掉自己（君）。

"重为轻根，静为躁君"是一个很容易被接受的常识性道理。但这个道理和"万乘之君而以身轻天下"自然巧妙的结合，立即产生出奇异的效果，最后的警告也显得非常有力度。这是很高超的说理范例。

第二十七章

善行，亡辙迹①；善言，亡瑕谪②；善计，不用筹算③；善闭，亡关楗④而不可开；善结，亡绳约⑤而不可解。

是以圣人常善救人⑥，故亡弃人；常善救物⑦，故亡弃物。是谓袭明⑧。

故善人，不善人之师；不善人，善人之资⑨。

不贵其师，不爱其资，虽知⑩大迷。是谓要妙⑪。

注解：

① 善行亡辙迹：善行，善于行走。此处应指善于驾车。亡辙迹，没有车轮痕迹。

② 瑕谪：毛病。瑕（xiá），玉上面的斑点；谪（zhé），谴责。引申为缺失、过失。

③ 筹算：古人计算时使用的筹码。

④ 关楗：楗（jiàn），即键，门闩。关闭门窗使用的插销。

⑤ 绳约：绳索。

⑥ 常善救人：常，一贯，从来。救人，用人。

⑦ 常善救物：救物，用物。

⑧ 袭明：袭是遮挡，明是眼睛。指眼睛看不见。

⑨ 资：财、材。

⑩ 知：同"智"。

⑪ 要妙：幽深奥妙。

善于行走的人，不留行迹；善于说话的人，不会失言；善于计算的人，不用筹码；善于锁门的人，不用门闩也打不开；善于捆缚东西的人，不用绳索打结也解不开。

圣人从来善于救人，所以没有被遗弃的人；从来善于用物，所以没有被废弃的物。人们也看不到他是怎样救人救物的。

所以善于做事的人是不善做事人的老师，不善做事的人通过学习也可成为善于做事的人。

如果不尊重老师，不珍惜资材，即使有智慧却是个大糊涂人。这里面有精妙的道理。

读经随笔

五种事情：赶车、说话、计算、关闭门窗、捆绑物品，都是平常的事情。但善于赶车的人可以做到不留辙印，善于讲话的人可以做到滴水不漏，善于计算的人可以做到不用筹码，善于关闭门窗的人可以做到不用关楗别人也打不开，而善于捆绑物品的人不用打结别人也解不开。这些善于做事的人把平常的事情都做到了极为不平常的程度，令人不可思议。那么善于治国的人应该做到什么程度呢？老子说：

"是以圣人常善救人，故亡弃人；常善救物，故亡弃物。是谓袭明。"

两条标准：一是"亡弃人"，二是"亡弃物"。

"亡弃人"，就是没有被遗弃的人，没有多余的人。所有的人都能受到关爱，所有的人都能发挥才干，所有的人都可各尽所能。

"亡弃物"，就是没有被废弃的物品，所有的物都可以做到物尽其用。

圣人治国不但能做到上述两条，而且人们还看不到他是怎样"救人""救物"的。这就叫"袭明"。"袭"，是用外衣罩住内衣；

"明"，是眼睛。遮住了眼睛，自然是看不到了。"人尽其才，物尽其用"和"亡弃人，亡弃物"是一个意思，这是老子理想社会的两个标尺，也是老子理想社会的具体内容之一。人们看不到圣人是怎样"常善救人"和"常善救物"的，这是因为圣人治国以道。道行天下，无人不救，无物不救，人们当然看不见了。老子又说：

"故善人，不善人之师；不善人，善人之资。不贵其师，不爱其资，虽知大迷。是谓要妙。"

善人，指善于做事和善于治国的人。不善人，指不善于做事和不善于治国的人。不善人应该向善人学习，以他们为师。但不善人又是善人取得经验教训的对象，也是一种资财。不善人有善人为师，通过学习也可以成为善于做事的人。这种资财也能充分发挥作用，岂非"亡弃人"、"亡弃物"？所以，不善人要重师，善人要爱资。善人爱资不但可以培养出更多的善人，而且可以使自己善上加善。如果做不到这一点，即使再聪明也是糊涂虫。老子认为这就是道的奥妙。那么，这里究竟有什么奥妙呢？

不善人向善人学习，师从他们，这是常理，并无奥妙。但要求善人向不善人学习，从反面教训中吸取经验，甚至要重视到"爱资"，则只有思想深刻、掌握了辩证法的人才能认识到这一点。由此看来，老子已经纯熟地运用两分法分析问题，所以时有惊人之论。

对于五种善于做事的人，老子神乎其技，使用夸张的手法，生动有趣而又十分逼真。庄子继承了这一风格，使之达于极致，形成了庄子独具的风格。

中国古文字有言简意赅的优点，也有同字同词意不同的缺点，现代人读起来较易混淆。比如本章的"善人"、"不善人"，结合文义知其为善于做事和不善于做事的人，但极易和善良的人相混，甚至不善人成了"恶人"。于是，"不善人者，善人之资"被译为"恶人们呵，是善人的财富"①。因此读书时必须十分小心。

———————————

① 张松如：《老子说解》，页163。

第二十八章

知其雄，守其雌①，为天下溪②。

为天下溪，常德③不离，复归于婴儿④。

知其白，守其黑⑤，为天下式⑥。

为天下式，常德不忒⑦，复归于无极⑧。

知其荣，守其辱⑨，为天下谷⑩。为天下谷，常德乃足，复归于朴⑪。

朴散则为器⑫，圣人用之，则为官长⑬。故大制不割⑭。

注解：

① 知其雄，守其雌：雄喻上，雌喻下。谓居上而守下，以民为本。

② 溪：山涧流水。处下之意。

③ 常德：指道。

④ 婴儿：喻道的纯朴自然。

⑤ 知其白，守其黑：白喻动，黑喻静。谓守静而不起贪欲。

⑥ 式：通"轼"，车前横木。谓依靠。

⑦ 忒：错乱。

⑧ 无极：无边无际。

⑨ 知其荣，守其辱：荣指富贵，辱，屈辱，指为国之耻。守辱，不忘国耻。

⑩ 谷：山间空处。老子常用之比喻道的空虚能容。

⑪ 朴：比喻道。

⑫ 器：比喻万物。

⑬ 官长：领导者，指君王。

⑭ 大制不割：大，指最合乎道的。制、割均有分裁之意，比喻治理国家。

明知什么是雄强，却自愿守着柔弱，甘处像溪水一样的卑下地位。

处于卑下的地位，永恒的德才不会失去，从而复归到无知无欲的婴儿状态。

明知什么是光明，却守着黑暗，为天下作出了榜样。

这样去做，永恒的德才不会乱，从而复归于无所不在的道。

明知什么是荣华，却能忍受屈辱，甘愿处于低下空旷的山谷。处于低下的山谷，永恒的德就充裕了，从而复归到朴。

朴能分散深入到万物之中。圣人掌握了这一规律，就能以朴为主导，治理好国家。所以，最好的治理就像是没有治理一样。

读经随笔

这是《老子》一书的名篇，同样是针对执政者的箴铭。

"知其雄，守其雌，为天下溪。为天下溪，常德不离，复归于婴儿。"

雄为上，雌为下，溪亦居下，即是以卑下自处。常德就是道德，道德不离开他，他就会回归到像没有贪欲的婴儿那样充满活力。

老子这些话是对君王说的。君王的位置居上，为雄，但老子认为处于这种位置却需要有居下的态度。那么，没有明说的话是民为上。如果能做到这一点，人民就会像溪水一样归顺，国家就可以充满活力，兴旺发达。

"**知其白，守其黑，为天下式。为天下式，常德不忒，复归于无极。**"

白色光亮，指动、有为；黑色昏暗，指静、无欲。守其黑是说君主要处静无欲，这样天下的百姓也会以他为榜样。上下都这样做，道德自然也不会散乱，国家就会长治久安，代代相传。

"**知其荣，守其辱，为天下谷。为天下谷，常德乃足，复归于朴。**"

荣是荣华富贵；辱指国家的灾难、屈辱、民怨等等。守辱是勇于承担全部责任，更加宽以待民，像空旷的山谷一样能容。如果能做到这样，道德就可以充盈，国家就可以回归到最和谐、最自然的状态，从而与道合为一体。

雄、白、荣，都是指居上位的人，是执政者；雌、黑、辱，均指执政者应有的修养和施政态度，即以卑下待己，以民众为上，要能做到没有贪欲，忍受屈辱。

居上位的人（雄）如果能做到对百姓谦恭卑下（雌），像溪水一样处下不争，就会为众流所归一样，得到民众的拥护，道也不离开他；国家就会像婴儿一样精元充沛，向上成长。

执政者还要具有甘于寂寞、笃静无欲（黑）的品质。如果他能够做到这一点，就会成为天下人学习的榜样。"道"也不会散失。国家就会有无限的前途。

如果执政者能够做到忍受屈辱，就会像容纳整个天下的空谷一样，"道"将非常充足，国家就会大治，重新回归自然纯朴。

要做到守雌、守黑、守辱，对居于"雄""白""荣"地位的人是一种高难要求，是老子从"道"的立场提出的修身标准。

老子最后说：

"**朴散则为器，圣人用之，则为官长。故大制不割。**"

朴，指"道"，道可聚可散。器，本指器物，各有不同的用途。朴散则为器，是说"道"体现于各个方面，深入于万物之中。"圣人用之，则为官长"是说君王以"道"治天下，则可以达于至治之境，那就是"大制不割"。

什么是"大制不割"?

任继愈注:"制,管理,宰制。不割,不出于勉强,强制。"所以他译为"用因势利导的管理方式"①。

陈鼓应说:"完善的政治是不割裂的。"②

饶尚宽译为:"完美的制度是不会伤害百姓的。"③

林语堂译为:"善治国家的人,不割裂事理,仅使万物各遂其性而已。"④

张松如译为:"用大道制御天下无所伤割。"⑤

郭世铭译为:"在大的制作和举措中,不能将材料割散了使用。"⑥

冯达甫译为:"那文明的统治是因顺自然无须分割。"⑦

从上例可知,人们对"制"与"割"的含义的认识很不相同。我认为"制"、"割"是一个意思,都是"裁"的意思,引申为治理国家。"大"字很关键,指最好的。这句话的意思是说:

"最好的治理就像是没有治理一样。"

这正是老子理想的治国模式。

---

① 任继愈:《老子绎读》,页64。

② 陈鼓应:《老子注译及评介》,页181。

③ 饶尚宽:《老子》,页72。

④ 林语堂:《老子的智慧》,页94。

⑤ 张松如:《老子说解》,页169。

⑥ 郭世铭:《老子究竟说什么》,页103。

⑦ 冯达甫:《老子译注》,页70。

第二十九章

将欲取天下而为之，吾见其不得已。

天下神器，不可为也。为者败之，执者失之。

故物或行或随，或呴或吹①，或强或羸，或载或隳②。

是以圣人去甚③，去奢④，去泰⑤。

注解：

① 或呴或吹：呴（xǔ），开口出气，嘘气息缓而温；吹，合拢嘴唇用力出气，猛而凉。

② 或载或隳：载，收获，指增益成功；隳（huī），毁坏、失败。

③ 甚：过分。

④ 奢：浪费，引申为过分、过度。

⑤ 泰：同"太"，大、过之意。

想得到天下而蠢动的人，我看他是达不到目的了。

天下是神圣的东西，这个事是不能做的啊。硬要这样做的人必然会失败，就是得到天下也会失去它。

事物有的走在前，有的跟在后；同样是吹气，有的是为了变暖，有的是为了变凉；有的强壮，有的羸弱；有的增益，有的毁坏。

因此，圣人戒除过分，杜绝奢侈，舍弃贪大。

读经随笔

这是一篇有哲学深度的时政评论。春秋末年，以"尊王攘夷"为口号的大国争霸被"问鼎中原"的争霸所代替，进入赤裸裸的"欲取天下"的兼并阶段。所以老子开口就说：

"将欲取天下而为之，吾见其不得已。"

这些"欲取天下而为之"的人都是以战争为手段的。而发动战争就要驱使民众，剥夺民力以供战争之需。民众不堪重负，社会动荡已极。所以老子说这些人是达不到目的的。已，指完成；不得已，完不成。

"天下神器，不可为也。为者败之，执者失之。"

神器，喻地位至高；天下，指民众。得民众者得天下。这些人反其道而行之，所以说"不可为也"。这些人如果一定要这样去做，去争夺，那就一定会失败，即使得到了也会失去。

"故物或行或随，或呴或吹，或强或羸，或载或隳。"

老子认为世界是有内在秩序的，人们只能顺从而不能违背。所以他举例说：

"物或行或随。"事物有的走在前面，有的随在后面。比如春夏秋冬，比如播种、收获，不可能颠倒顺序，这是规律所决定的。如果人们违背这种规律，就会受到规律的惩罚。

"或呴或吹。"事物是复杂的。即使看似同一个动作，如吐气，目的也不相同，甚至完全相反。比如呵气为了求暖，吹气使之变凉。

"或强或羸。"有的强壮，有的羸弱。这种情况更为复杂，因为既有先天的，也有后天的，并且有些事物之强弱在一定的条件下还会相互转化。

"或载或隳。"有的成功，有的失败。成功和失败也是由规律所决定的。

各种事物总是按照自己的规律在运动。

既然规律（道）是不可违背的，治理国家的人就要做到以下三条：

一、**"去甚。"** 甚，过分。凡事皆有度，过度为"甚"。行政过度谓之"苛政"、"暴政"，后果很严重。孟子在论及国家赋税时说："有布缕之征，粟米之征，力役之征。君子用其一，缓其二。用其二而民有殍，用其三则父子离。"① 所以需要慎重对待。

二、**"去奢**。"奢是多，是生活上的过分，古人对此早有警惕。传说仪狄造酒献给大禹，禹饮而甘之，但却感到很忧虑，担心必有因此而亡国者②。大禹的担忧不幸为很多历史事实所验证。但古人未能戒除奢侈，现代人继承了这一恶习，并且发展到更为危险的境地，出现了能源危机、生态危机、水资源危机等等。由于人类的奢侈日益严重，也就成为阻碍进一步发展的大问题。至于生活上的奢侈，恐怕也是古人所不及的。

三、**"去泰**。"泰，同"太"，是大的意思。去大，是指去掉思想上的过分。人莫不好大，但执政者好大则非常危险。国之欲大必兼并小国，兵争不免；政绩欲大必损耗民力，劳民伤财。

"去甚、去奢、去泰"，乃古今通行之理，非常值得现在的各级执政人员从中汲取智慧。

---

①《孟子·尽心下》。
②《战国策·魏策二》。

第三十章

以道佐①人主者，不以兵强天下。其事好还②。

师③之所处，荆棘生焉。大军之后，必有凶年。

故善者果而已④，不敢以取强⑤。

果而勿矜，果而勿伐，果而勿骄，果而不得已，是果而勿强。

物壮则老⑥，是谓不道⑦，不道早已⑧。

注解：

① 佐：辅助。

② 还：回，归还，指报复。

③ 师：军队。

④ 善者果而已：善指正确；果，实现，指达到目的。

⑤ 取强：逞强。

⑥ 物壮则老：事物发展到强壮就开始衰老。

⑦ 不道：不合乎道，指逞强。

⑧ 早已：很快失败。

用道来辅助君王的人，不用武力逞强于天下。使用武力很快会受到报复。

军队经过的地方，到处长满了荆棘。战争过后，必定是灾年。

最好是打了胜仗就适可而止，不敢以武力逞强。

达到目的了不要狂妄，达到目的了不要夸耀，达到目的了不要骄傲，因为达到目的也是一种不得已，所以达到目的了不要逞强。

万物强壮之后就会衰老死亡，追求强壮是不合乎道的，不合乎道就会迅速衰亡。

读经随笔

有人说《老子》是一部兵书，是讲用兵的，这是误解。但在《老子》一书中，确有一些论兵的精彩篇章。老子站在道的高度论兵，纵横驰骋，无不中的。通过这些篇章，老子丰富的军事思想得以展现，弥足珍贵。

老子是反对战争的，他说：

"以道佐人主者，不以兵强天下。其事好还。"也就是说，以军事力量强暴天下不符合道的要求。道贵不争，而战争是争的最激烈、最残暴的形式，当然要遭到老子的反对。使用战争又极易陷入恶性循环而相互报复，所以老子说"其事好还"。

春秋时人们普遍认为报复是正义的，因而也是公认的行为准则。国与国之间，人与人之间，都是如此。这也是春秋战国时战争频繁的原因之一。如果一国的力量不足，则可联合数国进行报复，这成了约定俗成的原则。

战争对生产的破坏是严重的：

"师之所处，荆棘生焉。"军队到过的地方，荆棘<u>丛</u>生，农田荒芜。

战争对人民生活的影响也是惨烈的：

"大军之后，必有凶年。"凶年则人民颠沛流离、饿殍遍野。

但战争终究不可避免。在这种迫不得已的情况下，善于用兵的人就需要掌握尺度：

"故善者果而已。"什么是"果"？用兵的目的是使对方屈服，达到这个目的就是"果"。战争虽然你死我活，但杀人并不是目的。不能一味逞强，以杀戮为目的。孙膑在讲了战争手段的重要性之后，特别指出："然夫乐兵者亡，而利胜者辱。兵非所乐也，而胜非所利也。"[①]好战者导致亡国，贪求胜利反会导致受辱，就是打了胜仗也不一定就能得到利益。因此如果已经使对方屈服，还要做到：

"果而勿矜，果而勿伐，果而勿骄，果而不得已，是果而勿强。"矜是自大，伐是自夸，骄是炫耀。因为用兵是迫不得已的办法，所以决不能一味逞强。

事物总是向它的反面发展，老子说：

"物壮则老，是谓不道，不道早已。"用兵逞强是违背道的，而违背道就会很快失败。

"物壮则老"是老子常说的话，是从自然界动植物生长的普遍现象中概括出来的规律。用这个规律观察社会问题、处理社会问题是老子的主张。强是国君们的普遍愿望，是目的。但老子认为实现这个目的途径是守弱，即使强了也不能逞强。居上要守下，位高要守卑。老子的这些主张反映了他的辩证法思想，很值得借鉴。

老子是从根本上反对战争的，因为他认为战争不符合道的"不争"原则，又会给人民的生产、生活带来巨大的灾难。在不得已的情况下用兵，也要做到"果而勿强"，尽可能减轻战争带给人民的伤害。从军事的角度看，老子对战胜方提出的"果而勿矜，果而勿伐，果而勿骄"的告诫是有价值的。自矜、自伐、自骄从军事的角度看，都将因轻敌而导致失败；从哲学的角度看，"取强"必然很快走向它的对立面，招致迅速失败，因而是不可取的。

---

① 孙膑：《孙膑兵法·见威王》，文物出版社，1985。

第三十一章

夫嘉兵①者，不祥②之器，物或恶之，故有道者不处。

是以君子居则贵左③，用兵则贵右④。

兵者不祥之器，非君子之器，不得已而用之，恬淡为上⑤。

胜而不美。而美之者，是乐杀人。夫乐杀人者，不可得志于天下。

吉事尚左，凶事尚右。是以偏将军处左，上将军处右，则以丧礼处之⑥。

杀人众多，以悲哀泣之⑦。战胜，则以丧礼处之。

注解：

① 嘉兵：一作"佳兵"，制作精良的兵器。

② 不祥：不吉，凶。

③ 居则贵左：居指平常。贵左，以左边的位置为上位。

④ 用兵则贵右：打仗时与平常相反，以右边的位置为上位。

⑤ 恬淡为上：恬淡，指疏远。为上，为好。

⑥ 以丧礼处之：丧礼以右为上位。所以用兵尚右，同于丧礼。

⑦ 泣：据帛书本应为"立"，同"莅"，临也。

最好的兵器也是不吉祥的东西，人们都厌恶它，所以有"道"的人都不愿接近它。

君子平时以左为贵，打仗时以右为贵。

兵器是不吉祥的东西，不是君子所需要的，不得已的时候才用它，还是对它离远些好。

打了胜仗也不要赞美它。如果赞美它就是喜欢杀人。喜欢杀人的人，是不能真正得到天下的。

吉事以左为贵，凶事以右为贵。因此偏将军站在兵车的左边，上将军站在兵车的右边，是表示用丧礼来对待战争。

因为杀死的人众多，所以要悲哀地对待他们。打了胜仗，用丧礼来对待。

读经随笔

春秋时，佩剑是社会地位、身份的象征。因此，追求制作精良、装饰华美的兵器是贵族们的时尚。所谓"嘉兵"，就是指那些制作精美的兵器。外表华美并不能改变它的本质——与战争、杀人相联系的武器。所以老子说：

"夫嘉兵者，不祥之器，物或恶之，故有道者不处。"

再华美的兵器也是不祥的东西。不祥，指招引灾祸。"物或恶之"是说人们对兵器从内心都是很厌恶的，所以有道的人不愿意和兵器在一起。但是兵器的爱好者并不乏人，老子讽刺的"服文彩，带利剑，厌饮食"的人，正是这样的人。

"君子居则贵左，用兵则贵右。"

居指平常，平常以左为上位，叫"贵左"；用兵是凶事，所以"贵右"，以右为上位。古人认为"左"主生，"右"主杀，所以"用兵则贵右"。老子精通周代礼仪，所以能给以清楚的解答。

"兵者不祥之器，非君子之器，不得已而用之，恬淡为上。"

兵器，或者战争，是给人带来灾祸的东西，因此它不是君子喜欢的东西，在迫不得已的情况下才使用它，还是离它远一点为好。

恬淡，《老子》帛书本作"銛袭"，是掩藏锋芒的意思。兵器意味着战争，所以老子又说：

"胜而不美。而美之者，是乐杀人。夫乐杀人者，不可得志于天下。"

打了胜仗也不要赞美。如果赞美它就表示喜欢杀人。而喜欢杀人的人是不可能得到天下人民拥护的。有人把"胜而不美"仍然理解为兵器，是兵器之胜者，也无不可，但其义已狭①。老子的这个观点被战国的孟子全盘接收。孟子见梁襄王，出来对人说："望之不似人君，就之而不见所畏焉。卒然问曰：'天下恶乎定?'吾对曰：'定于一。''孰能一之?'对曰：'不嗜杀人者能一之。'"接着孟子又说道："今夫天下之人牧，未有不嗜杀人者也。如有不嗜杀人者，则天下之民皆引领而望之矣。诚如是也，民归之由水之就下，沛然谁能御之?"②是孟子深得老子之意也。老子说：

"吉事尚左，凶事尚右。是以偏将军处左，上将军处右，则以丧礼处之。"

吉事尚左，凶事尚右，大概是周礼的规定，老子为周之守藏室之史，当然十分清楚。这个规定通行于中原各国，但也有例外，楚国就"尚左"③。"楚人上左"当然指作战，是楚人作战时也以左为上。老子是楚人，不会不知。凶事尚右乃通行之例，所以老子才这样说。丧礼以右为上位，兵事也以右为上位，同于丧礼。老子引用古礼，是要说明人们从来就反对战争，视战争为凶事。

"杀人众多，以悲哀泣之。战胜，则以丧礼处之。"

战争是残酷的，杀人众多。众多人被杀，包括作战双方的死难者，他们其实都是无辜的牺牲者，所以人们以悲哀的心情来对待他们。泣，帛书、甲乙本均作"立"（莅），作对待解。即使打了胜仗，也要用丧礼来对待。

老子对战争深恶痛绝，但并非反对一切战争，因为也有"不得已而用之"的战争。如商汤之伐桀，周武之伐纣，或被迫的反侵略战争，都是"不得已而用之"的战争。即使对这种战争，老子也反对"杀人众多"，仅是"果而已"。

老子主张远离兵器，打了胜仗也不要赞美它，因为赞美就说明你喜欢杀人，而喜欢杀人的人是得不到天下民众拥护的。

这一章的语言比较口语化，所以清楚明白、通俗易懂。

———————

① 郭世铭：《老子究竟说什么》，页110。
②《孟子·梁惠王上》。
③《左传·桓公八年》。

第三十二章

道常无名①。

朴②虽小，天下不敢臣③。侯王若能守，万物将自宾④。

天地相合，以降甘露，人莫之令而自均⑤。

始制有名⑥，名亦既有，夫亦将知止。知止所以不殆。

譬道之在天下，如川谷之与江海。

注解：

① 道常无名：指道永恒存在。

② 朴：道的别名。

③ 臣：指下、小。

④ 万物将自宾：万物，代指民众；自宾，自动地居于客位。

⑤ 自均：自，自动、自然；均，平均。

⑥ 始制有名：始，道；制，作，生；有名，指天地和万物。

道永恒存在。

朴虽然很小，但天下没有谁能在它之上。君王如果能得到它，人民就会自动地归顺。

天地之间阴阳两气相合，就会降下甘露。没有谁去要求它，就会自然地分布得很均匀。

道生天地万物，就有了各自的名分。既然有了名分，就要懂得自己所处的位置。懂得自己所处的位置，就不会陷于危困。

比如道在天下，就像河川流归江海一样；君王若能守道，民众也会像河川流归江海一样归顺。

读经随笔

在第一章里老子就说过"无名天地之始，有名万物之母"，说的就是在天地未生之前只有道，为无名；道生天地为有名，有名指天地，是万物之母。

"道常无名。" 是说道从来没有名，不管是天地既生之前还是天地既生之后，道都是不变的。常，此处作"从来"解。从来没有名，是因为没有人能够为道定名，道也很难用有限的名来表述。道无法限定，它无形、无声、无色、无味，大到生天地育万物，"迎之不见其首，随之不见其后"，小到"和其光，同其尘"，因此无法用有限定的名来表述无限的道，所以说"道常无名"。

道具有至高无上的地位，**"朴虽小，天下不敢臣"**；道又具有至大无比的作用，**"侯王若能守，万物将自宾"**。

朴是老子对道的另一个称呼，甚至含有道中精华的意思。因为后面他还提到"镇之以无名之朴"，前面说过"朴散则为器"。侯王如果能坚持按道的原则去治理天下，那么百姓就必然会自动归顺。

道是不以人的主观意志为转移的一种客观存在。老子举例说：

"天地相合，以降甘露，人莫之令而自均。"

甘露指下雨。天地相合，也就是阴阳相合，是下雨的原因。没有什么人下命令（当然也包括天帝在内）就会非常均匀。孟子就曾经向梁襄王举过天降甘露的例子，说明君王有道，就像七八月天旱下雨一样。孟子说："七八月之间旱，则苗槁矣。天油然作云，沛然下雨，则苗浡然兴之矣。其如是，孰能御之?"[①]孟子是儒家传人，看来他也从老子这里吸取了不少营养。老子的"天地相合以降甘露，人莫之令而自均"还包含有平均、平等的思想。因为在老子看来，这是道的作用。接着他又说：

"始制有名，名亦既有，夫亦将知止。知止所以不殆。"

没有什么人能够抗御道，也没有什么力量高于道。道是"始"，是"无名"，但正是这个"无名"产生了"有名"，这就是万物和人赖以生存的天地，天地是"有名"。所谓"始制有名"，即谓道生天地，天地生万物。所谓"名亦既有"，即谓天地与万物生焉。它们的名分也已确定，这就是"有名万物之母"。所谓"夫亦将知止"，是说人们应该明白自己所处的位置，守住本源、根本。"止"，是所停留的地方。"宇中有四大，王居其一"，这就是"王"所处的位置。老子说过它们的关系是"王法地，地法天，天法道，道法自然"。王的直接取法对象是地，而地具有"厚德载物"的特点。所以老子接着又说："知止所以不殆。"

人们对"始制有名"的看法是不一致的。

王弼说："始制，官长不可不立名以定尊卑，故始制有名也。"这个说法被吴澄否定。吴澄说："始者，道也。"②吴说为是。现在人的解释更为多样。陈鼓应译为"万物兴作就产生了各种名称"。显然是偏后了一点，但不啻有天地之差失。任继愈译为"有了管理，即有名分。名分既制定，就适可而止"。竟不知所论何事。张松如译为"开始制作便随而有名"，孙以楷从之。使人如堕黄山云海，眼前一片迷茫③。郭世铭译为"一旦有了典章制度就会产生名分的区别"，则是以"制"为"典章制度"，去道远矣。林语堂译为"道亦然。道创造了万物，万物兴作就产生了各种名称"④。林语堂完善了陈鼓应的译文，但仍然没有指明天地为"有名"，万物其后焉。

"譬道之在天下，如川谷之与江海。"

道在天下的地位，就好比川谷的水必然流向江海一样。君王若能守道而行，天下的民众也会像川谷之水奔向江海一样归顺他。

①《孟子·梁惠王上》。

② 吴澄：《道德真经注》卷二。

③ 孙以楷：《老子解读》，黄山书社，2007，页 72。

④ 林语堂：《老子的智慧》，页 102。

第三十三章

知人者智①，自知者明②。
胜人者有力③，自胜者强④。
知足者富⑤，强行者有志⑥。
不失其所者久⑦，死而不亡者寿⑧。

注解：
① 智：智慧、聪明。
② 明：眼睛好，看得清楚。
③ 力：力量。
④ 强：强大。
⑤ 富：财货丰裕。
⑥ 强行者：坚持操守的人。
⑦ 不失其所者久：不失其所者，指没有离开自己应该处的地方和位置的人。如君王宜处下，能够处下的人可以长久。
⑧ 死而不亡者寿：死而不亡是春秋成语，指为义而死，死得其所。这样的人才是真正的长寿。

善于认识人的人聪明，能够认识自己的人才是高明。

战胜他人的人有力量，战胜自己的人才是强者。

知道满足的人才能富有，坚持操守的人是有志的人。

处在适合自己位置的人能够长久，死去而不被遗忘的人才是长寿。

读经随笔

这一章总共有三十八个字，可分为六句，讲了八个相互联系的道理。其中有的道理不但震惊古人，而且令现代人难以置信。这位二千五百年前的古人早已提出了"战胜自己，超越自我"的口号，这就是"自胜者强"，实在不可思议。

虽然大家都明白事物对立统一的道理，但却难以从反面来观察事物，这就容易犯片面性的毛病。老子从正反两面观察和分析问题，特别是从反面提出问题，常能振聋发聩，出人意料。

"知人者智，自知者明。"

这句话后来演变为成语"自知之明"，今天仍然是思想宝库中的利器。

知人指了解别人。对君王来说，"知人"还包括"任贤"，事关兴亡，是头等大事。商汤得天下，和伊尹大有关系。"伊尹处士，汤使人聘迎之，五反然后肯往从汤。言素王及九主之事，汤举任以国政。"[①]武丁中兴，和傅说大有关系。"是时说为胥靡，筑于傅险。见于武丁，武丁曰是也。得而与之语，果圣人，举以为相，殷国大治。故遂以傅险姓之，号曰傅说。"[②]在任命傅说为相的仪式上，武丁说了一段话，非常精彩。他说："朝夕纳诲，以辅台德。若金，用汝作砺；若济巨川，用汝作舟楫；若岁大旱，用汝作霖雨。"[③]傅说果然不负所望，辅佐武丁，史称"中兴"。周文王兴周，和吕尚大有关系。"吕尚盖尝穷困，年老矣，以渔钓奸周西伯。西伯将出猎，卜之，曰'所获非龙非彲，非虎非罴；所获霸王之辅'。于是周西伯猎，果遇太公于渭之阳，与语大悦，曰：'自吾先君太公曰当有圣人适周，周以兴。子真是耶？吾太公望子久矣。'故号之曰'太公望'，载与俱归,立为师。"④武王伐纣时,卜龟兆,不吉,暴风雨突然而至,大家都感到害怕。太公望推开蓍草,把卜龟摔在地上,用脚踩碎,说道:"枯骨死草,何知吉凶!"⑤于是军队继续前进,取得牧野之战的决定性胜利。齐桓公成就霸主事业,和管仲大有关系。管仲是齐桓公的阶下囚,原是桓公政敌的谋士,但桓公能听取鲍叔的建议,任管仲为相,最后登上霸主之位⑥。这是齐桓公能知人任贤的结果。但齐桓公不能坚持用贤,管仲临死前劝桓公疏远四个人:易牙、竖刁、堂巫和公子开方。管仲死后桓公也照办了,但不久又把这四个人请回来官复原职。过了一年,这四个人联合发动政变,把桓公围困在一个房子里断绝了饮食。有一个妇人从洞里爬进去见桓公,告诉他外面的情况后,桓公说:"'嗟,兹乎!圣人之言长乎哉!死者无知则已,若有知,吾何面目以见仲父于地下?'乃援素幭以裹首而绝。死十一日虫出于户,乃知桓公之死也。"⑦

以上事例说明"知人"之重要,也说明"知人"之困难,所以老子说"知人者智"。由此看来,老子并不反对真正的"智",对知人者老子用"智"给予了肯定和赞扬。

能知人固然好,但还有一个更重要的方面,也是常常被人忽略的方面:自知者明。关于"知人",老子之前人们谈论得很多,但谈论"自知"的人却少,这是老子过人的地方,也是老子"反观法"高明的地方。

自知,是了解自己,也引申为了解自己所在的一方。自知和知人关系密切,一个不自知者是很难做到知人的,甚至会完全颠倒是非,愚蠢之极。殷纣王是一个能力很强的人,"资辨捷疾,闻见甚敏;材力过人,手格猛兽;知足以拒谏,言足以饰非"⑧。而且很能打仗,据说"百战百胜"。于是他认为没有人能超过他,"矜人臣以能,高天下以声,以为皆出己之下"⑨。当灭顶之灾降临时,他的大臣祖尹惊恐来告,纣王还有恃无恐地对祖尹说:"我生不有命在天乎!"⑩可见不自知的愚蠢,常常以逞己之能为特点。传说周文王之师叫鬻熊,也是楚人。他就说过:"不肖者不自谓不肖也,而不肖见于行。虽自谓贤,人犹谓之不肖也。愚者不自谓愚,而愚见于言。

虽自谓智，人犹谓之愚。"⑪这些"自谓贤"、"自谓智"的人，都是不自知的人。

要做到自知，首先是虚其心，不矜不骄不伐，对个人能力有清醒的认识。周穆王在任命伯冏为太仆的仪式上说："惟予一人无良，实赖左右前后有位之士，匡其不及，绳愆纠谬，格其非心，俾克绍先烈。"⑫周穆王这个态度是明智的，可谓有自知之明。居高位的人要做到自知，还需要远佞臣小人，因为这种人在任何时代都不缺少，他们有各种本事可以蒙蔽君王的"自知"而使他陷入"不自知"。齐景公问晏子"佞人事君如何?"晏子说了一大段话，揭开了这些人的伪面具。

晏子说，如果要这些人行义，这些人就会"意难，难不至也。明言行之以饰身，伪言无欲以说人，严其交以见其爱。观上之所欲，而微为之偶，求君逼迩，而阴为之与。内重爵禄而外轻之以诬行，下事左右而面示公正以伪廉。求上采听，而幸以求进。傲禄以求多，辞任以求重。工乎取，鄙乎予，欢乎新，慢乎故，吝乎财，薄乎施。睹贫穷若不识，趋利若不及。外交以自扬，背新以自厚。积丰义之养，而声矜恤之义。非誉乎情，而言不行身，涉时所议，而好论贤不肖。有之己不难非之人，无之己不难求之人。其言强梁而信，其进敏逊而顺，此佞人之行也"⑬。

领导者很难过这一关，所以这些人总是能达到自己的目的，"其进敏逊而顺"，升官快而顺当。领导者即使想保守"自知"，结果连"知人"也丢失了。

知人不易，自知也难，所以老子才说"知人者智，自知者明"。

"胜人者有力，自胜者强。" 今天，"战胜自己，超越自我"的口号风行天下，原来这是二千五百年前的老思想。这个老思想仍然这样富有生命力，这是老子的智慧。

一个人能够认识自己的弱点、缺点，能够作出正确的判断，这是"自知"；如果他还能和自己的弱点、缺点作斗争，并且作出正确的选择，这就是"自胜"。能够做到"自胜"的人才真正称得上强大。

"胜人者有力",这是常识;"自胜者强",显然较量的双方都是自己,较量的也不是力,而是自己的弱点、缺点。

"知足者富,强行者有志。"

一般人认为财产多是富,因而导致贪欲、争夺;老子主张知足,知足则寡欲、不争,可保全自己而常乐,所以说"知足者富"。

强行者指能够坚持自己信念的人。有志,有志向。

"不失其所者久,死而不亡者寿。"

每一个人都应该有一个适合自己的位置,这是由各种因素所决定的客观位置。如果你正好处于这个位置,就是"不失其所",就应该满足,也就可以长久。如果高于这个位置则需要明白,这是不能长久的,其中甚至隐藏着危险。

寿一般指活得长。但老子认为活得长短并不重要,一个人死后人们还能记得他的存在,或者他的功德和言行能够继续为民造福,才算是寿。

---

①②⑧⑨⑩ 司马迁:《史记·殷本纪》。

③《尚书·说命上》。

④ 司马迁:《史记·齐太公世家》。

⑤ 王充:《论衡·卜筮》。

⑥《左传·庄公九年》。

⑦《管子·小称第三十二》。

⑪《鹖子·道符五帝三王传政甲第二》。

⑫《尚书·囧命》。

⑬《晏子春秋·内篇·问上第三》。

第三十四章

大道泛兮①，其可左右②。

万物恃之以生而不辞，功成不名有③。

爱养万物而不为主，常无欲，可名于小④。

万物归焉而不为主，可名于大⑤。

是以圣人终不为大，故能成其大。

注解：

① 泛：宽，指远大。

② 左右：指近处。"泛"和"左右"均指道无所不在。

③ 不名有：不说是自己的。

④ 小：指道。

⑤ 大：亦指道。

大道无处不在，它就在我们的左右。

万物依靠它生长，但它并不自夸，成功了也不认为是自己的功劳。

滋养万物而不干预它们，它永远没有欲望，这可以叫作"小"。

万物归顺于道，而道并不自以为主宰，这可以叫作"大"。

因此圣人从来不自以为大，所以能成为真正的大。

读经随笔

大道不但是老子思考的对象，也是老子反复吟咏的对象，还是他向执政者推广的对象。有时三者混而为一，可谓一道独特的风景。

"大道泛兮，其可左右。"

这是吟唱。

道在哪里？老子说，远在天边（大道泛兮），近在眼前（其可左右）。对此，庄子也有生动的回答。

> 东郭子问于庄子曰："所谓道，恶乎在？"庄子曰："无所不在。"东郭子曰："期而后可。"庄子曰："在蝼蚁。"曰："何其下邪？"曰："在稊稗。"曰："何其愈下邪？"曰："在瓦甓。"曰："何其愈甚邪？"曰："在屎溺。"东郭子不应。[①]

道无所不在，道也在屎尿里，是庄子独特的语言表述风格。虽然没有错，但毕竟有些不雅。

"万物恃之以生而不辞，功成不名有。"

这是边吟唱边思考。

万物之生长，均赖道的滋养和推动。但道却没有一点自命不凡的样子，甚至一句自傲的话也没有。道也不把这种功劳记在自己的头上，认为万物均归自己所有。老子认为道的这种品质正是人间君王应该效法学习的榜样。如果把万物比作民众，君王应该是道，或者应该执道。老子在讲"天之道"的时候，几乎都是为了给君王树立榜样。所以老子哲学既有自然的特点，也有社会的特点。

"爱养万物而不为主，常无欲，可名于小。万物归焉而不为主，可名于大。"

这里出现了两个"不为主"，一是给予万物而不为主，一是万物归焉而不为主。道是实际上的"主"，但是又"不为主"，所以才能出小入大，无为而无不为。

老子由此引入正题：

"是以圣人终不为大，故能成其大。"

这是针对性很强的推广。执政者莫不欲大、欲久、欲富、欲强、欲得天下。针对这些欲望，老子说道是"常无欲"的，什么时候你没有欲望了，就可以实现这些欲望。这似乎是现时外国的幽默或中国的笑话，但其中却包含深刻的哲理。欲大者首先不能自大，要虚怀若谷，自可"万物归焉"，如果"万物归焉而不为主"，要想不大也不可能了。

----

① 《庄子·知北游》。

第三十五章

执大象①，天下往②。
往而不害③，安平泰④。
乐与饵，过客止⑤。
道之出口⑥，淡乎其无味。
视之不足见，听之不足闻，用之不可既⑦。

注解：
① 大象：指道。
② 往：指民众归顺。
③ 不害：没有妨害。
④ 泰：同"太"，有大的意思。泰为《周易》卦名，有上下交通和谐之意。
⑤ 止：停留。
⑥ 出口：道从口中经过。
⑦ 既：尽。

君主执掌大道，天下的民众就会流水般地归顺他。
归顺他没有妨害，还能过上安定、平静、和谐的生活。

悦耳的音乐和可口的食物，会吸引过路的客人停下来。

道从口里出来非常平淡，没有一点味道。看它看不见，听它听不到，但它很有用，永远用不尽。

读经随笔

老子的社会理想体现在很多篇章里，需要集中起来加以综合分析。但本章最具代表性，最有说服力，远胜第八十章的"小国寡民"。并且由此章可知，在老子的社会理想里，应该删除"小国寡民"四个字。

"执大象，天下往。"

君主以道治国，叫作"执大象"。大象，指道。《老子》第十四章："是谓无状之状，无物之象。"《老子》第四十一章："大象无形。"能执大象，天下之民就会归之若"川谷之与江海"，这就是"天下往"。

大家争先恐后要去的地方是什么情况呢？

"往而不害，安平泰。"

安，指这里的人们安居乐业，非常安定；

平，指生活在这里平静祥和，非常自然；

泰，指这里君民关系上下融洽，非常和谐。泰是《周易》卦名，乾下坤上，呈上下交通之象，所谓"天地交而万物通也，上下交而其志同也"[①]。

在"执大象"的国度里，不但物质生活很充足，精神生活也很丰富：

"乐与饵，过客止。"

饵，好吃好喝；乐，音乐歌舞。这些"五味"和"五音"属于全社会，民众也可以享用，老子是不反对的。过路的人听到了美好的音乐，闻到了饭菜的香味，先是停下了脚步，最后决定不走了。

这里的人民安居乐业（安），生活平静祥和（平），上下和睦通畅（泰），好吃好喝（饵），载歌载舞（乐），就是路过的人也会停留下来，不愿离开。这当然是非常理想的，也正是人民所向往的，代表了老子的社会理想。由此可知，"小国寡民"并不是老子的理想社会。天下之民尽归往之，能是"小国"？就是"小国"也会变成大国；过往的客人都留下不走了，也绝不是"寡民"。这种理想远胜"五亩之宅，树之以桑，五十者可以衣帛矣"②。老子认为，只要以道治国，就会自然而然地出现这种盛况。

"安平泰"、"乐与饵"，正是当时社会所缺少的东西。而动荡、战争、灾害、饥饿、颠沛流离使得统治者与民众之间的矛盾非常尖锐。"泰"字从反面折射出这种状况。因此，泰的含义在这里表示执政者和民的关系和睦融洽。

实现这种理想的关键是"执大象"。而大象无形、无声、无味：

"道之出口，淡乎其无味。"道的神奇功能令人神往，人们总想知晓它的模样，甚至希望它是一种具体的东西。因此老子不得不反复用各种有形象的间接暗示向提问者解释道的无形、无色、无味、无声的特性。"道之出口，淡乎其无味"，是说道如果从口中经过又出来，人会感觉它一点味道也没有。这用的是比喻手法。接着老子又说：

"视之不足见，听之不足闻，用之不可既。"

道虽然看不见、听不到，但却是最有用的东西。不管你怎么用都用不完，并且越用越多，无穷无尽。

老子反复强调道的无色、无形、无味、无声的特点，是要冲破当时人们认识事物的局限。这种局限普遍存在，人们只相信自己的眼睛和耳朵。这种局限在知识分子中也很突出。在第四十一章里，老子就说过"下士闻道，大笑之。不笑不足以为道"的话。

---

①《周易·泰卦》。
②《孟子·梁惠王上》。

第三十六章

将欲歙之①，必固②张之；
将欲弱之，必固强之；
将欲废之，必固兴之；
将欲夺之，必固与之。是谓微明③。
柔弱胜刚强。
鱼不可脱于渊，国利器④，不可以示人。

注解：
① 歙：收敛的意思。
② 必固：必、固义近，一定会。
③ 微明：微者小也，意为不易察觉。明者道也，微明谓不易觉察之道。
④ 国利器：镇国宝器，指道。

事物将要收敛的时候，一定会先张开；
事物将要衰败的时候，一定会表现为强大。
因此事物将要废弃的时候，一定会加速它的强大；
将要夺取它的时候，一定会先给予它。这是人们常常看不见的道理。

柔弱胜过刚强。

鱼不能离开水，离开就会死亡；一个国家的利器就是道，离开道也会消亡，而道却拿不出来给人看。

读经随笔

本章言大道，说的是它在自然界和社会的种种表现，具有普遍的辩证意义。用于治国，仍然坚守柔弱，既无"阴谋"，也无"权术"。

事物之歙张、弱强、废兴、与夺自有它本身的规律，无不表现为向对立方面转化的必然趋势。认识这一规律并运用这一规律治理国家，老子认为是很重要的，是"微明"。微明是不易为人觉察的道理，和以前的"袭明"一样。袭明是被遮盖的道理，都有容易被人忽视的意思。

老子这段话是对前人思想的继承和创新，而老子创新的地方，恰恰是超出"谋略"层次而上升为事物的普遍规律。《周书》说："将欲败之，必姑辅之；将欲取之，必姑与之。"① 《吕氏春秋》引作："诗曰：将欲毁之，必重累之；将欲踣之，必高举之。"② 在老子之前，这种思想观点就已经存在了，说明很早的古人就已注意到事物的转化所提供的契机有利用的价值。

"将欲歙之，必固张之。"

这句话的意思是，事物在将要收敛的时候，一定会先张开。反过来说，当它张开的时候，即意味着它将要收敛。

"将欲弱之，必固强之。"

事物将要走向衰弱，它一定已经强大。因为强大到一定程度，它就要走下坡路，这就是衰弱。

"将欲废之，必固兴之。"

事物将要走向衰亡，一定会加速它的强大，这就是"兴之"。

"将欲夺之，必固与之，是谓微明。"

因此，将要取得对方，就一定要先给予它，可以加速它的消亡。

这个道理常常被人们忽视，所以叫作"微明"。这个道理就是：

"柔弱胜刚强。"

柔弱胜刚强，正是老子所谓道。道是治理国家最重要的东西，老子称之为"国之利器"。所以老子说：

"鱼不可脱于渊。"鱼离开水就会死，比喻国离开道就会亡。

"国利器，不可以示人。"道对国家至为重要，关乎存亡，因此老子把道称为"国利器"。只是这个"国利器"很特别，"不可以示人"。不可以示人并非要深藏不露，而是由道本身无形、无色、无声、无味的特性所决定的，拿不出来给人看。

关于"国利器，不可以示人"，历来解释纷纭：

韩非说："赏罚者，邦之利器也。在君则制臣，在臣则胜君。"③

河上公说："利器，权道也。治国，权者不可以示执事之臣也；治身，道者不可以示非其人也。"④

王弼说："利器，利国之器也。唯因物之性，不假刑以理物。器不可睹而物各得其所，则国之利器也。示人者，任刑也。刑以利国则失矣。"⑤

任继愈译为："国家的有效武器也不轻易展示出来。"⑥

张松如同之："国家的锐利武器，不可显示在人前。"⑦

饶尚宽注说："利器：锐利的武器，指赏罚，权谋。示：显示，炫耀。"⑧

兰喜并注说："利器，在此指政权。'邦之利器'指国家大权。示，通'寘（置）'。"⑨

郭世铭说："'利器'原意为兵器，此处指军力，是国家强大程度的标志。"因此他将此句译为："国家的军力不可以展示于人。"⑩

韩非首创"赏罚"之论，河上公继有"权道"之说，后世因袭者众，于是老子被看作权谋家。冯友兰早就指出："此非老子之尚阴谋，老子不过叙述事实耳。"⑪现在很多释家企图摆脱这种影响，直接将"国利器"译为"国家的有效武器"或"国家的锐利武器"，甚或"国家的军力"，割断了和上文的联系。另外本章旨在指出普遍规律，是论道而非论兵。何况在老子看来，道无不能为，何止"利器"

而已！

　　毛泽东曾两次引用这段话，说明毛泽东对老子这段话印象深刻。一次是 1936 年，在《中国革命战争的战略问题》一文中，他说："关于丧失土地的问题，常有这样的情形，就是只有丧失才能不丧失，这是'将欲取之，必先与之'的原则。如果我们丧失的是土地，而取得的是战胜敌人，加恢复土地，再扩大土地，这是赚钱生意。"他还举了一些通俗的例子说明这个道理，如做生意，买者如不丧失金钱，就不能取得货物；卖者如不丧失货物，也拿不到金钱。日常生活中，睡眠和休息丧失了时间，却取得了明天工作的精力。毛泽东在 1964 年的一次谈话中说："我看老子比较老实，他说'将欲取之，必固与之'，要打倒你，先把你抬起来。搞阴谋，写在了书上。"⑫毛泽东借题发挥，这句话本意并非指向老子，有人理解为老子主张搞阴谋，显然走偏了。

① 转引自《战国策·魏策》。

②《吕氏春秋·行论篇》。

③《韩非子·喻老篇》。

④ 河上公：《老子章句》。

⑤ 王弼：《道德真经注》。

⑥ 任继愈：《老子绎读》，页 81。

⑦ 张松如：《老子说解》，页 206。

⑧ 饶尚宽：《老子》，页 89。

⑨ 兰喜并：《老子解读》，页 134。

⑩ 郭世铭：《老子究竟说什么》，页 125。

⑪ 冯友兰：《三松堂学术文集·老子哲学》，北京大学出版社，1984，页 152。

⑫ 陈晋主编：《毛泽东读书笔记解析》上册，广东人民出版社。

第三十七章

道常无为而无不为。
侯王若能守①，万物将自化②。
化而欲作③，吾将镇之以无名之朴④。
无名之朴，亦将不欲⑤。
不欲以静⑥，天下将自正⑦。

注解：
①守：指守道。
②万物将自化：万物指民众；自化是自动化解。指执政者（侯
王）与民众之间的矛盾（民怨）会自动化解消除。
③化而欲作：欲指贪欲，作是发生。
④无名之朴：指道。
⑤不欲：没有贪欲。
⑥不欲以静：没有贪欲就会渐趋平静。
⑦自正：自然恢复正常。

道顺应自然，好像无所作为，而实际上没有什么事物不是由道
来推动的。

侯王如果能坚持以道治国，民众就会自动地归顺他。

民众归顺之后有贪欲发生，我就用道中之朴来镇伏它。

用道中之朴来镇伏，人们便不会再生贪欲。

没有贪欲就会平静安宁，天下就会自然地恢复正常。

读经随笔

什么是**"道常无为而无不为"**？可以分别从现实的和哲学的角度来理解。

从现实的角度来看，"道常无为"指道的本性是"无为"的，即没有私欲的。无欲则无争。世之丑恶皆因争而起；而世之有为者在于争，不争则是"无为"。如果治理国家的人没有私欲，不谋私利，国将大治，可"无不为"，即大有作为。因此，"无为"是道，"无不为"是道之德；"无为"是因，"无不为"是果。

从哲学的角度来看，老子反复强调道是看不见、听不着、摸不到但又无处不在、无时不在。道的作为之大没有什么可比，可以说没有什么事物不受道的制约。道也没有什么事情办不到，这是"无不为"；道隐藏在事物的内部，人们看不到它是如何作为的，甚至看不到它的存在，这是"无为"。道同时具有"无为而无不为"的特点。

"侯王若能守，万物将自化。"

侯王守道，当然首先是解决自己的问题。根据老子的一贯说法，侯王要摆正自己的位置，要处下，以民为本为重；要没有贪欲，不与民争利；要做到和民以信，以德报怨等等。这些都可以用"无为"二字来概括。侯王奉行无为，那么民众对执政者的怨恨就会自然化解消除，民众也会自然而然地归顺于守道的侯王。

"化而欲作，吾将镇之以无名之朴。"

什么是"化而欲作"？"化"是指矛盾的对立状态化解消除，执政者与民众之间的关系不再紧张、尖锐，但并不意味着引发争端的贪欲完全消失。更何况人的贪欲植根于人性的弱点，它还会顽强地表现出来。这就是"化而欲作"。因此，无论是侯王还是民众，都需要不断地用"道"来克服贪欲，直至完全消除这个祸根。这就需要用"无名之朴"来镇伏。

什么是"无名之朴"？

无名即道，老子说"道常无名"。名是为了区别万物而产生的，根据物类的颜色、形状、大小、轻重、气味等等特征而定。但是道无色、无味、无形、无声，又大又小，因而无法命名，所以说"道常无名"。第一章"无名天地之始，有名万物之母"，这个"无名"就指道，"有名"乃指天地万物。

朴，本意为小树，老子取其柔弱、纯洁而富有生命力的特征，亦指道。"无名之朴"即为道中之道，是道中的精华，当然应该具有更强的力量。所以在归顺道之后还有贪欲发生，就可以用"无名之朴"镇之。

"无名之朴，亦将不欲。不欲以静，天下将自正。"

无名之朴将会镇伏一切贪欲，整个社会必将回归纯朴，没有贪欲。这是"无名之朴，亦将不欲"。

社会没有贪欲也就没有争夺，没有战争，没有不均，就会自然而然地实现平静、祥和、安宁、富足、和谐。这是"不欲以静，天下将自正"。

第三十八章

上德不德①，是以有德；
下德不失德②，是以无德。
上德无为而无不为③，
下德为之而无以为④。
上仁为之而无以为，
上义为之而有以为。
上礼为之而莫之应⑤，则攘臂而扔之⑥。
故失道而后德⑦，失德而后仁，失仁而后义，失义而后礼。
夫礼者，忠信之薄⑧，而乱之首。
前识者⑨，道之华⑩，而愚之始。
是以大丈夫处其厚不处⑪其薄，居其实不居⑫其华。故去彼取此。

注解：
①上德不德：上德，最高的德；不德，没有德，指不把"德"挂在嘴上。

135

②下德不失德：下德，这里指无德；不失德，口里没有离开德。

③上德无为而无不为：指施德于民而不求名声或回报的执政者没有什么事情做不到。

④下德为之而无以为：口不离德的执政者除了嘴上说说之外却什么也做不到。

⑤上礼为之而莫之应：上礼，最好的礼；为之，出于强制而为。莫之应，没有人响应。

⑥则攘臂而扔之：攘臂，伸出胳膊；扔，拉扯。

⑦失道而后德：失去道然后是德。

⑧薄：稀少。

⑨前识者：先知先觉。

⑩华：同"花"。

⑪处：站立。

⑫居：同处。

最有德的人不以德自居，所以有德；

无德的人，以德自居，好像没有离开德，所以无德。

最有德的人无为，所以没有办不成的事；

没有德的人有为，所以什么事情也办不成。

最讲仁的人惠施仁爱，却不是有意去作为的。

最重义的人行事仗义，却有意去作为的。

最讲礼的人企图用礼约束人，但没有人理睬他，便伸出臂膀强拉人们遵守礼。

因此，失去了道然后讲德，失去了德然后讲仁，失去了仁然后讲义，失去了义然后讲礼。

礼表现了忠信的衰退，是动乱的前奏。

一些所谓先知先觉的人，口里把道说得像一朵花，而这真是天下第一愚蠢。

因而大丈夫要立身于淳厚，而不要居于浅薄；要重视果实不尚浮华。因此，要去掉浅薄与浮华，立身淳厚与朴实。

读经随笔

这一章很像"绕口令",实际上是一首用诗的语言写成的论文。

老子从道、德、仁、义、礼在社会的出现和丧失,历史地论述了它们之间的关系和特征,还是比较客观的。"忠信之薄"和"乱之首"并非是对"礼"的恶意指责,而只是指明"礼"出现的社会背景而已。战国时的儒家已对老子的这段话很反感,而道家则曲解这段话攻击儒家。因此,如何正确理解老子的这段话就显得比较重要。

在先秦诸子的著作中,毫无例外地认为上古时代是一个理想社会,老子也是这样。上古历史中确实存在过一个原始共产主义形态,被后人所津津乐道,是很正常的。

"上德不德,是以有德;下德不失德,是以无德。"

德,在老子的辞典里指执政者对民众的给予。给予是付出,而在这种付出的同时,执政者也得到了民众的拥护和支持。所谓"德者,得也"。

"上德不德,是以有德"是对执政者个人而言,意思是最有德的君主不以德自居,所以有德。但如果推及"大道之行也"的上古,则整个社会道德充盈,没有"不德",所以也没有"德"。但那是"至治之世",可称为真正的"有德"。

同样,"下德不失德,是以无德"也是对执政者个人而言,意思是无德的君主以德自居,口口声声不离开德,所以无德。从社会发展的角度看,大道不行于天下,倒是经常听到"德"的呼唤,这就说明"德"已经丧失了。

"上德无为而无不为,下德为之而无以为。"

这两句是对上二句的解释和补充。为什么最有德的执政者"不德"反而"有德"呢?这是因为他"无为而无不为"。无为指没有私欲,只是一心为民;"无不为"指没有办不成的事。

为什么有的执政者"不失德"反而"无德"呢?这是因为他"为之而无以为"。"为之"指刻意而为之,有私欲、有目的是其特征。所以这种"德"仅是挂在口上,当然是什么事情也办不成。

这两句也可以从整个社会的角度去解释：

"上仁为之而无以为，上义为之而有以为。上礼为之而莫之应，则攘臂而扔之。故失道而后德，失德而后仁，失仁而后义，失义而后礼。"

在"道行天下"的时候，自然充足，仁义融在其中，因此也没有脱离道、德、仁、义。

在失道的天下，突显德与仁的缺乏。只有"上德"和"上仁"还可以做到"无以为"，下德下仁则是无德无仁，"义"也重要起来，但"上义"也属于"有以为"。这种情况表示世风日下，越来越糟。于是，在不可收拾的情况下才出现了礼。礼是强制性的，所以"上礼为之而莫之应"，只好强行伸出手去拉扯人就范。老子在这里只是历史地叙述和剖析了道、德、仁、义、礼出现的先后及特点，是客观的。站在"道"的立场上看强制性的"礼"，当然是等而下之的产物，即使"上礼"，最好的礼也是如此。所以他又说：

"夫礼者，忠信之薄而乱之首。前识者，道之华而愚之始。"

礼是在德、仁越来越稀少的情况下出现的，礼的出现标志着进入乱世的开始。

在老子所处的时代，礼早已被奉为神圣的东西，是执政者手中的重要统治工具。虽然到春秋末期"礼崩乐坏"，但礼的名誉地位还在。

"前识者"是一些所谓先知先觉的人，他们根本不明白道、德、仁、义、礼的发展变化情况，只是在口头上把道说得像鲜花一样，老子斥之为"愚之始"。愚之始，是愚蠢第一或最愚蠢的人。

最后老子说：**"是以大丈夫处其厚不处其薄，居其实不居其华。故去彼取此。"**

厚重、朴实指道，大丈夫应法道而行；浅薄、浮华都是背道而行的，都在去除之列。

138

第三十九章

　　昔之得一者①：天得一以清，地得一以宁，神得一以灵，谷得一以盈，万物得一以生，侯王得一以为天下正。

　　其致之一也②：天无以清将恐裂③；地无以宁将恐发④；神无以灵将恐歇⑤；谷无以盈将恐竭⑥；万物无以生将恐灭；侯王无以贵高将恐蹶⑦。

　　故贵以贱为本，高以下为基。是以侯王自谓孤⑧、寡⑨、不穀⑩。此其以贱为本邪？非乎？

　　故致数舆无舆。

　　不欲⑪，琭琭⑫如玉，落落⑬如石。

注解：

① 昔之得一者：自古以来能够得道的。

② 其致之一也：指它们和一的关系，即和道的关系。

③ 裂：破。

④ 发：倾覆。

⑤ 歇：停下来，指不起作用。

⑥ 竭：衰而尽也。

⑦ 蹶：栽跟头。

⑧ 孤：原意为独。君王引为自称，多用于凶事，表示"天若降罚，罪其一人"。

⑨ 寡：原意为少。君王引为自称，用于自谦，表示"少德少才"。

⑩ 不榖：原意为不成熟。君王引为自称，也是谦词。

⑪ 不欲：没有贪欲。

⑫ 琭琭：形容玉之美者。

⑬ 落落：形容石之坚者。

自古以来，凡能得到一的便可圆满：天得一便清明，地得一便安宁，神得一便灵验，谷得一便充盈，侯王得一便能使天下归正。

从它们有没有一的情况看：天没有这种清恐怕就要破裂，地没有这种安宁恐怕就要倾覆，神没有这种灵验恐怕就要消失，谷没有这种充盈恐怕就要干枯，万物没有这种滋生恐怕要毁灭，侯王不能巩固自己的高贵地位恐怕就要摔下来。

因此，贵必须以贱为根本，高必须以下为基础。所以，侯王自称"孤"、"寡"、"不榖"。这不正是"以贱为本"的表现吗？难道不是吗？

所以，拥有许多车子最后却没有车子。

侯王只要没有贪欲，就会像琭琭的美玉那样高贵，像落落的石头那样坚实。

读经随笔

不管是论道还是论政，老子的谈话对象始终不曾改变——侯王。

道还有一个名称，叫"一"。四十二章第一句就是"道生一，一生二，二生三，三生万物。万物负阴而抱阳，冲气以为和"。"一"的状态是道的运行状态，这种状态同时具有活跃和和谐的特点，它仍然是道，它无处不在，是最活跃状态的道。

老子站在宇宙的最高处，看着天地，还有和天地紧紧联系在一起的那个诞生天地的深穴——谷，以及天下地上的神和万物、侯王，认为它们都离不开道。老子把道又称为"一"。一是数之开始，道也是始；九九归一，一又为大，道亦大；一分为二，合二为一，一为和谐。道的本质正是和谐，有道即有和谐，失道，和谐即被破坏。这是自古以来不变之理。所以老子说：

"昔之得一者：天得一以清，地得一以宁，神得一以灵，谷得一以盈，万物得一以生，侯王得一以为天下正。"

在这段话里，有两点引人注目：一个是"神得一以灵"，一个是"谷得一以盈"。

"谷得一以盈"的"谷"，通常都解释为"川谷"，这是一个误解。老子以"川谷"喻道，一取其"下"，二取其"虚"。但这里的"谷"正是第六章的"谷神"之"谷"，是那个极深极广的深穴。这个深穴里的"一"，必须充盈才能支持天地万物的运行。道生天地，并没有脱离母体，而是天地的根仍在深穴之中，道始终在发挥作用。

"神得一以灵"，字面意思是神必须有道的支持才能灵验。那么，神是什么呢？显然，神的地位在道之下，受道制约。但它在天、地、万物之间又处于什么地位呢？它又有什么灵验呢？

春秋时人们对"神"仍然感到畏惧，认为它可以给人带来福祉，也可以降下灾祸。只有虔诚供奉，就能应验，这就是"灵"。因此也常称"神灵"。《左传·庄公三十二年》："秋七月，有神降于莘。惠王问诸内史过曰：'是何故也？'对曰：'国之将兴，明神降之，监其德也；将亡，神又降之，观其恶也。'"这个神负有监察责任。《左传·桓公六年》：季梁对随侯说："夫民，神之主也。是以圣王先成民而后致力于神。"这个神要听从民的意见。《史记正义》说："神灵，言神异也。《易》曰：阴阳不测之谓神。《书》云：人惟万物之灵，故谓之神矣。"这段话是对《史记·五帝本纪》叙述黄帝"生而神灵"的解释，但从中也可窥知古人对神的观念。中国古人对神的存在虽然持基本肯定的态度，但其中也包含有许多否定的因素，神的地位并不算高。

天、地、神、谷、万物、侯王都必须得一才能生存。所以老子接着说：

"其致之一也：天无以清将恐裂；地无以宁将恐发；神无以灵将恐歇；谷无以盈将恐竭；万物无以生将恐灭；侯王无以贵高将恐蹶。"

这段话实际是上一段话的反说，或者是对上一段话的进一步说明。老子站得那么高，说了这么多，最后还要落实到人间君主的身上："侯王无以贵高将恐蹶。"怎样才能不从高处摔下来呢？

"故贵以贱为本，高以下为基"，是民为本也。"是以侯王自谓孤、寡、不穀。此其以贱为本邪？非乎？"所谓侯王"得一"，即是"得民"，或称"德民"。怎样才能做到得民呢？

"故致数舆无舆。不欲，琭琭如玉，落落如石。"

对于侯王来说，即使你拥有很多车子，如果没有民的拥护，最后可能一辆车子也没有。如果你能做到没有贪欲，你就可以像琭琭的美玉那样高贵，像落落的石头那样坚实。

这里有一个关键词"不欲"，过去的释家们都将它和后边的文字连读，释为不愿意如美玉般高贵，因而造成了文意的晦涩难解。将"不欲"释为"没有贪欲"，则能使文意上下贯通，文从字顺。

第四十章

反①者道之动②。
弱者③道之用④。
天下之物生于有⑤，有生于无⑥。

注解：
① 反：同返，回归本体。
② 道之动：道的运行规律。
③ 弱者：指坚守柔弱，才能保持生命力。
④ 道之用：是道的运行规律的运用。
⑤ 有：指天地。第一章："有名万物之母。"
⑥ 无：指道。第一章："无名天地之始。"

走向反面，是道的运动；
保持柔弱的地位，是道的运用。
天下万物产生于有（天地），
有产生于无（道）。

读经随笔

　　"反者道之动。"

　　事物莫不有反。一正一反，是一分为二，二合为一。我们现在把事物的这一特征称为对立统一。这对立的两个方面不是不变的，而是变化的，运动的，并且它变化的方向直指对立面，这就是"反"。"反"的本质含义是返。返是回归，回归于它所来自的地方，它的母体、本源。老子揭示了这一规律，把它称为"道之动"。

　　既然道无所不在，则"道之动"就具有普遍性。以人为例，人有生则有死。李白把这个人生过程比喻为"生者如过客，死者如归人"。过客，行路的旅客；归人，回家的人。多平常啊！多自然啊！从人出生的那一天起，他的行走方向就指向死亡，他在一步步一天天走向死亡，这是任何人都不可逆转的。人是这样，万事万物都是这样，没有什么可以例外。因为万物的运动方向都是由道来决定的，所以说"反者道之动"。

　　人们虽然明白事物有正有反，但却常常不能用两分法去分析、对待事物。比如从一个方面看侯王有高贵的地位，民众是低贱的。从另一个方面看，如果失去民众，侯王的高贵也不复存在。但很多侯王就是看不到这一点。又如知人，反面是自知；胜人，反面是自胜。"知人"、"胜人"，事涉常理，能知能行，但"自知"、"自胜"同样事涉常理，却常常被人们忽视。所以老子所说的"自知者明"、"自胜者强"，就是放在今天也掷地有声、振聋发聩。既要看到正面，也要看到和它相依存的反面，这是观察分析事物的正确方法。反面常常处于隐而不显的地位，但"道之动"却使得这一状态极易发生戏剧性的变化。因此，老子又说：

　　"弱者道之用。"

　　既然道的运行方向是走向对立面，那就要根据道的特性去适应它。"弱者道之用"，即是适应这种规律而提出的社会运用原则。

　　"道之用"不能简单理解为道的作用，而是从道的普遍规律中提取的应该坚守的原则。老子认为应该重视柔弱，坚守柔弱。老子曾反复说明这一观点，在论及高下时总是强调"下"，在论及大小时强调"小"，在论及强弱时赞扬"弱"，在论及动静时主张"静"，在论及虚实时主张"虚"，甚至要"知白守黑"、"知荣守辱"、"知雄守雌"，都偏向"弱"。"守弱"是为了避免强大，而强大则会很快衰亡。如果强大仍然能够"守弱"，则会更强大而不衰败。老子的这一观点对中国人的文化性格具有极大的影响。

世界纷繁多变化，但万变不离其宗。所以老子说：

"天下之物生于有，有生于无。"

"有"是天地，"无"是道，老子在第一章就已经说明，这里重申，是要说明道是本原。无论是"道之动"还是"道之用"，都有要守住本原，依道而行。对"道之动"，牢记"反"字，对"道之用"，牢记"弱"字。知反守弱，知有守无，万事不殆。

第四十一章

上士闻道，勤而行之；中士闻道，若存若亡；下士闻道，大笑之，不笑不足以为道。

《建言》①有之："明道若昧②，进道若退③，夷道若纇④。"上德若谷⑤，大白若辱⑥，广德若不足⑦，建德若偷⑧，质真若渝⑨，大方无隅⑩，大器晚成，大音希声，大象无形。

道隐无名⑪。夫唯道，善贷且成⑫。

注解：

①《建言》：古书名，已失传。

②昧：黑暗。

③退：倒行。

④纇(lèi)：丝之有结者。

⑤谷：空虚。

⑥辱：黑。

⑦不足：不盈满。

⑧建：通"健"；偷：怠惰。

⑨质：真诚，忠诚；渝：改变，违背。

⑩ 隅：角。

⑪ 道隐无名：道是不可名状的；隐，藏也。

⑫ 善贷且成：贷指给予；成指成事、成功。

上等士人听了道，就会时时刻刻去实行；中等士人听说道以后，会觉得似是而非、若有若无；下等士人听说道以后，则会哈哈大笑。如果这种人不笑，道就不是道了。

《建言》里有这样的话："光明洁白的道看起来好像晦暗；正在前进的道，看起来好像在后退；平整光滑的道，看起来好像很粗糙。"最高的德，好像空虚；最洁白的东西好像仍然有些黑；最充沛的德好像不足；最强健的德好像懦弱；最忠诚的好像违背；最方正的东西好像没有棱角；最大的器具总是最后完成；最大的声音反而没有声音；最大的形象反而看不见形体。

道看不见也不可名状。但只有道，最善于给予一切，而且最善于成就一切。

读经随笔

老子把"闻道"后三种人的不同表现描写出来，特别是下士，非常生动精彩：

"上士闻道，勤而行之；中士闻道，若存若亡；下士闻道，大笑之。不笑不足以为道。"

能够"勤而行之"的上士大概没有，老子自己也说过，"吾言甚易知，甚易行，世人莫能知，莫能行"。处于"若存若亡"状态的中士恐怕也不多。占绝大多数的就是这些哈哈大笑的下士了。

但老子似乎并不灰心，他又引经据典大谈其"道"：

"《建言》有之：'明道若昧，进道若退，夷道若纇。'"

《建言》是一本什么书，我们已弄不明白了，因为它早已失传了。老子经常引用前人的话，有时是明引，有时是暗引。明引的书今天多已不存，除了《建言》，还有《军志》等；暗引的如"天道无

147

亲，常与善人"，引自《周书》。更多的则难觅踪迹，只能认为是老子的话了。《建言》这段话，止于何处？也难以肯定，只能靠文意推测来定其大概。有译释者把此处一大段话都引为《建言》，似与老子行文习惯不合，所以此处所引止于"夷道若纇"。

这段话的意思是，明亮的看上去却像是昏暗的，前进的看上去却像是倒退，平整的看上去却像是并不匀整。纇是丝线中的结，指不匀整者。总的意思是说，合乎道的意见常常从相对的方面表现出来，常常和一般人的意见不同，因而忠言逆耳，这正是应该警惕的。

老子接着发挥出"四德"：

"上德若谷，广德若不足，建德若偷，质真若渝。"

德是道的表现。"上德若谷"与"上德不德"意同。最高的德像是空虚不存，因为最高的德普及于全社会，又是自然而然产生的，人们早已习以为常，所以似乎不存在。又因为最高的德具有空谷的特征，人们引申出谦虚的品德，成为高尚的人应该具有的品质。

"广德若不足"，最大的德像是不足，不盈满。老子在第四章就说过："道盅而用之或似不盈。"如果要追求道德，就不应追求盈满。这是针对统治者对民众的疯狂掠夺而发，因为这些人"持而盈之"、"金玉满堂"，且永远不知道满足。而这种掠夺隐藏着巨大的风险，"金玉满堂，莫之能守"，正是失道失德的结果。

"建德若偷"，强健的德像是倦怠无力。

"质德若渝"，真诚的德却像是违背、不坚定。

这两句都是从现象和本质相背离的情况说明事物的复杂性，看问题当然不能把现象当本质，这是第一层意思；事物的现象常常具有和本质相背离即相反的特点，但却是一条走近本质的捷径，这是第二层意思。这两句话很可能地针对侯王应该如何纳谏而说的。比如劝谏侯王要宽以待民，省刑减重，谦卑无欲，都有柔弱的倾向，看起来并不刚健有力，而这正是"建德"；真正忠诚的人对侯王并不一味遵从，敢于违背侯王据理力争，这才是"质德"。

从"四德"又引出"五大"：

"大白若辱"，最洁白的却像是仍有黑暗。接续前面的话并推而广之，则天下并不存在绝对的事物。白是相对的，最白仍然是相对的。相对则意味着变化。变化的方向又常常是相反的，有变无，无变有。站在事物的相对性的立场上看，则不难理解下述命题：

"大方无隅，大器晚成，大音希声，大象无形。"

从常识判断，无隅不成方，无声自无音，无形何有象？但如果进入"大"，超过了人们可见的限度，甚至于无限大，则"隅"、"声"、"形"俱无，原来的"有"都变成了"无"。这四大中，只有"大器晚成"与其他三大不同，讲的是另一个道理。"大器晚成"的事实虽然容易了解，但其中道理仍然深刻。要做大事，岂能不下工夫？要成大器，却不能心存浮躁，急功近利，须依道行之。因此，这句话在今天仍然是中国成语宝库中的宝贝，使用频率极高。最后，仍然回到论道的本题：

"道隐无名。夫唯道，善贷且成。"

道就隐藏在各种事物的背后，但只有道能做到无私给予，也最善于成就一切。"贷"是关键字，它指的是没有任何回报的付出。它和现在银行的"贷"没有关系，更不是春秋时就已出现的高利贷者的"贷"。

第四十二章

道生一①，一生二②；二生三③，三生万物。

万物负阴而抱阳④，冲气⑤以为和。

人之所恶，唯孤、寡、不穀，而王公以为称⑥。

故物或损之而益⑦，或益之而损⑧。

人之所教，亦我义教之⑨：

"强梁者⑩不得其死"，吾将以为教父⑪。

注解：

① 一：指道，道生天地前的混沌状态。

② 二：指天和地。

③ 三：指天地交感而产生的冲和之气。

④ 负阴而抱阳：背负大地而面向青天。地为阴，天为阳。

⑤ 冲气："道"在混沌状态下开始分化而未完全分化成阴阳二气时，这种情况下的气称为"冲气"。

⑥ 称：自称。

⑦ 损之而益：减损它反而增加。

⑧ 益之而损：增加它反而减损。

⑨ 人之所教，亦我义教之："亦我义教之"为楼观古本笔误或刻

误，据王弼本并参照其他版本，应为"我亦教之"。为保留版本原
貌，不做改正。

⑩ 强梁者：行事取强的人。

⑪ 教父：应该取法的根本。

　　道产生了一。"一"是混沌。混沌在道的推动下轻者升而为天，
浊者沉而为地，这就是"一生二"；天地感应交会而形成冲气，这就
是"三"；冲气在天地之间交溶孕育，从而产生了万物，这就是"三
生万物"。

　　万物背负阴气，怀抱阳气，在冲气中得到统一和谐。

　　人们所厌恶的是孤、寡、不穀这些名称，但王公们却用来作为
自称。

　　所以说，事物有时减损它，反而会增益；有时增益它，反而会
减损。

　　这是古人留给我们的话，我也照样告诫人们：

　　"横行取强的人不会有好结果。"我们要把它当作警诫。

读经随笔

　　宇宙间天地万物是怎样生成的？这是一个很大、很空，又距离
人们很远的问题。但这个问题强烈地吸引着古代的哲人，无论中外
先哲，几乎都对这一问题作了回答，老子也不例外。

　　在第六章里，他描述了道生天地的过程："谷神不死，是谓玄
牝。玄牝之门，是谓天地根。绵绵若存，用之不勤。"在这一章里，
老子继续对道生天地万物作了极为概括的论述：

　　"道生一，一生二，二生三，三生万物。"

　　要了解这句话究竟说的是什么，需要了解在老子之前人们对宇
宙生成的观念。这些观念保留在神话传说之中，影响最大的是盘古
开天地的传说和二神的传说。

天地混沌如鸡子，盘古生其中，万八千岁。天地开辟，阳清为天，阴浊为地。盘古在其中，一日九变，神于天，圣于地。天日高一丈，地日厚一丈，盘古日长一丈，如此万八千岁，天数极高，地数极深，盘古极长。①

元气濛鸿，萌芽兹始，遂分天地，肇立乾坤，启阴感阳，分布元气，乃孕中和，是为人也。首生盘古，垂死化身：气成风云，声为雷霆，左眼为日，右眼为月，四肢五体为四极五岳，血液为江河，筋脉为地里，肌肉为田土，发髭为星辰，皮毛为草木，齿骨为金石，精髓为珠玉，汗流为雨泽，身之诸虫因风所感，化为黎甿。②

古未有天地之时，惟像无形，窈窈冥冥，芒芰漠闵，颂濛鸿洞，莫知其门。有二神混生，经天营地，孔乎莫知其所终极，滔乎莫知其所止息。于是，乃别为阴阳，离为八极，刚柔相成，万物乃形。烦气为虫，精气为人。③

虚霩生宇宙，宇宙生气，气有涯垠，清扬者薄靡而为天，重浊者凝滞而为地。清妙之合专易，重浊之凝竭难，故天先成而地后定。④

以上所引文献或晚出，但这些传说的历史相当久远。战国时，屈原在《天问》中，就连珠炮般提出了许多问题："遂古之初，谁传道之？上下未形，何由考之？冥昭瞢暗，谁能极之？冯翼惟像，何以识之？明明暗暗，惟时何为？阴阳三合，何本何化？"屈原所谓"阴阳三合"，或许正是指老子的这个说法，一合生天地，二合生冲气，三合生万物。所谓"一合"，指"道生一，一生二"。"一"的状态可以理解为"混沌"、"元气濛鸿"、"窈窈冥冥"等，但这种状态在合的过程中发生变化，于是"阳清为天，阴浊为地"，或者"萌芽始兹，遂分天地"。天地既生是"二"。天地"启阴感阳，分布元气"，这个元气是"三"，老子叫"冲气"。三"乃孕中和，是为人也"，人代表万物。

"万物负阴而抱阳，冲气以为和。"

负阴指背靠土地，抱阳指面向青天。万物在冲气之中得以产生、成长。冲和之气由天地所发动，仍然是道的运动变化，万物由此而生，是谓"三生万物"。"万物负阴而抱阳"，正是一个仰卧的婴儿形象，同时也说明冲和之气是由阴阳两种不同性质的相互对立、相互矛盾的物质所构成，在达到"和"的状态时产生万物。

老子的宇宙观是辩证的，老子的道在这里是物质的。在这一点上，老子和当时所有的哲学家相比，都是最杰出的。老子的"黑洞理论"（玄牝之门）的灵感，虽然来自对动物和人类生殖现象的联想，无意中和现代的宇宙黑洞理论巧遇，也是一件有趣的事情。

老子遨游太空，归根结底是为了论证道是本无，人要依道而行。道又是辩证的，所以要辩证地看问题。比如孤、寡、不穀，都是人们所厌恶不喜欢的字眼，可是王公们却偏偏用来作为自称，这又是什么呢？

"人之所恶，唯孤、寡、不穀，而王公以为称。故物或损之而益，或益之而损。"

损是减少，益是增加。事物有时候损减它反而会有增加，增加它反而会减少。

"人之所教，我亦教之。" 楼观本产生笔误，作"人之所教，亦我义教之"。老子特别指出这句话是前人传下来的：

"'强梁者不得其死'，吾将以为教父。"

强梁者，指强悍的人，或者表面上强壮的人。不得其死，谓不能尽其天年，会突然死去。

这句话出自《金人铭》，原文是"强梁者不得其死，好胜者必遇其敌"⑤。

---

① 《艺文类聚》卷一引《三五历记》，上海古籍出版社，1999。
② 马骕：《绎史》卷一引《五运历年记》，齐鲁书社，2001。
③ 《淮南子·精神训》。
④ 《淮南子·天文训》。
⑤ 严可均：《全上古三代秦汉三国六朝文》卷一。

第四十三章

天下之至柔①，
驰骋②天下之至坚③。
亡有入于亡间④，
吾是以知亡为⑤之有益。
不言之教⑥，亡为之益⑦，天下希及之。

注解：

① 至柔：最柔弱，指道。

② 驰骋：奔驰，指穿越。

③ 至坚：最坚硬。

④ 亡有入于亡间：亡有为无形，亡间为没有缝隙。

⑤ 亡为：无为。

⑥ 不言之教：不言指道，无欲而不发号施令。

⑦ 亡为之益：无为指人君无欲而居下身后。

天下最柔弱的东西，
可以穿透天下最坚硬的东西。
只有无形的东西可以渗入没有间隙的地方，

我因此知道无为的好处。

不发号施令的教导，实行无为而治的好处，天下少有人能做到。

读经随笔

"天下之至柔，驰骋天下之至坚。"这是被后人引用最多的老子名言之一。"至柔"就是道，道无坚不摧。但道又是"至柔"的，老子找到人们可以看到的水作为柔弱的代表符号，多次以水为例来说明这个道理。但水仍然是有形的东西，而道是无形的，所以老子强调说：

"亡有入于亡间。"

正是因为道是无形的，它才可以进入没有间隙的"至坚"。

这句话文采斐然，生动形象，铿锵有力，极富穿透力。老子不但是思想大师，也是语言大师。

"至柔"是道，是天道；"无为"也是道，是人道。老子讲天道是找根据，讲人道才是目的。所以老子说：

"吾是以知亡为之有益。""驰骋天下之至坚"乃是有为，并且是大有作为，但"至柔"却是无为，因此，无为是通向有为的必由之路。这就是老子常说的"无为而无不为"。

老子自信实行他的主张会有极大的好处，但又不得不感叹："不言之教，亡为之益，天下希及之。"

这又是什么原因呢？

对执政者来说，通过政令、法令操纵国家机器是最便捷、最有效、最能收到立竿见影功效的手段，因而最受执政者欢迎。使用这些手段的目的，就是保护和增加他们自己的既得利益。两者之间的关系如此密切，削弱和取消哪一方面都是难以做到的。但这两者和民众又形成越来越尖锐的矛盾，必然发展到不可调和的阶段，对执政者构成倾覆的威胁。老子正是看到这一点才提出"不言"和"无为"的主张，但执政者"希及之"，认识不到这一点。

关于"不言之教"，还有一个有趣的故事。老子年轻时拜商容为师，但商容并不说教。有一天商容对他张开嘴，满嘴牙齿都掉光了；商容又伸出舌头给他看，独舌尚在。齿坚舌柔，老子悟出"坚强者死之徒，柔弱者生之徒"的道理。故事虽然有趣，但老子所谓"不言之教"，既不是讲教学方法，也不是论坚柔之理，讲的却是政治。

第四十四章

名与身孰亲①？
身与货孰多②？
得与亡孰病③？
是故甚爱必大费④，
多藏必厚亡⑤。
知足不辱⑥，
知止不殆⑦，
可以长久。

注解：

① 名与身孰亲：名指名誉、身份、地位；身指生命；亲，近，指重要。

② 身与货孰多：货，指财富；多，丰，指好处。

③ 得与亡孰病：得指名与货，亡指生命；病，不好的。

④ 甚爱必大费：甚爱指过度追求；大费指一定会付出极大的代价。

⑤ 多藏必厚亡：收敛的多丢失的多。

⑥ 知足不辱：知道满足不会受辱，受辱指失败。

⑦知止不殆：止，停留的地方，指作出正确的选择，或者知道什么事不应该做；不殆，不会失败。

名位和生命哪个重要？
生命和财产哪个宝贵？
得到名利和失掉生命哪个是害？
所以说，过分的追求必定要付出极大的代价，
收敛的财富越多失去的必定更多。
因此，知道满足就不会遭受困辱，
明白该如何就不会遭到失败，
这样才能长久。

读经随笔

君王作为一个国家的最高执政者，地位至尊，但同时也处于风口浪尖。把自己置于各种矛盾的焦点，可以说十分危险，随时有丢掉性命的可能。

翻开春秋二百多年的历史，死于非命的君主占了相当大的比重。君主们既不能摆脱贪欲，还要面对各种各样的危险，因此惶惶不可终日。在这种情况下，老子向君主一连提了三个最本质、最尖锐的问题：

"名与身孰亲？身与货孰多？得与亡孰病？"

名位与生命相比，哪一个更重要？可是，人们明知道名为身外之物，但却不能摆脱名的诱惑，常常舍身而求之。

财货和生命相比较，哪一个重要？人们明知道利为身外之物，但却不能摆脱利的诱惑，常常舍身而求之。

从以上两个问题引出第三个问题：是得到名利失去生命还是得到生命失去名利，这两种选择哪一个对自己有害？

正确答案无须点明，所以老子警告说：

"是故甚爱必大费，多藏必厚亡。"

过分的贪求就一定要付出惨重的代价，收敛的越多失去的更多，

甚至还要搭上自己的性命。

"甚爱必大费，多藏必厚亡"，古今事例极多，不胜枚举。其"甚爱"者，有"寡人有疾，寡人好勇"；"寡人有疾，寡人好货"；"寡人有疾，寡人好色"①。齐宣王承认自己好勇、好货、好色，并且口头上视之为"疾"，尚不为"甚"。而好勇、好货、好色之甚者，有其一则无不身败名裂。

"知足不辱，知止不殆，可以长久。"

不贪才能知足，不贪可谓"知止"，所以戒除贪心就不会蒙受耻辱，也不会有什么祸害，自然可以长久。

老子这段话虽然是针对当时的执政者说的，也适合任何时候的执政者，甚至对所有的人都有非常实际的指导意义，都可以作为警省自己的座右铭。这是因为贪欲植根于人性的弱点，只要社会还有差别，贪欲就会滋长。头脑清醒的人能够看到贪欲膨胀的危险，所以能够做到"知足"、"知止"，因而得以"长久"。

---

①《孟子·梁惠王下》。

第四十五章

　　大成若缺①，其用不弊②。
　　大盈若冲③，其用不穷。
　　大直若屈④，大巧若拙⑤，大辩若讷⑥。
　　躁胜寒⑦，静胜热⑧。清静为天下正。

注解：
① 大成若缺：大成，最完美；缺，失。
② 弊：竭。
③ 冲：空虚。
④ 屈：弯。
⑤ 拙：笨。
⑥ 讷：口吃。
⑦ 躁：热，喻浮躁。
⑧ 静：清静。喻无欲、无为。

　　最完美的成功却像有缺陷的样子，但它的作用却不会衰败。
　　最丰盈的却像空虚状态，但它的作用却无穷无尽。
　　最直的却似乎像弯曲的，最灵巧的却像是笨拙的，最善辩的好像是不会说话。

热能克服冷，清静能战胜热。因此清静无为可以使天下归正。

读经随笔

老子告诫那些既得利益的执政者要清静，不要太贪心；要"无为"，不要去争夺，不要战争；要行"不言之教"，不要滥施刑罚；要看到"贵以贱为本"，"上以下为基"，不要轻视民的力量等等。这些话从表面看起来都像是在损减执政者的利益，因此，老子又说"物或损之而益，或益之而损"。为了让这些君主能明白这些道理，甚至直言不讳地说出"名与身孰亲？身与货孰多？得与亡孰病"，针对君主们普遍希望长久的愿望，老子又提出"知足不辱，知止不殆"。归根结底，君主能够守道，则所有问题都可迎刃而解，所以老子又回到出发点——道。

"大成若缺，其用不弊。"

大成，自然有大的意思，还有完美的意思，指最完美的成功似乎仍有缺失，或者看起来像是失去；但它的作用、好处却不会失去。这句话应是有针对性的。如果君主守道，对民轻取薄敛，则必有所失；但它带给君主的好处却是"其用不弊"，则是得。但是所得到的东西是民心，是眼睛不能直接看到的，所以老子又说：

"大盈若冲，其用不穷。"

真正的丰盈好像空虚，但它的好处却没有穷尽。

为了进一步阐明这个道理，老子又举出三个类似的例子：

"大直若屈，大巧若拙，大辩若讷。"

最直的似乎有些弯曲，最巧的似乎很笨拙，最善讲话的似乎迟缓。看来事物都有一些相反的特征，因此不能单看表面，更重要的是看实质。

老子这几句话已成为经典成语，影响着一代又一代中国人，甚至影响到中国人的审美观念。

"躁胜寒，静胜热。"

躁有浮躁之意，是动态。所以王弼注说："躁罢然后胜寒，静无为以胜热。"但吴澄却从阴阳的相反而相为用的观点解释说："阳之躁胜阴之寒，阴之静胜阳之热。"由此看来，阳有躁、热两端，阴有寒、静两面，阴阳仍可一分为二，且各有主导。"静胜热"，是阴之主导胜阳之主导，所以老子最后结论说：

"清静为天下正。"

什么是"清静"？

清静就是"无欲"、"无为"；为天下正，可以使天下得以归正。正，就是老子描绘的上下和谐、平均不争、丰足自然的理想社会。

第四十六章

天下有道，却走马以粪①；
天下无道，戎马生于郊②。
罪莫大于可欲③，祸莫大于不知足④，咎莫大于欲得⑤。
故知足之足⑥，常足矣⑦。

注解：

①走马以粪：走马，奔马，指战马；以粪，用来送粪。

②戎马生于郊：戎马，战马；郊，指战场。

③罪莫大于可欲：罪，指战争的罪恶；可欲，满足贪欲。

④祸莫大于不知足：祸，指战争的灾祸；不知足，没有满足。

⑤咎莫大于欲得：咎，罪过；欲得，贪欲。

⑥故知足之足：指执政者如果知道满足，戒除贪欲，就可以达到社会的丰足。

⑦常足：长久普遍的丰足。

天下有道的时候，民众用善于奔跑的马耕田送粪；
天下无道的时候，战马会在战场上生小驹。
没有什么比满足私欲更大的罪恶；没有什么比不知足更大的祸

害；没有什么比贪得更大的过错了。

所以，执政者如果能做到知足，就可以使民众得到普遍的满足。

读经随笔

老子反对战争的立场是坚定的。他认为战争是"天下无道"的表现，是战争的发动者为了满足"可欲"和"欲得"。战争是罪恶和灾祸。

战争是政治的继续。执政者的"不知足"带给人民的是灾祸，民众永远是最大的受害者。

"天下有道，却走马以粪；天下无道，戎马生于郊。"

春秋时的战争，车战是主要形式，马是用来驾车的，因而是军队的重要装备。用善于奔跑的马给田里送粪，是因为没有战争，用不着它的长处。而这种善于奔跑的马通常都是公马。

在战争频仍的时候，连母马也充任战马。母马生小马本应该在马厩里，但它们却在战场上生小驹。"走马以粪"是生产工具，"戎马生于郊"是战争工具。前者有利于生产力的提高，后者却是对生产力的破坏。

为什么会出现这种情况呢？

"罪莫大于可欲，祸莫大于不知足，咎莫大于欲得。"

战争虽然有各种各样的借口，但它的本质是对利益的争夺。是为了满足"可欲"，是"欲得"，是战争发动者的贪婪引发的，因为他们"不知足"，所以没有满足的时候。

战争是罪恶，是灾祸，是罪过。战争造成死亡众多，引发仇恨相报，永无休止；战争过后农田荒芜。凶年又会造成民众的大量死亡。而承担这种后果的永远是处于弱势的民众。

既然引发战争的根源是贪欲，因此去掉贪欲就非常重要，所以老子说：

"知足之足，常足矣。"

这句话并不是我们常说的"知足常乐"，而包含有更为深刻的内容。

　　"知足"谓执政者，"常足"则包括民众在内。执政者如知足就不会发动战争，则会轻取于民，则民亦足，是谓常足。常有恒的意思，也有遍的意思。这句话寄托了老子的社会理想，不可不辨。如果我们把这句话理解为"满足于知足，就永远满足啦"[1]，或者"所以知道满足的富足，永远富足咧"[2]，则失去了老子的原意。老子这句话是面向全社会的，或者说面向其他诸国的。正是因为一小部分人的贪婪及他们对多数社会财富的占有，造成了民众的"不足"，而那小部分人仍"不知足"，势必加剧民众的不足。"知足之足，常足矣"已含平均思想，而平均思想在封建社会最具革命性因素，因而常常写在农民起义的旗帜上。

---

　　① 任继愈：《老子绎读》，页 102。
　　② 冯达甫：《老子译注》，页 111。

第四十七章

不出户①，知天下②；
不窥牖③，见天道④。
其出弥远，其知弥少⑤。
是以圣人⑥不行而知⑦，不见而名⑧，不为而成⑨。

注解：
①户：门。
②知天下：天下谓民众，知天下即知民情也。
③牖：窗。
④见天道：天道即是道。
⑤其出弥远，其知弥少：有人走出去越远，他知道的东西就越少。
⑥圣人：指有道的君主。
⑦不行而知：不行，不用到外面找。
⑧不见而名：不见，不用看；名，指判断。
⑨不为而成：不为，无为；成，成功。

不出门户，就能了解天下；

166

不望窗外，就能知道天上。

一个人出门越走越远，但他知道的却越来越少。

所以，圣人不用出门就能知道民情，不用去看就能作出判断，只要奉行无为就能获得成功。

读经随笔

要弄明白这段话的意思，须要明白老子的谈话对象，而老子的对面没有别的人，只有君王。

对君王来说，最重要的事就是道。

"不出户，知天下；不窥牖，见天道。"

所谓"知天下"，就是知道民之所欲；所谓"见天道"，就是要法天道。古人早就说过："民之所欲，天必从之。"① 因此顺乎民意，法乎无为，对君王来说就足够了。既用不着出门去天下找，也用不着窥牖在天上找，道就在我们的身边。老子早就说过"大道泛兮，其可左右"。

"其出弥远，其知弥少。"

人法道的关键是克服贪欲。这是一件需要内求的事情，如果外求就犯了方向性的错误。对那些外求的人，必然是走得越远，所得到的越少。因为这种做法无异于缘木求鱼，南辕北辙。

"是以圣人不行而知，不见而名，不为而成。"

如果君王能够"执大象"，以道行天下，就可以像过去的圣人那样，不用出门就明了天下之民事；不用去看就可以作出判断；奉行"无为"而天下大治，获得成功。

过去人们对老子这段话单从文字的表面意思去理解，这位圣人也太神了！

任继愈译为"不必经历就有知识，不必亲见就能明了，不必去做就会成功"②；

冯达甫译为"不用走动就能知道，不需眼见就会明白，不待作为就可成功"③。这是神话传说中神仙中人的神通，恐怕不是人间的圣人所能办到的。

老子经常被误读，还有文本自身的原因，因此需要综合思考，细加探究。老子曾经谈过"知天下"的问题，需要"以身观身，以家观家，以乡观乡，以国观国，以天下观天下"④，并非不行不观，而是还需要在观的基础上比较、分析，特别是还要进行历史的分析和比较。如果把"知"看作知识，老子也没有"生而知之"的观点。相反，他认为学习知识要"为学日益"⑤，需要每天不断地学习，才能增加知识。即使为道，虽然方法不同，也需要"日损"，每天减少一点。而需要减少的不是知识，而是贪欲之心。老子主张无为，人们理解成"不待作为"、"不必去做"、"两手垂而天下治"。其实无为没有这么简单，因为无为首先必须克服贪欲，贪欲是争的根源，熄争才能做到无为。更何况无为不是不干事，而是要为民干事，是无不为。

"不行而知，不见而名，不为而成"这句话也被现代一些学者视为老子的认识论，其实这是老子的政治论，和认识论关系并不大，用不着去套那个"实践、认识"的公式，然后再给古人贴一个标签。贴标签是学术界极坏的风气，早就应该寿终正寝了。

---

① 《尚书·泰誓上》。
② 任继愈：《老子绎读》，页104。
③ 冯达甫：《老子译注》，页113。
④ 《老子·第五十四章》。
⑤ 《老子·第四十八章》。

第四十八章

为学①日益②，
为道③日损④，
损之又损之，以至于无为⑤，
无为而无不为。
故取天下⑥常以无事⑦，及其有事⑧，不足以取天下。

注解：

① 为学：学习知识。

② 益：增加。

③ 为道：学习道。

④ 损：减少。

⑤ 无为：指对贪欲的损减已达到无的状态，即无欲。

⑥ 取天下：取，指治理；天下，指民众。

⑦ 无事：君王没有私欲则天下归于和谐，自然无事。

⑧ 有事：贪欲起则争端起，是谓有事，乱事也。

学习知识每天都需要增加，
学习道每天需要减少。

169

只有对它减了再减，一直减到明白了无为为止。

明白了无为就没有什么做不到。

治理天下要经常保持无事，如果有纷争，就不能够治理好天下。

读经随笔

因为老子说过"绝圣弃智"、"绝学无忧"等言论，于是人们认为老子"为寡欲故，《老子》亦反对知识，盖（一）知识自身本即一欲之对象。（二）知识能使吾人多知欲之对象，因而使吾使人'不知足'。（三）知识能助吾人努力以将欲之对象，因而使吾使人'不知止'。所谓'为学日益'也"①。这是冯友兰的看法。其实"为学日益"这句话，恰恰说明老子并不反对学习知识。

"**为学日益**"，是说学习知识，掌握技能每天需要增加，当然是越多越好。

"**为道日损**"，是说学习道则不同，每天需要减少才行，减得越少越好。

老子并没有把私欲和知识混为一谈，一多一少，泾渭分明。

老子独创了另一种学习方法，那就是"为道日损"。"为道日损"是减法，它是一种更重要、但却常常被忽视的学习方法。

"**损之又损之，以至于无为，无为而无不为。**"

老子在这里并不是谈论学习方法的，他要谈论的是如何用道治理国家。他认为追求道则必须用损减的办法，要损减再损减。那么，老子要损减去掉的是什么呢？说到底他要求损减的只是君王的贪欲而已。贪欲灭则纷争息，这就是"无为"。君王无为则天下大治，这就是"无不为"。

"**故取天下常以无事，及其有事，不足以取天下。**"

无为则无事，有为则有事。事，指乱事。取，指治理，不是夺取，夺则有争。乱事因争而起，争的目的是利益。这一点在执政者集团内部表现得最为突出，也常常引发为战争，形成更大的乱事。这种争夺势必把民众卷进去，进一步加重民众的负担，又形成了更大的恶性循环。这一切在老子看来，都是因贪欲所引发，所以必须从根本上治贪。

在老子之前，这种观点已经存在。公元前 710 年，臧哀伯对鲁桓公说："国家之败，由官邪也。官之失德，宠赂章也。"② "章" 同 "彰"。臧哀伯认为国家的衰败，是由于官员的腐败造成的。而腐败的表现有两点：一是 "宠"，二是 "赂"，并且是公然行之。求 "宠" 即是求升官，以贿赂开路，公然行之。臧哀伯以官邪为例谏君，是为了让桓公放弃贪欲之心，但 "公不听"。

老子反贪的立场极为坚定。他认为执政者的贪欲是导致社会动乱、战争纷起、民生疲弊的根源。他寄希望于执政者的觉悟，因此反复论述 "道贵虚无" 的特性。这位天才的思想家把一个社会政治中的道上升为哲学领域的道，从而构建了一个驰骋于形而上和形而下的庞大理论体系。时过二千余年，这一理论光焰不减，仍然是通向社会和谐的法宝。

老子经常能够从事物的反面发现真理，而反面常常是人们容易忽视的地方。加法 "益" 是正面的学习方法，减法 "损" 是反面的学习方法；正面的是一般的方法，反面的是特殊的方法；一般的方法多适用于初级阶段，特殊的方法则是高级阶段所必须的。比如我们说 "要把一本厚书读薄"，就是使用减法学习。老子的辩证思想方法是一个锐利的思想武器，是永远也不会过时的。

---

① 冯友兰：《三松堂学术文集·老子哲学》，北京大学出版社，1984，页 156。

②《左传·桓公二年》。

第四十九章

　　圣人无常心①，以百姓心为心。
　　善者吾善之②，不善者吾亦善之，德善③。
　　信者吾信之④，不信者吾亦信之，德信⑤。
　　圣人在天下，喋喋⑥为天下浑其心⑦。
　　百姓皆注⑧其耳目，圣人皆孩⑨之。

注解：

① 常心：常，不变；常心，指为己之心。
② 善：亲近。
③ 德善：得到互相亲近。
④ 信：信任。
⑤ 德信：得到互相信任。
⑥ 喋喋：多言，指意见纷纭。
⑦ 浑其心：浑，合也。浑其心：指与百姓同心同德。
⑧ 注：专注，注意。
⑨ 孩：通"赅"，赅有完备、兼备等义。

圣人不为自己打算，把老百姓的心事挂在自己的心上。

亲近我的人，我亲近他，不亲近我的人，我也去亲近他，这样就会相互亲近。

信任我的人，我信任他，不信任我的人，我也要信任他，这样就会相互信任。

圣人治理天下，面对民众的七嘴八舌要谨慎收敛，无知无欲。百姓的耳目都注意着圣人的一举一动，圣人对他们要一样亲近和信任。

读经随笔

《道德经》本来是不分章的，可能也没有分为上下篇。后人分章是注释家为方便所为，这样虽然方便了，但也容易造成割裂的毛病。

这一章和前章密切相连，进一步说明君王应该怎样做到"无为"。

老子说："**圣人无常心，以百姓心为心**。"

圣人，指以道治理国家的执政者。"无常心"，没有个人不变的想法，也就是私心。"以百姓心为心"，就是把百姓的愿望作为自己的愿望，也就是和民众同心同德。把这句话连起来说，就是善于以道治理国家的人必须抛弃成见和私欲，把老百姓的愿望变成自己的愿望，做到与百姓同心同德。

怎样才能做到同心同德呢？老子说：

"**善者吾善之，不善者吾亦善之，德善。信者吾信之，不信者吾亦信之，德信**。"

善者，指亲近君王的人；信者，指信任君王的人。过去释家多解为善良的人，那么"不善者"就成了恶人，如果不辨善恶，岂能"德善"？

陈鼓应将此句译为：

　　善良的人，我善待他；不善良的人，我也善待他；这样可使人人向善。守信的人，我信任他；不守信的人，我也信任他，这样可使人人守信。①

任继愈译为：

> 百姓的意志，善的，我好好对待它，百姓的意志，不善的，我也好好对待它，就得到了善。百姓中，可信的，我信任它，百姓中，不可信的，我也信任它，就人人得到了信任。②

任译虽然和陈译有不同，但任译显然加入了自己理解的言外之意，如百姓意志中的善与不善，这样就少了善人恶人的嫌疑。常识告诉人们，善待恶人（不善人），信任不信者，都是导致犯大错的错误。老子要告诫君王的是，必须团结最大多数的人，不能以是否亲近自己、是否相信自己作为对人的标准。特别是对那些不亲近自己、甚至有些不信任自己的人，更要主动去亲近他们，相信他们。这样就可以达到互相亲近，互相信任。这个原则既可用于君主和臣子的关系，也可用于君民关系。何况“善”字本来就有亲近的意思。

这两句话连起来说就是：亲近我的人我要亲近他们，不亲近我的人我也要去亲近他们，这样就会相互亲近；信任我的人我信任他们，不信任我的人我也要信任他们，这样就会做到互相信任。执政者和民众如果能做到相互亲近，相互信任，上下和谐，这是老子理想社会里才有的景象。要实现这一点，执政者还必须做到面对民众的七嘴八舌（喋喋）还能“浑其心”。

“圣人在天下，喋喋为天下浑其心。”

“浑其心”是一心一意、全心全意为百姓着想。当百姓看到听到君王的这些做法，就会自然地归顺。

“百姓皆注其耳目，圣人皆孩之。”

“注其耳目”，指百姓全神贯注地观察君王的言行。

“皆孩之”，指君王对所有的老百姓一视同仁，一样地去亲近他们，信任他们，就是对他们全都很好，一个也不漏。一些人释"孩"
为孩子或婴儿，似是而非。

<hr>

① 陈鼓应：《老子注译及评介》，页 255。
② 任继愈：《老子绎读》，页 107。

第五十章

出生入死①，生之徒十有三②；死之徒十有三；
人之生，动之死地③亦十有三。
夫何故？以其生生之厚④。
盖闻善摄生者⑤，陆行不遇兕虎⑥，入军不被甲兵。
兕无所投其角⑦，虎无所措其爪⑧，兵无所容其刃⑨。
夫何故？以其无死地⑩。

注解：
① 出生入死：从生下来到死去。
② 生之徒：能够一直正常活着的人。
③ 人之生，动之死地：本来是为了活得更长，但却自己把自己推入早死的人。
④ 生生之厚：第一个"生"为动词，即重视对自己的养生。厚，想尽办法养生以长寿。
⑤ 善摄生者：善于掌握养生窍门的人。
⑥ 兕(sì)：母犀牛。
⑦ 投其角：以角抵人。
⑧ 措其爪：以爪抓人。

⑨ 容其刃：以兵刃刺人。
⑩ 死地：可以致死的地方。

从出生到死亡，能够自然走完生命历程的人大概有十分之三，非正常死亡的人有十分之三。

为了追求活得更长反而被推向死亡之地的人，也有十分之三。

这是什么原因呢？是因为这些人对于养生太过分了。

我听说善于掌握自己生命的人在陆地行走碰不到犀牛、老虎，在战场上不用穿皮甲、执兵器。

犀牛的尖角不知道该刺他的什么地方，老虎的利爪也不知该抓什么地方，敌人的兵刃也伤害不到他。

这又是什么原因呢？因为他没有可以致死的地方。

读经随笔

老子的对面坐的永远是君王。

这些人养尊处优，非常重视对自己的养生。因此，老子讲了自己的养生观。老子的养生观也是自然无为的，刻意作为就会适得其反，顺乎自然就"无死地"，就能化险为夷。

"出生入死。"

本意是一个人从生下来开始，到死后入地为止，是谓出生入死。但后来形成成语含义有了改变，谓历经生死关头，随时有生命危险。老子使用的是本意，他分析为三种情况：

"生之徒十有三；死之徒十有三；人之生，动之死地亦十有三。"

"生之徒"是指活着尽其天年的人。"十有三"，取其概数，为三分之一。

"死之徒"是指未能尽其天年而死掉的人。这些人也有三分之一。

"人之生，动之死地"是指那些为了活得更好却自己把自己推向死地的人，也占三分之一。这是什么原因呢？

"夫何故？以其生生之厚。"

什么是"生生之厚"？元代的吴澄在解释"生生之厚"时说："生生，求以生其生也。厚，谓用心太重，或仙术以延生而失宜，医药以卫生而过剂，居处奉养，谨节太过而骄脆。十类之中亦有三类如此，其意正欲趋生，而其作为反以趋于死地者，为其求生之心太重，而不顺乎自然也。"① 这种状况正是君王及其统治集团的生活写照，也只有他们有条件厚生。但出人意料的是求厚反得薄，也不能尽其天年。

值得现代人重视的是"生生之厚"。因"生生之厚"造成的死亡比例在老子时代近于三分之一，这个比例是很高的。对现代人来说，过度追求"生生"以致"动之死地"者，应大有人在。

老子接着讲了一件传闻：

"盖闻善摄生者，陆行不遇兕虎，入军不被甲兵。兕无所投其角，虎无所措其爪，兵无所容其刃。"

这个故事听起来很玄乎，老子明说是听来的。其实这是一个幽默笑话，答案就在这段话里。兕无所投其角，虎无所措其爪，因为他根本就没有遇到兕虎；他进入军队或战场"不披甲兵"，因为他根本不是军人，所以"兵无所容其刃"。

老子笑说：

"夫何故？以其无死地。"

最后一段话说得更玄乎，可能会误导一些人去寻觅"无死地"的奥秘。其实说白了就是该活死不了，还是顺应自然吧！

老子虽然讲了自己的养生观，除了自然无为之外，并没有其他的养生秘诀。但司马迁在《史记·老庄申韩列传》里留下了一句话："盖老子百有六十余岁，或言二百余岁，以其修道而养寿也。"这就给将老子变成太上老君的炼丹炉下加了一把柴，使道教养生术遂成为一门秘学。

---

① 吴澄：《道德真经注》卷三。

第五十一章

道生之，德畜之①；物形之，势成之②。是以万物莫不尊道而贵德。

道之尊，德之贵，夫莫之爵而常自然③。

故道生之，畜之，长之，育之，成之，熟之，养之，覆之④。

生而不有，为而不恃，长而不宰，是谓玄德⑤。

注解：

①畜：养也。

②物形之，势成之："物形之"是说万物之千差万别都是道、德的千变万化造成的；"势成之"，即道成之，道即势也。

③夫莫之爵而常自然：爵者命也。"莫之爵"即没有任何命令。道是不发布命令的，更没有什么力量能够对道发布命令。这一切都是自然而然发生的，所以说"常自然"。

④养之，覆之：生养它，毁灭它。

⑤玄德：极高极大的德。

道产生了万物，用德畜养它们。万物各有自己的形态，却是自

179

然而然因势而形成的。所以万物都尊崇道而推重德。

道之所以被尊崇，德之所以被贵重，并不是遵从谁的命令，也是自然而然形成的。

因此，道产生万物，用德畜养万物，让它们自在生长、发育、成熟，养护它们直到死亡。

道产生万物而不据为己有，辅助万物而不自恃有功，领导万物而不干预它们，这可称为"玄德"。

读经随笔

当老子谈论道的时候，总是兴致很高，甚至不厌其烦，反复强调。老子之前也有很多人谈论道，但多是泛泛而谈，没有体系。老子借用了"道"的名称，发现并构建了对自然和社会广泛适用的理论体系，从而赋予道以全新的意义。这是老子的独创，当然值得反复说明，反复强调。

老子说道生了天地万物，无私地给予它们所需要的一切，平等地对待它们，让它们自由自在地完成生命历程。道并没有因为天地万物是自己所生就去占有它们，也没有因为引导它们就发号施令，也不向它们有任何索取，不求任何回报，甚至也从不夸耀自己的功劳。老子认为这就是道的基本精神，就是君王应该学习的榜样。用这种精神对待民就是"有道"，否则就是"无道"。

老子的道具有强烈的理想主义色彩。虽然同样是为君王上课，却大不同于当时流行的"帝王南面之术"①。帝王南面之术也自称为"道"，但内容是帝王怎样驾驭群臣及民众的权术。老子的道没有"权术"的影子，却充满了对和谐、自由的追求。他站在民的立场上，因此非常同情民的不幸遭遇，经常攻击不道君主的种种恶行，有时甚至破口大骂这些人是"盗宇"，强盗头子。老子发出这种激烈的声音出自对道的坚定信念，也出自老子坚定的人民立场。有人说老子"代表奴隶主阶级"，真是"五色令人目盲"。

老子说："**道生之，德畜之；物形之，势成之。是以万物莫不尊**

道而贵德。道之尊，德之贵，夫莫之爵而常自然。"

道表现为德，畜养万物。万物皆因道而形，因势而成。所谓势，可以理解为道的运动、发展、变化的态势，所以"万物莫不尊道而贵德"。最值得注意的是后边一句话："道之尊，德之贵，夫莫之爵而常自然。"万物的存在虽然和道的关系如此密切，但道的尊贵却是一种纯粹的自然状态，是它的本性。道本身不是一种神秘力量，也没有受任何神秘力量的支配，而是"莫之爵而常自然"。它所做的一切完全出于自然，出于本性，而并非出于有意识和刻意的行为。再说得明确一点，道是一种客观存在，而尊贵是人对它的评价。

老子的道是自足的，因而是无限的；道以无私付出为最重要的特征，也是无限的，永恒的。道源源不断地推动天地万物的发展变化，被称为"德"，因此，道是德唯一的来源，德是道全面的体现。道和德一起构成了五彩缤纷的世界，所以"万物莫不尊道而贵德"。德具有丰富性，因为它姓万，道具有单纯性，因为它姓一。一中有万，万中有一，没有谁能割断这种联系，也没有谁能使这种运动停下来。

"故道生之，畜之，长之，育之，成之，熟之，养之，覆之。生而不有，为而不恃，长而不宰，是谓玄德。"

前面已经说了道"常自然"的本性，那么它对万物的生、畜、长、育、成、熟、养、覆均出于自然，或者干脆用现在的"客观规律"来说明。那么由此而引申出的"玄德"，是道的本质特征。"生而不有，为而不恃，长而不宰"，这正是老子希望君王以此来对待民众的道的启示。如果君王对民像道对万物那样，也可称为"玄德"。玄德者，大德、至德、盛德也。

---

①《汉书·艺文志》："道家者流，盖出于史官。历记成败、存亡、祸福、古今之道，然后知秉要执本，清虚以自守，卑弱以自持，此君人南面之术也。合于尧之克攘，易之嗛嗛，一谦而四益，此其所长也。"

第五十二章

天下有始①，以为天下母②。
既得其母，以知其子③；
既知其子，复守其母④，没身不殆。
塞其兑，闭其门，终身不勤⑤；
开其兑，济其事⑥，终身不救。
见小曰明⑦，守柔曰强⑧。
用其光⑨，复归于明⑩，无遗身殃，是谓袭常⑪。

注解：
①天下有始：指天地万物的诞生。
②天下母：指道。
③既得其母，以知其子：母者道，子者天地万物。
④复守其母：守住道是根本。
⑤塞其兑，闭其门，终身不勤：兑，窍也。兑、门均比喻人的贪欲。勤，借为瘽，病也。
⑥开其兑，济其事：指放纵贪欲。
⑦见小曰明：能看到细微处才叫"明"。
⑧守柔曰强：能守住柔弱才能强盛。

182

⑨ 用其光：光，指道。和道在一起。
⑩ 复归于明：重新恢复光明。
⑪ 袭常：袭，藏；常，道。

万物有一个开端，那就是道，它是天下万物的本源。

既知道了本源，就可以认识万物；

既认识了万物，就应该守住本源。只有这样，才能终身没有危险。

闭住口，合上眼，一辈子不会有病。

张着嘴巴夸夸其谈，做起事来没完没了，终身难以自拔。

能看到精微之处叫作"明"，能保持柔弱的地位叫作"强"。

只有利用道的光，复归道的明，便不会给自己留下灾祸。这是隐藏在万物背后从来不变的道。

读经随笔

"**天下有始，以为天下母**"，说的还是道。因为道生万物，道是母，万物是子，它们是"母子"关系。

"**既得其母，以知其子；既知其子，复守其母，没身不殆。**"

找到了万物的根源，也就可以认识到万物的本性都是遵循道的。明白这一点，就必须牢牢地依道而行，才能终身没有危险。

怎样依道而行呢？老子提了两条：

"**塞其兑，闭其门，终身不勤；开其兑，济其事，终身不救。**"一是闭口（塞其兑），二是关门（闭其门）。这又是什么意思呢？因为开口就表示有欲望，出门即是为欲望而奔走。欲望乃是争端的起因，是万恶的根源。老子反对的欲望指贪欲，是超过正常需求的部分，也就是他说过的"去甚、去泰、去奢"。

老子并不反对合理的需求。他早就说过统治者起码要做到让民"实其腹，强其骨"，甚至还要"甘其食，美其服"。在老子的理想社会里，民众不但有"安、平、泰"，还有"乐与饵"。老子反对的是统治者脱离民众的生活享受、财富占有、利益争夺。因为这些贪欲都是损害本来就不足的民众的。因此，收敛这种贪欲，就不会有危殆；放纵这种贪欲，"开其兑，济其事"，就会"终身不救"。因此，对贪欲是收敛还是放纵，就成为道与不道的分界。

"见小曰明，守柔曰强。"

在老子看来，收敛贪欲就是"为道"，而"为道日损"，每天都要减少。减少要从一点一滴做起，对小事也不能放松，因为贪欲的放纵正是由小而大滋长的，所以老子说"见小曰明"。韩非在《喻老》篇里举了一个"纣为象箸而箕子怖"的历史故事来说明"见小曰明"。韩非说：过去殷纣王让人给自己做了一双象牙筷子，他的叔父箕子知道这件事很担忧。因为箕子知道使用象牙筷子就不会再使用陶制的汤盆，一定会用犀玉之杯和象牙筷相配；有了象牙筷子和犀玉之杯决不会用它们盛豆汁汤，一定会盛用牦牛、象、豹的幼体烹调的食物。如果吃着牦牛、象、豹幼胎，也就不愿再穿着粗布之衣住在茅屋之下，一定会穿用丝织的漂亮衣服，住在高台大屋里面。箕子说，他担心的是发展下去的结果，所以对这种开始感到忧虑、害怕。果然，只过了五年，纣王已发展到"为肉圃，设炮烙，登糟丘，临酒池"，因此而亡国。韩非指出："箕子见象箸以知天下之祸，故曰'见小曰明'。"①

放纵贪欲的后果是严重的，足以亡身亡国，因此必须收敛欲望。收敛欲望就是坚守柔弱。什么是柔弱？广室高台和茅屋相比，茅屋就是柔弱；奢与俭相比，俭为柔弱。炮烙之刑与从谏如流相比，前者为强，后者为弱。横征暴敛与慈爱相比，慈爱为柔弱。坚守柔弱可以克制君主的贪欲，实现国家大治，走向强盛，所以老子说"守柔曰强"。守柔的原则在政治斗争中也有很精彩的运用。韩非子举了两个事例："勾践入宦于吴，身执干戈为吴王洗马，故能杀夫差于姑苏。""文王见詈于王门，颜色不变，而武王擒纣于牧野。故曰'守柔曰强'。"②

"见小曰明，守柔曰强"，只有八个字，内容却非常丰富，发人深省。老子最后说：

"用其光，复归于明。无遗身殃，是谓袭常。"

从这句话的语气看，让君王收敛贪欲并不容易。仍要借助道的光辉才能使他们恢复"明"，话里还有警告的词语"无遗身殃"。最后老子说这叫"袭常"，是自古传下来的道，是永恒不变的。

———————

①②《韩非子·喻老篇》。

第五十三章

使我介然有知①，行于大道，唯施②是畏。

大道甚夷③，民甚好径④。

朝甚除⑤，田甚芜⑥，仓甚虚⑦，

服文采⑧，带利剑⑨，厌饮食⑩，财货有余⑪，是谓盗夸⑫。

非道也哉！

注解：

① 使我介然有知：假如我是稍微有点常识的人。这虽然用了第一人称，实际上是泛指，即凡是稍有常识的人。介，小，微；知，知识，这里指常识，一般人都明白的道理。

② 施：通"迤"，指弯路、歧路、斜路，喻邪路。

③ 夷：平坦。

④ 好径：好，喜欢；径，小路。

⑤ 朝甚除：朝，议政的地方；除，废弃。

⑥ 田甚芜：田指公田及民田。芜，荒芜无人耕种。

⑦ 仓甚虚：仓指公仓及民仓。虚，空。

⑧ 服文采：穿有文采的衣服。文，花纹；采，五色。

⑨ 带利剑：佩带利剑。佩剑是社交活动中身份地位的象征。

⑩ 厌饮食：厌，弃。五味都已吃腻，不知吃什么好。

⑪ 财货：难得之货。

⑫ 盗夸：大盗。夸，奢；大。

假如是稍有常识的人，走在大道上，就会生怕误入歧途。

大路很平坦，而人们却偏偏非常喜爱走斜路。

议政厅废弃很久了，农田非常荒芜，仓库也非常空虚。

可这些人穿着有文采的衣裳，佩带着锋利的宝剑，吃腻山珍海味，财产多得用不完，这样的人就叫作强盗头子。

这是不合乎道的啊！

读经随笔

明明有平坦大路好走，人们却偏偏喜欢走偏斜的小路。看来这种事不但今天有，它的历史已非常久远。老子指出这件事，也是借题发挥，提醒执政者要行于大道，不要误入歧途。

"使我介然有知，行于大道，唯施是畏。"

假如我稍微有一些常识，走在大路上，就会惟恐进入歧途。

"大道甚夷，民甚好径。"

大路很平坦，但人们仍然非常喜欢抄近路而走小径。小径原本不是路，也不会平坦，是人们为了求近求快而冒险踩出来的。这种小径自然是有风险的。

下边这种情况在老子看来就是"邪路"。

"朝甚除，田甚芜，仓甚虚。"

这句话似乎很容易明白。王弼释"朝甚除"为"朝，宫室也；除，洁好也。"河上公也说："高台榭，宫室修。"后人多沿袭旧说，歧解不多。至于"田"、"仓"，自然理解为民之田、民之仓，与官之"高台榭"相对比。但仔细推敲这句话，它是一个并列句子，它对应的是下边那段话"服文采，带利剑"，那么"朝甚除"必另有所指。

最近读到一种新解："朝，在此泛指好时光。除，（光阴）过去。

《诗·唐风·蟋蟀》：'今我不乐，日月其除。''朝甚除'意为失去了很多好时光。"①

这种新解从形式上倒是通顺了，但其实并未完善。受到新解的启发，试作如下解释：

朝，朝会，是每天早晨由君王主持的例行议事制度。除，废，失。甚，指久。"朝甚除"是说议政厅已经废弃很久了。这指的是君主不理朝政。

"田甚芜"，农田非常荒芜。这个"田"当然不包括君王及大臣们的私田，特指民田及逐渐萎缩的"公田"。这说的是君主不务本。农为本。

"仓甚虚"，仓库里很空虚。这个仓亦仅指公仓及民仓，不包括君主的仓。君主的仓里是"财货有余"。公仓是贮存从公田收获的粮食用于赈济民众的。"田甚芜"自然"仓甚虚"。这说的是君主不抚众，不爱民。

以上九个字分别指出执政者不理政事，不以农为本，不抚众爱民，而这都是邪路。

可是，这些执政者及其上层集团却过着极为奢华的生活：

"服文采，带利剑，厌饮食，财货有余。"

由上面"朝甚除，田甚芜，仓甚虚"的情况我们不难想象民众的生活状态，老子也没有必要再细说。对执政者却说得很具体：他们穿着有绣花的衣服（服文采），佩带着锋利的宝剑（带利剑），五味都吃腻了（厌饮食），仓库里堆满了财货（财货有余），根本享用不完。对这种社会财富分配不公的状况老子一说就来气，直斥这些家伙是"盗夸"：

"是谓盗夸。非道也哉！"

盗夸，就是强盗头子。非道，不合乎道。

老子从生活中常见的现象入手，即"大道甚夷而民好径"，引出不能贪图捷径而涉险，最后走上邪路的道理，其中还揭露了进入邪路的执政者的恶行，规劝他们改邪归正，行于大道。

---

① 兰喜并：《老子解读》，页192。

第五十四章

善建①者不拔②，善抱③者不脱，子孙祭祀不辍。

修④之身，其德乃真⑤；修之家，其德乃余⑥；修之乡，其德乃长⑦；修之国，其德乃丰⑧；修之天下，其德乃普⑨。

故以身观身⑩，以家观家，以乡观乡，以国观国，以天下观天下⑪。

吾何以知天下之然哉？以此。

注解：

① 建：树立、建立。

② 拔：原指外力使草木出土，这里指动摇、倾覆。

③ 抱：握紧。

④ 修：修行。

⑤ 真：归于自然。

⑥ 余：同"裕"。

⑦ 长：多，久。

⑧ 丰：丰盈，昌盛。

⑨ 普：同"溥"，广大。

⑩ 身：自己。

⑪ 以天下观天下：以今日之天下比较过去天下，并推理出今后之天下。这是一种纵向的比较法。

善于创建大业的人一定要坚定而不动摇，就像善于抓拿东西的人不会使物品脱落那样。能做到这样的人，子子孙孙都会不断地祭祀他。

用道来修身，他的德就会真实；用道来治家，他的德就会充裕；用道来治乡，他的德就会长久；用道来治国，他的德就会昌盛；用道来治天下，他的德就会普及。

按以上所说的去做，就可以通过自己观察别人，通过自家观察人家，通过自乡观察他乡，通过自己的国家观察别的国家，通过现在的天下预测今后的天下。

我怎么能知道天下的情况呢？就运用了这个办法。

读经随笔

过去人们常常把老子反对贪欲的言论误解为老子的认识论，动辄引用"塞其兑，闭其门"、"五色令人目盲，五音令人耳聋"等等，说明老子反对实践或否定感性认识的重要，还送给这位先哲一顶"唯心主义"的帽子，这并不公正。

老子善于把握事物之间相互联系的规律，采用"以身观身，以家观家，以乡观乡，以国观国，以天下观天下"的方法去认识社会，所以能获得深刻的认识。这其实就是"近取诸身，远取诸物"的认识论。特别是"以天下观天下"，把过去、现在、将来紧密联系在一起，在横的基础上又增加了纵的联系，更加全面而完善。老子用一个"观"字把这些都联系起来。而且老子的"观"并非一观，而是既观其前，也观其后，是多角度的"观"。这体现了认识的主观能动性，可称为辩证的认识论。

道是老子谈话中不变的主题，他认为是执政者应该关注的头等大事，因为它关乎兴亡。所以老子开章就说："**善建者不拔，善抱者不脱，子孙祭祀不辍。**"

善建者，本指善于树立物件的人，此处借指创立大业，如开国之君等；善抱者，本指善于握紧物品的人，此处指守成者。能够保持先辈开创的功业而不丢失，才能"子孙祭祀不辍"。这是君王及有功业者普遍的愿望和心理，老子抓住这一点，紧接着指出必须用道来修身、齐家、治国、安定天下。

老子说："**修之身，其德乃真。**"

修身的目的是求真。真就是道，就是自然，就是无欲。所谓"真人"，即是得道之人，就是没有私欲的人。所谓修身，就是要做"损之又损"的功夫，做到私欲不再萌动，直至无为。老子认为只有修到无为，才称得上"真"。修身不是对某一个人的要求，所有执政者阶层都要修身，包括士、大夫、公侯、王，都不能例外。

士有家，所以老子说"**修之家，其德乃余**"；

大夫有乡，所以老子说"**修之乡，其德乃长**"；

公侯有国，所以老子说"**修之国，其德乃丰**"；

王有天下，所以老子说"**修之天下，其德乃普**"。

修身对士来说可以得到有余，对大夫来说可以得到增加，对公侯来说可以得到丰盈，对王来说可以得到广大，都是好事。

修身修到"无"，得到"有"，这是无中生有的辩证法。

老子说，他的这个认识是通过观察分析得来的。那么怎样去观察分析呢？

"**故以身观身，以家观家，以乡观乡，以国观国，以天下观天下。**"

很明显，这是比较分析的方法。特别是"以天下观天下"，更是一种纵向的历史的比较分析，因为只有一个"天下"。通过观察、比较、分析，然后产生判断；从感性的、具象的东西上升为理性的、抽象的结论，老子的认识论相当完善。很难想象一个认识论谬误的人会有很深刻的认识，这些认识堪称人类智慧。

"吾何以知天下之然哉？以此。"

这句话说得很清楚，老子对天下事的认识就是这样得来的。既不是天上掉下来的，也不是头脑里固有的，而是通过层层观察，纵横比较，深入分析得来的。

第五十五章

含德之厚，比于赤子①。

毒虫不螫②，猛兽不据③，攫鸟不搏④。

骨弱筋柔而握固⑤。

未知牝牡之合而脧作⑥，精之至；

终日号而益不嗄⑦，和之至。

知和曰常⑧，知常曰明⑨。

益生曰祥⑩，心使气曰强⑪。

物壮则老⑫，是谓不道⑬，不道早已。

注解：

① 赤子：婴儿。赤，光身。

② 毒虫不螫：毒虫指蜂、虿、虺、蛇之类。

③ 据：以足爪抓物。

④ 攫鸟不搏：攫、搏义相近，用爪翅抓击物。

⑤ 握固：谓手把握得很牢固。

⑥ 脧作：脧，赤子之阴；作，勃起。

⑦ 嗄：哑。

⑧ 常：道。

⑨ 明：原指眼亮，引申为聪明睿智。

⑩ 益生曰祥：益生，纵欲贪生。祥，《说文》："福也。"段玉裁注："凡统言则灾亦谓之祥，析言则善者谓之祥。"此处乃统言，取灾意。王弼释为"夭"。陆德明《老子道德经音义》所依据的本子作"益生则夭"。

⑪ 心使气：用尽力气，指有意作为以利己。

⑫ 物壮则老：事物强壮就会衰老。

⑬ 不道：不合乎道。

道德深厚的人，就好像无知无欲的婴儿。

毒虫不会去蜇他，猛兽不会去侵犯他，凶禽不会去搏击他。

婴儿虽然筋骨柔弱，但把握东西却很牢固。

他还不懂得男女交合，但小生殖器却经常勃起，这是精气十分旺盛的缘故。

他整天号哭而嗓子也不嘶哑，这是元气十分淳和的缘故。

懂得阴阳和谐的道理，这就叫"常"，懂得了常叫明智。

过分纵欲贪生，叫妖祥，意气用事，叫逞强。

事物强壮了就走向衰老。不知这个道理而追求强壮，这就叫不符合道，不符合道就会迅速灭亡。

读经随笔

"无知无欲"的状态是老子最为满意的个人和社会的理想状态。老子把道德深厚的人比作一丝不挂的"赤子"，就是因为"赤子"正是处于无知无欲的理想状态。

"含德之厚，比于赤子。"

赤子，是人一生中最为自然的状态。由于尚未受到精神污染，在赤子身上表现出道的一些特征。处于这种状态的赤子：

"毒虫不螫，猛兽不据，攫鸟不搏。"

毒虫为什么不螫？猛兽为什么不据？攫鸟为什么不搏？非不能

也，是不为也。毒虫、猛兽、攫鸟都不去伤害毫无抵抗力的赤子，是因为赤子毫无伤害别人之心。他还会自然而然地传达出纯真善良的心灵信息并被认同，当然不会受到伤害。万物之间本就应该和谐相处，两不相伤。

处于自然状态的赤子"**骨弱筋柔而握固**。"

赤子虽然"骨弱筋柔"，但小手握住东西却抓得很紧。赤子的形象非但可爱，老子更是强调了柔弱的妙用。柔弱不是衰弱，而是更富活力，更有力量。

处于自然状态的赤子"**未知牝牡之合而脧作，精之至**。"

"牝牡之合"指男女两性的交合。赤子对这种事可说一无所知，但他的小生殖器却能勃然兴起，这是因为他体内精气充足的原因。

处于自然状态的赤子"**终日号而益不嗄，和之至**"。

"终日号"，哭一整天；"益"，越哭越厉害；"嗄"，嘶哑。哭一整天，并且越哭越厉害，嗓子也不嘶哑，这是因为赤子不但精气充沛，而且十分淳和。

老子描绘的赤子非常可爱。他的小手抓住东西可以握得很紧；他的小生殖器会自然勃起，虽然他对男女之事一无所知；他哭一整天嗓子也不会嘶哑。这是为什么呢？因为这一切都是自然而然的行为，还没有受到"知"和"欲"的污染，所以他的内心纯洁善良，他的体内精气充沛（精之至），非常淳和（和之至）。老子赞美赤子，实际上是赞美"和"，所以他说：

"**知和曰常，知常曰明**。"

明白了和谐的重要就明白了道之所在，常就是道。而明白了道才可以称为通晓事理的人。

一个人自身需要和谐，人与人之间需要和谐，人与天地万物之间需要和谐。但是不和谐在老子时代已经普遍存在。时过近三千年，和谐在当今世界仍然是一个美好的"愿望"，一个人们苦苦追求的"理想"。老子是追求和谐的先行者，他的道归根结底可以用和谐来概括。

社会现实中存在的却是和理想相反的情况。老子举出两条：

"益生曰祥，心使气曰强。"

什么是"益生"？益是增加，生是自身，指人们都把增加自己的私利作为人生目标。

什么是"心使气"？"心"就是上述的目标。"心使气"就是指人们为了实现增加私利的目标而费尽心机，使尽力气。

人人都为私利，并且多多益善，必有争夺而千方百计，社会自然没有和谐而徒增罪恶。所以老子指责"益生曰祥，心使气曰强"。

"物壮则老，是谓不道，不道早已。"

强壮之后紧接着就是衰老、死亡，因而"心使气"取强是不合于道的。不合于道就会早早衰亡。

老子赞美赤子，歌颂婴儿，正是因为从他们身上体现了道的顺乎自然的天性，无知无欲的可爱，无为的可贵。

老子之道具有普遍意义，各人自可分别从中汲取营养。有人释此章为"养生"或"修身"，均无不可，但论道是老子始终不变的主题。

第五十六章

知者^①不言,言者不知^②。

塞其兑,闭其门,挫其锐,解其纷,和其光,同其尘,是谓玄同^③。

故不可得而亲,不可得而疏^④;不可得而利,不可得而害^⑤;不可得而贵,不可得而贱^⑥。

故为天下贵^⑦。

注解:

① 知者:有智慧的人。

② 不知:不聪明,愚蠢。

③ 玄同:大同。

④ 亲、疏:指以血缘远近而产生的差别。

⑤ 利、害:指以利益关系而产生的差别。

⑥ 贵、贱:指以社会地位高低而产生的差别。

⑦ 贵:看重。

智者不夸夸其谈,夸夸其谈的人不是智者。

(道要求人们)闭上嘴,关上门,(这样就能)挫掉锋芒,解除纷扰，（道）和太阳的光芒在一起，也和细小的尘土在一起，这就叫作"玄同"。玄同并非想亲近就能亲近，想疏远就能疏远；并非得到了就对自己有利，也不是得到了会对自己有害；既不能使自己尊贵，也不会使自己卑贱。

因此，天下都对它极为尊崇。

读经随笔

老子为什么说"知者不言，言者不知"？

王弼说，知者不言是"因自然也"，言者不知是"造事端"也①。孔子也说过将"不欲言"："天何言哉！"②但孔子仍然诲人不倦，老子有五千言的长篇大论。这两位先生都是真正的智者，未曾"不言"。所谓"不言"，乃不为虚言，以道为难言。当时确有一批口吐莲花、滔滔不绝的言道者，欲求富贵以干诸侯，或许老子为了和他们划清界线，才说了这句话？

不管老子的本意如何，这句话被不同的人读出了不同的含义。主张帝王南面之术的人读出了权谋；用兵者悟出了诡谋；修行者认为"开口神气散"。还有学者解读此语时把人的知分为情、理两类，认为理尚可说，情说不清。如辛弃疾在一首词里所说的"而今识尽愁滋味，欲说还休"；或如弗罗姆所说的人们不能把蒙娜丽莎的微笑变成语言③。话虽在理，也只是说事有难言及不能言者。知者不言，可能并不在"情"，或正是在"理"，亦未可知。

知者，即智者，可以理解为得道的人。不言，不是不说话，而是说他们没有欲望，或者能够控制欲望而已（塞其兑，闭其门）。言为心声，引申为欲望，这是老子的一贯思想，又和下文贯通，终又回到"因自然也"。

"塞其兑，闭其门，挫其锐，解其纷，和其光，同其尘，是谓玄同"，讲的都是用道来损减贪欲，最后达到"玄同"的境界。"塞其兑，闭其门"，可以免除外界的诱惑；挫其锋锐可得柔弱，解其纷争则无私无欲。"和其光，同其尘"，讲的正是玄同，这是社会臻于大治的情景，也是求道者的最高境界。在这里一切都没有差别，无论是光还是尘，是侯王还是民，是荣还是辱。无差别境界反映了老子的平等思想，是尤其珍贵的。

道虽然是客观存在的，但它的存在并不像物质世界的某一种具体物质。所以老子说：

"故不可得而亲，不可得而疏；不可得而利，不可得而害；不可得而贵，不可得而贱。"

亲和疏、利和害、贵和贱，都是人类社会的产物，集中体现的是欲望的两端。对道而言，无所谓亲疏、利害、贵贱，只有"玄同"是最高境界。"玄同"就是道，所以老子说：

"故为天下贵。"

所贵者，道也。道的玄同境界体现了无差别的社会理想。没有贵贱，则人人平等；没有利害，则天下不争；没有亲疏，则只有和谐。对个人而言，进入玄同境界则没有贵贱、利害、亲疏的诸多烦恼，犹如进入佛家的涅槃境界，"照见五蕴皆空"④。不过，无论对社会还是对个人，达到这种玄同境界都是很难的。可能正是因为难得、罕有，所以"天下贵"。

人们对客观的认识首先依赖于"身"，即眼、耳、鼻、舌等感觉器官。这种认识当然是很有限的。这些有限的东西积累得多了，就会抽象出思想，从而形成更强大的认识能力，可以发现眼耳难及的客观存在。当人们的认识达到一定高度，便会抓住规律。中国的老子正是这样的人类智者，他把自己的发现称为"道"，时间是公元前五百年左右。

---

① 王弼：《道德真经注》下篇。

②《论语·阳货》。

③ 兰喜并：《老子解读》，页 203。

④ 玄奘译《般若波罗蜜多心经》。

第五十七章

以正①治国，以奇②用兵，以亡事③取天下④。

吾何以知其然哉？

夫天下多忌讳⑤，而民弥贫；民多利器⑥，国家滋昏；人多伎巧⑦，奇物滋起⑧；法令滋彰，盗贼多有。

故圣人云："吾无为而民自化⑨，吾好静而民自正⑩，吾无事而民自富，吾无欲而民自朴。"

注解：

① 正：指真诚。

② 奇：指诡谋。

③ 亡事：无为。

④ 取天下：治理天下，谓得民心也。

⑤ 忌讳：禁令。

⑥ 利器：指"伎巧"。

⑦ 伎巧：指为满足贪欲而生产各种奇物的工艺。

⑧ 奇物：奇异之物，指奢侈用品。奇物滋起，代指贪欲旺盛。

⑨ 自化：自然化解，指无欲不争。

⑩ 自正：自然归正，指归于纯朴。

用真诚的态度治理国家，用奇诡的方法布阵打仗，用自然无为争取天下民心。

我怎么会知道这个道理呢？

天下的禁令越多，民众就越贫困；人们掌握的工艺技巧多，奇异奢侈的器物就越来越多，国家就会越昏乱；法令多而具体，盗贼就会更多。

所以圣人说："我奉行无为而百姓就自然归化，我无事而百姓就自然富裕，我好静而百姓就自然端正，我无欲而百姓就自然纯朴。"

读经随笔

什么是**"以正治国"**？正者奇之反。治理国家必须要有真诚为民和务实的态度，要得民心，要合乎道，这就是"以正治国"。

什么是**"以奇用兵"**？

孙子说："兵者，诡道也。"①孙子又说："凡战者，以正合，以奇胜。故善出奇兵，无穷如天地，不竭如江河。"②既是诡道，则兵不厌诈；既以奇胜，则变化万端，没有定形。这些都是用兵的原则，所以老子说"以奇用兵"。

什么是**"以亡事取天下"**？亡事就是无为。执政者行无为之道而使天下归心，不使用任何强制的方法而使人心悦诚服，叫作"以亡事取天下"。

以亡事取天下，历史上从来没有过。老子提出这一主张只能说明他是一个极富理想主义色彩的政论家。可是，这个主张却是来自他对现实政治的深思熟虑。他自己说：

"吾何以知其然哉？"接着他就罗列了四种情况。从内容上看，实际是两种情况，行文顺序似也应调整。

"夫天下多忌讳，而民弥贫"；"法令滋彰，盗贼多有。"

忌讳，不能做或不能说的事，指执政者发布的各种法令、政令。因为这些法令、政令都是限制或掠夺民众的，民众当然会越来越贫困。"法令滋彰，盗贼多有"，这是制定法令者所始料未及的，看来法令也不是万能的，在治国的方略中甚至也不是最根本的。如果对法令产生依赖性，事物就会向相反的方向发展，而出现"盗贼多有"的局面。

"民多利器，国家滋昏；人多伎巧，奇物滋起。"

利器，有释为武器者，有释为权柄者，有释为工具者。春秋时虽然全民皆兵，但各国对武器却是集中保管的，战时才能领用。权柄者在执政者手里，也到不了民的手中。工具而称利器，是何种工具？当时农具已广泛使用青铜，铁制农具也开始出现，当然堪称"利器"，但又怎么能使"国家滋昏"？因此，利器当指"人多伎巧"而出现的各种工艺，是生产各种"奇物"而满足统治者贪欲需要的东西。这些奢侈品"奇物"正是所谓"难得之货"，不但使执政者沉迷，又会引发争夺，国家滋昏就不难理解了。

"故圣人云：'吾无为而民自化，吾好静而民自正，吾无事而民自富，吾无欲而民自朴。'"

所谓"圣人云"者，大概是假托古之有道者以增强说服力。执政者要"无为"、"好静"、"无事"、"无欲"，分别指不争、不言、不取、不贪。不争则民怨就可得到自然化解，民心自然归顺；不言则政令简明，民亦称便，自然就会遵从；不取则民无重负，自然就会富足；不贪则奇物不起，民风自然归于纯朴。

人民富足，生活安宁，秩序井然，民风厚朴，上下和谐，这是老子反复讲述的理想，反映了在春秋时期动荡不安的社会环境里人民的愿望。

---

①《孙子兵法·计篇第一》。
②《孙子兵法·势篇第五》。

第五十八章

其政闷闷①，其民淳淳②；
其政察察③，其民缺缺④。
祸兮，福所倚⑤；
福兮，祸所伏⑥。
孰知其极⑦？其无正邪？
正复为奇⑧，善复为妖⑨。
民之迷⑩，其日固久。
是以圣人方而不割⑪，廉而不刿⑫，直而不肆⑬，光而
不耀⑭。

注解：
① 闷闷：形容昏昧，指宽厚。
② 淳淳：形容淳朴。
③ 察察：形容烦碎，指政令严峻。
④ 缺缺：形容外诚内诈。
⑤ 倚：紧靠。
⑥ 伏：藏也。
⑦ 极：界线、边际、标准。

⑧ 正复为奇：正，指真诚为民；奇，指以民为敌。

⑨ 妖：邪恶。

⑩ 迷：迷惑。

⑪ 方而不割：方，棱角分明；割，用刀切；不割，指无伤害。

⑫ 廉而不刿：廉，利也；刿，伤也。

⑬ 直而不肆：直，正直；肆，放肆，指用言语攻击别人。

⑭ 光而不耀：光，明亮；耀，刺眼。光明但不刺眼。

一个国家在政治上对民宽厚，它的民众反而很淳朴；那些政令森严的国家，百姓反而很狡猾。

灾祸呵，紧邻着福祉；福祉呵，埋伏着灾祸。

谁知道它们的标准呢？正邪有没有界限呢？

应该用"正"的却变为"奇"，善良就会变为妖孽。

人们的迷惑不解，由来已久了。

因此，"圣人"行事，有棱有角但没有尖刺，办事利索而不伤人，正直而不放肆，光亮但不耀眼。

读经随笔

有什么样的政治，就有什么样的民众。

"其政闷闷，其民淳淳；其政察察，其民缺缺。"

那些"法令滋彰"的地方，民众表面看起来很规矩，实际上很刁猾；倒是那些少忌讳的地方，民众反而淳朴厚道。

只要有国家，就要有秩序，法令似乎是不可少的。何况法令具有立竿见影的功效，因而最受执政者的青睐，最后必然走到以法治国的地步。法令越来越多，刑罚越来越重，甚至出现"履贱踊贵"的惨况。这种状况下的民众虽然恐惧，也会有应对办法，那就是表面上老实听话，而心怀侥幸，是谓"缺缺"也。察察之政有缺缺之民，还意味着民怨的集聚，对立的强化，再发展下去必是动乱的前兆。因此，老子说：

"祸兮，福所倚；福兮，祸所伏。"

祸福虽然分明，原来它们之间的距离却这么近，相互倚伏，发展变化，值得警惕。

这句话是老子的名言，二千多年来深入人心。陕西民谚有"瞎事里头有好事，好事里头有枣刺"①，是民间版的"祸兮福所倚，福兮祸所伏"。老子这一表述充满辩证法，事实上已作为事物的一般规律被人们所普遍接受。老子的思想并未停留在揭示这一规律上，而是进一步探索这一规律的变化条件：

"孰知其极？其无正邪？"

祸福之间有没有界限？谁知道它的边缘在什么地方呢？

老子提出了问题，但并没有明答。接着又举出两个同类的例证：

"正复为奇，善复为妖。"

正奇、善妖、祸福，都是相互对立的范畴，是事物的两个极端。这说明了事物运动的方向都是向着对立面转化的。

为什么会出现这种转化呢？人们搞不清楚，长久以来一直困扰着人们，所以老子说：

"民之迷，其日固久。"

人们的迷惑，已经很久很久了。

老子根据道的特性，提出了一个解决办法，这个办法实质即为"中庸"，只不过老子并没有为之命名。老子认为无论行政和做人做事，要做到以下四条：

"方而不割，廉而不刿，直而不肆，光而不耀。"

"方而不割，廉而不刿"大概是论政的。治国当然是需要规矩的，但必须以不割不刿为度，即以不能伤人，也不能使民不便为原则。"直而不肆，光而不耀"大概是讲做人的，按吴澄的说法是不能"讦人之短"。既要方正，又要不伤人；既要正直，又要不伤人；既要有光，但又不炫目。这就需要找到一个"度"，这个度就是后来被儒家完善的"中庸"，而这个原则老子已讲得十分明白。

辩证法在老子手里已运用得十分娴熟，本章的每句话都有辩证法的闪亮，读来令人振奋。特别是"察察之政"和"缺缺之民"，不但有辩证法思想，而且语言生动鲜明。祸福之论更是千古绝唱，至今仍在醒世。最精彩的是"光而不耀"，对那些有"光"的人很有帮助。什么是有"光"的人？地位显赫，有光；财富出众，有光；有权有势，有光；各类明星，有光。根据辩证法，光而耀目，其亮难久，可不慎乎！

毛泽东曾在他的《关于正确处理人民内部矛盾的问题》中引用并阐述过本章的某些思想："我们必须学会全面地看问题，不但要看到事物的正面，也要看到它的反面。在一定的条件下，坏的东西可以引出好的结果，好的东西可以引出坏的结果。老子在二千多年以前就说过：'祸兮福所倚，福兮祸所伏。'日本打到中国，日本人叫胜利。中国大片土地被侵占，中国人叫失败。但是在中国的失败里面包含着胜利，在日本的胜利里面包含着失败。历史难道不是这样证明了吗？"

---

① 友人李斌旭先生闲谈时提到他父亲是一个没有上过学的农民，但讲话中时有精彩之论。他举例说："瞎（音哈，陕西方言：坏）事里头有好事，好事里头有枣刺。"枣刺，指田野路边生长的酸枣丛，刺多。可见老子文化影响深远。

第五十九章

治人事天①，莫若啬②。
夫唯啬，是谓早服③。
早服谓之重积德④。
重积德则无不克⑤，
无不克则莫知其极⑥，
莫知其极，可以有国⑦。
有国之母⑧，可以长久。
是谓深根固蒂、长生久视之道⑨。

注解：
① 治人事天：治，理。治人即管理人民；事天，祭也，指国家社稷。
② 啬：通"穑"，藏也，积也。穑是农事，特指农事中的收获。
③ 早服：服为事也，务也。郭店楚简本为"备"，意明矣。早服即早做准备。
④ 重积德：不断积累德。德，为民做事，得民心。
⑤ 克：胜敌曰克。

⑥ 极：限度。

⑦ 有国：保有社稷。

⑧ 母：根本。

⑨ 道：此处使用道的本义，路径。

管理人民事奉上天，没有什么比啬更重要。

啬就是早早做好准备，就像农夫的仓里积聚了粮食一样有备无患。

早做准备就是要不断地积累德。

不断地积累德就没有什么敌人不能战胜，因为德是无敌的；

德的力量无穷无尽，没有人知道它的界限，因为它没有极限。

明白这个道理，就可以保有自己的国家。

抓住这个根本，就可以使自己的国家长久，

这就是国家根深蒂固、永远兴旺的根本途径。

读经随笔

"治人事天，莫若啬。"

治人事天，乃国君之事，讲的是政治；莫若啬，是农事，收获庄稼叫啬。《说文》："谷可收曰穑。"《左传·襄公九年》："其庶人力于农穑。"晋杜预注："种曰农，收曰穑。"收之入仓为积，积以多为胜，费以少为好。所以《韩非子·解老》说："少费之谓啬。"这是啬的引申义。少费仍是为了多积，多积则有备无患。老子此处所谓"啬"重点在"积"，不在"少费"。

政治虽然和农业关系很密切，粮食储备事关国计民生，但"啬"却另有所指。

"夫唯啬，是谓早服。"

"夫"、"唯"，都是语助词，虽然无实义，却是对"啬"的重要性的强调。"早服"是早做准备，有备则无患，正如农夫的仓里有粮食就无忧一样。但到底要积藏什么，准备什么呢？

"早服谓之重积德。"

不是粮食，因而也不表现"老子贵农重积的思想"①；不是"少费"②；不是"俭"；不是"爱惜精力，养护身心"③；不是"藏其神形而不用"④。老子要求执政者积藏的是德。德是执政者与民之间关系的准则，它要求执政者善待民众，可得到民众的拥护。所谓"德者，得也"，就是这个意思。

啬，就是重积德。老子文中已说得非常清楚明白。我们为什么要舍近求远呢？德是老子政治思想里最为重要的核心内容。待民以德不是一次性的，因此要积累，反复积累，越多越好。啬的直接意思就是积聚，老子此处赋予它的特定含义是积德。因为：

"重积德则无不克。"

"啬"对农夫来说是家中有粮心不慌，早早做好了准备就没有饿肚子的忧患。对执政者来说就不同了。他重视"啬"就是"重积德"，而德是没有对手的，没有什么敌人不能战胜。实际上，德指的是人民的力量。德的力量没有穷尽，是因为民的力量没有穷尽。执政者得到人民的拥护，也就拥有了不可战胜的力量。

"无不克则莫知其极，莫知其极，可以有国。"

民众拥有无穷无尽的力量，谁也不知道它的极限在哪里。能够调动这种力量的，只有德。有德者可以有国，才能保有自己的国家。

"有国之母，可以长久，是谓深根固蒂、长生久视之道。"

母者，根本也。国家的根本在民，爱民就是德。只有以德为本，不断地积累德，国家才能根基稳固、长治久安、兴盛发达。

老子用"啬"比喻积德，积的意思自显。但从韩非释"啬"为"少费"，说成"爱其精神，啬其智识"，后人从之者众。张舜徽认为韩非之解为"周秦旧义"⑤，但并未提供旁证。河上公释"啬"为"贪"也。"治国者当爱民财，不为奢泰；治身者当爱精气，不放逸"。直到今天，这种看法仍是主流观点。陈鼓应译为"爱惜精力"，林语堂译为"爱惜精神，节省智识"，都是韩非版。韩非之误，为老子走进宗教神殿铺平了道路，也为养生家提供了机缘，可惜走偏了一点。

① 郭世铭:《老子究竟说什么》,页 184。

②《韩非子·解老》。

③ 陈鼓应:《老子注译及评介》,页 297。

④ 高亨:《老子正诂》,开明书店,1943。

⑤ 张舜徽:《老子疏证》,见《周秦道论发微》,中华书局,1982,页 136。

第六十章

治大国若烹小鲜①。
以道莅②天下，其鬼不神③；
非其鬼不神，其神不伤民④；
非其神不伤民，圣人⑤亦不伤民。
夫两不相伤⑥，故德交归焉⑦。

注解：
① 小鲜：小鱼。
② 莅：临。
③ 不神：不灵，不验。
④ 不伤民：不伤害人民。
⑤ 圣人：以道治理国家的人。
⑥ 两不相伤：双双互不伤害。
⑦ 交归：融汇在一起。

治理大国应如烹煮小鱼那样简单。
用道来治理天下，鬼就不灵验；
不但鬼不灵验，神也不伤害百姓；

不但神不伤害百姓，君王也不会做有害百姓的事。

两两互不相伤，因此德就融汇在一起了。

读经随笔

以烹饪比喻政治，不始于老子。

伊尹说商汤就大讲烹饪："……凡味之本，水最为始。五味三才，九沸九变，火为之纪。时疾时徐，灭腥、去臊、除膻，必以其胜，无失其理。调和之事，必以甘、酸、苦、辛、咸。先后多少，其齐甚微，皆有自起。鼎中之变，精妙微纤，口弗能言，志弗能喻，若射御之微，阴阳之化，四时之数。故久而不弊，熟而不烂，甘而不哝，酸而不㗐，咸而不减，辛而不烈，淡而不薄，肥而不朕……"①伊尹在长篇大论结束时说"天子成则至味具"，原来伊尹为政治目的讲烹饪。

伊尹本人就是烹饪高手，讲起来头头是道。老子大概不善此道，有了小鱼往锅里一扔了事，并不复杂。在老子看来，治理大国只要以道行之，那就像煮小鱼一样简单。所以老子说：

"治大国若烹小鲜。"

把治大国和煮小鱼等同起来，令很多人不可思议，于是纷纷猜想"烹小鲜"必有非常之处。韩非说："烹小鲜而数挠之，则贼其渣。"王弼说："不挠也。"吴澄说："如烹小鱼，惟恐其坏烂而不敢挠动之也。"今人承袭此说者众。其实煮小鱼用不着担心"数挠之"。民谚有"千滚豆腐万滚鱼"，是说鱼很耐煮。就算"烹小鲜"不宜多翻动，也仍是很简单的事，人皆可为。老子这样说，是为了引出这句话的前提，那就是：

"以道莅天下，其鬼不神；非其鬼不神，其神不伤民；非其神不伤民，圣人亦不伤民。"

如果以道来治理天下，不但可以实现人与人之间的和谐，而且可以实现人与鬼、人与神之间的和谐。老子没有否定鬼神的存在，但他认为至高无上的道在"象帝之先"，鬼神也应受到道的约束，以道为尊。

鬼神观念起源很早，在旧石器时代已经产生。后来这种观念得到强化，成为氏族、部落、国家的共同信仰，因而得到普遍的敬畏。春秋时，鬼神的地位一落千丈，出现了各种不同的观点。僖公五年（前655），虞国的宫之奇说："鬼神非人实亲，惟德是依。"[2]是鬼神听命于人间之德。僖公十九年（前641），宋襄公派邾文公杀了鄫子，准备用来祭祀土地神。司马子鱼说："祭祀以为人也。民，神之主也。用人，其谁飨之？齐桓公存三亡国以属诸侯，义士犹曰薄德。今一会而虐二国之君，又用诸淫昏之鬼，将以求霸，不亦难乎？得死为幸！"[3]司马子鱼称"民，神之主也"，把土地神称为邪恶昏乱的"淫昏之鬼"。宋是殷商遗民，笃信鬼神。这种看法出自宋人，非常难得。鬼神的地位下降，从老子这段话也可以看出来。天下有道，鬼也不灵验了，神也不会做有害于民的事。执政者以德治国，必然出现一种交相和谐的局面：

"夫两不相伤，故德交归焉。"

老子此章论述的主要观点是"以道莅天下"，就会出现"德交归焉"的盛况。比较引人注目的是老子对鬼神的看法：第一，有鬼有神；第二，有道则鬼神不灵，不害人。鬼神同样尊道而贵德。如果有人据此给老子贴标签，应该看到老子的鬼神观和过去有很大的不同。

老子的意思已经很清楚，只要用道来治理天下，一切都会变得非常简单。

---

① 伊尹：《说汤》，见严可均《全上古三代秦汉三国六朝文》卷一。

②《左传·僖公五年》。

③《左传·僖公十九年》。

第六十一章

大国者下流①，天下之交②。
天下之交牝③，牝常以静胜牡④，以静为下。
故大国以下⑤小国，则取小国；
小国以下大国，则取大国。
故或下以取⑥，或下而取⑦。
大国不过欲兼畜人⑧，小国不过欲入事人⑨。
两者各得其所欲，故大者宜为下。

注解：

① 下流：江河的下游。

② 天下之交：指天下的溪流都会交汇于江河的下游。比喻居下将得到小国的归附。

③ 天下之交牝：泛指雌雄交配。

④ 以静胜牡：泛指雌性居下而掌握选择权。

⑤ 以下：态度谦恭、卑下。

⑥ 或下以取：取，通"聚"，合也。以谦卑聚合小国。

⑦ 或下而取：以谦卑被大国接纳。

⑧ 欲兼畜人：取得领导地位，扩大势力。

⑨ 欲入事人：事奉大国，保有自己的国家。

大国应当有居下流的广阔胸怀，因为下流是天下溪流交汇的地方。

雌雄交合的时候，雌性以安静胜过雄性，因静处于下位。

所以大国对小国谦恭，便能得到小国的拥戴；

小国对大国谦恭，便能得到大国的保护。

因此，大国居下而得到小国，小国居下被大国保护。

大国不过是想扩张自己的势力，小国不过是想保存自己而事奉大国。

大国和小国都达到了自己的目的。那么，大国更应当持居下谦恭的态度。

读经随笔

这一章是讲国与国之间关系的。

春秋时的国与国之间关系主要是"争霸"，虽然兼并时有发生，小国仍然很多。到了战国，"兼并"成为主流，情况则有了根本性的变化。老子这段话的背景是在春秋时期，不过已经到晚期了。大国虽然有兼并野心，但名义上仍然以勤王为号召；小国则担心失国，内心惶惶不安。这时的国与国之间关系复杂多变。在这种情况下，老子首先对大国说：

"大国者下流，天下之交。"

对大国来说，应该有居"下流"的风度胸怀，因为"下流"是天下溪流汇聚的地方。大国对待小国如能谦恭卑下，小国也会像溪流交会于下游一样，归顺大国。

老子这么说是认真的。因为在他看来，这是合于道的做法。在第八章里，老子就说过水处下，"处众人之所恶，故几于道"；在第三十二章，老子又说"道之在天下，犹川谷之与江海"。所以，大国居"下流"，在国际事务中不逞强，不为大，不霸道，则可得到小国的拥护和欢迎，得到更多的东西。

"天下之交牝，牝常以静胜牡，以静为下。"

动物之雌雄交合，是常见的自然现象。雌性表现为静，处下，主动的是雄性，表现为动，居上。结果却是雌性生子，为得也。这种动物生殖现象也被老子拿来解释"居下"的好处。

"故大国以下小国，则取小国；小国以下大国，则取大国。"

无论是大国还是小国，都要以"下"为准则。所谓"下"在国际关系中的运用，即是谦让恭敬，相互尊重。而傲慢、强权、战争，都不符合"下"的原则，更不符合道的原则。所以，大国"居下"来对待小国，则可得到小国的拥护；小国"居下"来对待大国，则可得到大国的支持。大国小国聚合在一起，国际应该是一片和平景象。

"故或下以取，或下而取。"

大国虽然以谦恭的态度对待小国，不但没有损伤自己，反而可以增益自己，得到小国的拥戴；

小国以谦恭的态度对待大国，也可以被大国所支持保护，也得到了自己所需要的东西。所以老子最后说：

"大国不过欲兼畜人，小国不过欲入事人。两者各得其所欲，故大者宜为下。"

"兼"有扩大的意思，"畜"有统领的意思。"兼畜人"是说扩张势力；"入事人"则是事奉大国。小国没有别的选择，为了保有自己的国家，不得不这样做。通过和平的途径，大国、小国都达到了自己的目的，似乎是可行的。

这或许是老子的弭兵理论。

百谷之水交汇于大江大河，居下流者得之。所以，"大国者下流"。大国以谦恭卑下的态度对待小国，小国就会心悦诚服地追随大国，这样也就得到了小国。

雌雄交配，雌静而居下，居下者得之。小国应该"知其雄，守其雌"，以谦恭卑下的态度事奉大国，就能得到大国的欢心和支持，则可以保有其国。

无论大国和小国都各有所得，都是胜利者。这种胜利来自同一法宝，那就是"下"。小国做到"下"不难，或为势所迫不得不"下"；而大国做到"下"则需要智慧。所以老子最后强调说："大者宜为下。"

老子反对战争，赞成以和平的方式达到目的，这是明智的选择，可以为今天的人们提供借鉴。老子对小国的建议在今天看来不够"平等"，这是历史的局限，但仍不失为一种策略，也可以为今天的人们提供借鉴。

战争不以老子的意志为转移，终于愈演愈烈。老子死后不到百年，中国历史进入战国时期。

第六十二章

道者，万物之奥①。

善②，人之宝③；不善④，人之所保⑤。

美言⑥可以市⑦；尊行⑧可以加人⑨。

人之不善⑩，何弃之有？

故立天子⑪，置三公⑫，虽有拱璧以先驷马⑬，不如坐进此道。

古之所以贵此道者，不曰求以得⑭，有罪不免⑮邪！故为天下贵。

注解：

① 万物之奥：隐藏在万物之中。

② 善：美的、漂亮的、难得的东西。

③ 人之宝：人的宝贝。人们视之为宝。

④ 不善：不美的、不漂亮的，这里指普通但有用的东西。

⑤ 人之所保：人所赖以保全的。

⑥ 美言：动听的话，指不真诚的漂亮话。

⑦ 市：买卖。

⑧ 尊行：高尚的行为。

⑨ 加人：高出于人。

⑩ 人之不善：人对待所谓"不善"的态度。

⑪ 立天子：天子登基典礼。

⑫ 置三公：三公是天子的三位辅佐大臣。这里指三公就职典礼。

⑬ 拱璧以先驷马：拱璧在前，驷马在后。拱璧，古代的一种玉，为贵重的礼品；驷马，四匹马驾的车，为尊者所乘。

⑭ 求以得：想要就能得到。

⑮ 有罪不免：有罪则逃避不了惩罚。

道就隐藏万物之中。

稀罕美丽的东西，人们总是把它当作宝贝珍爱，但人们真正赖以保全的东西却并不一定漂亮。

漂亮动听的话可以用钱买，但只有高尚的行为才能出人头地。

那些对人真正有用但并不漂亮的东西（比如五谷杂粮），为什么就没有人理睬重视呢？

所以，天子登基、三公就职时，虽然有拱璧在先、驷马在后的隆重仪式，还不如坐下来把这个道理弄清楚。

古时候人们尊崇道的原因，不是说你想求就能得到，而是有了罪过就不能免除呀！所以被天下人所尊崇。

读经随笔

迄今为止，人们对这一章歧解甚多，误解甚多。这都是因为文字过于简古造成的。我试图提出一些新解，以求证于读者。

过去，人们对首段是这样断句和解读的：

"道者，万物之奥，善人之宝，不善人之所保。"

根据这个断句，这句话被译为："道是万物深藏的地方，〔是〕善人的法宝，也是恶人所要保持的"①。后来，"也是恶人所要保持的"，又被修改为"不善人所要保持的"②。也有译为"是恶人所被保护的呀"③，"不善的人也处处保住它"④。

郭世铭质疑这种解读："前者说恶人也要保持'道'，后者说'道'保护恶人，都很不好理解。"这个质疑我以为是对的。可是，他把"善人"释为能人，他的译文却未能跳出这个圈子："道，是万物的庇护者，是善人的宝物，是不善人赖以保全的东西。"⑤

我认为这一句话实际上是三句话。

"道者，万物之奥。善，人之宝；不善，人之所保。"

"道者，万物之奥"，说的是万事万物之中都藏有道，或者说道就藏在平平常常的事物之中。这句话和"大道泛兮其可左右"并无不同。如果万物深藏于道之中，是万物尚未诞生，道和万物的关系，也不仅是"庇护"、"庇荫"的关系，因为"覆灭"也是道。

"善，人之宝"的"善"，不指善良，不指"能"，而是指物，指物中那些漂亮的、惹人喜欢的、稀罕难得的东西，比如下文提及的"拱璧"。伸出两手才能握住的玉璧，当然十分罕见，人们视为宝物，十分珍爱。这是世俗的通行的观点。老子指出这一事实，是为了强调下面的真理："不善，人之所保。"

既然"善"指漂亮的、美的、罕见难得的物，那么"不善"即指并不漂亮、并不罕见之物。这种物还是人们赖以生存、赖以保全的物。这种物不是别的，只有五谷杂粮符合这个要求。张衡《东京赋》："所贵唯贤，所宝唯谷。"唐朝诗人白居易写过一组《杂兴》诗，其三有这样的句子："古称国之宝，谷米与贤才。今看君王眼，视之如尘灰。"⑥早于老子的计然也曾明确说过："五谷者，万民之命，国之重宝。"⑦由此可知，农之为本，不但攸关人们生存，也是国家赖以保全的根本，这就是"人之所保"的真正含义。

"善，人之宝"，只能是社会偏见，但最高统治者却乐此不疲，贪婪而残忍，卞和为此被砍掉双足就是一证。春秋时也有一些清醒的人提出过不同的意见，《左传·襄公十五年》："宋人或得玉，献诸子罕。子罕弗受。献玉者曰：'以示玉人，玉人以为宝也，故敢献之。'子罕曰：'我以不贪为宝，尔以玉为宝，若以与我，皆丧宝也。不若人有其宝。'"老子有"三宝"说："一曰慈，二曰俭，三曰不敢为天下先。"⑧孟轲也有三宝说："诸侯之宝三：土地、人民、政事。

宝珠玉者，殃必及身。"⑨所以后人在《千字文》中明确指出"尺璧
非宝"。

人们的偏见不仅表现在对什么是"宝"的看法上，还表现在对
"美言"的看法上。君王常常被"美言"打动而十分喜欢，却忘掉了
更重要的东西。

"美言可以市；尊行可以加人。"

什么是"美言"？老子说："美言不信，信言不美。"不信，即不
真。不真而美，漂亮、动听而误人者也。美言是一种买卖，一种交
易，这是"美言"的特征。这句话说得很清楚，"美言"和"人之
宝"的"善"一样，都是好看好听而不实用的东西。

下句"尊行可以加人"，将行和言相对，突出了行的重要性。

这两句话合起来是说，漂亮、动听的话不过是一桩买卖，只有
高尚的行为才真正对人有益。

目前对这两句话的流行解释如下：

> 漂亮的言词能换取别人的敬仰，漂亮行为能高居人上。⑩
> 嘉美的言词可以博人尊敬，良好的行为可以见重于人。⑪
> 如果达到"美"的程度，言语可以因其美而赢得人们的尊
> 敬，行为可以因其美而超越别人。⑫

我的解释或可为人们提供一个新的视角。另外，这两句话还和
上两句话存在对应关系。两句之中分别有对应关系，值得认真推敲。

"人之不善，何弃之有？"

道理已经讲明，人们对赖以保全生命的"不善"，也就是不漂
亮、不动听的东西，有什么理由抛弃它们呢？为什么要轻重倒置、
是非不辨，不重视它们呢？

"故立天子，置三公，虽有拱璧以先驷马，不如坐进此道。"

立天子、置三公，都是一个国家的重要政治活动。在这种活动
的仪式上，都要展示"拱璧"，在驷马的前面，以示重视。"拱璧"
正好为"善，人之宝"作注，这个例子也是和前面呼应的。老子要

向君王所"进"的道，正是要求不贪"难得之货"，不为"美言"所动，要重农、重民、重行。老子认为这才是道之所在。

"古之所以贵此道者，不曰求以得，有罪不免邪！故为天下贵。"
老子最后指出道被人们尊崇的原因。

"有罪不免"的"不"字，帛甲本、王弼本均作"以"，唯吴澄本、楼观古本作"不"。虽是一字之差，意思完全相左。从文意看，当以"不"字为胜。

---

① 任继愈：《老子新译》，上海古籍出版社，1978。

②⑩ 任继愈：《老子绎读》，页136。

③ 张松如：《老子说解》，页336。

④⑪ 陈鼓应：《老子注译及评介》，页305、304。

⑤⑫ 郭世铭：《老子究竟说什么》，页196。

⑥ 白居易：《白氏长庆集》。

⑦《计倪子》，见《百子全书》，浙江人民出版社，1984。

⑧《老子》第六十七章。

⑨《孟子·尽心下》。

第六十三章

为无为①；事无事②；味无味③。

大小④；多少⑤。报怨以德⑥。

图难⑦于其易，为大⑧于其细。

天下难事必作于易；

天下大事必作于细。

是以圣人终不为大⑨，故能成其大。

夫轻诺必寡信⑩，多易⑪必多难。

是以圣人犹难之，故终无难。

注解：

① 为无为：以"无为"为有为。前一个为，动词。

② 事无事：以"无事"为大事。前一个事，动词。

③ 味无味：以"无味"为有味。前一个味，动词。

④ 大小：以小为大。大，动词。

⑤ 多少：以少为多。多，动词。

⑥ 报怨以德：以慈爱之德回报民怨。

⑦ 图难：解决难事面对困难。图，谋划，解决。

⑧ 为大：做大事。

⑨ 终不为大：从来没有看见在做大事。

⑩ 轻诺必寡信：轻诺，轻易答应、承诺；寡信：少信用，不能兑现承诺。

⑪ 多易：把事物看得过于简单、容易。多，动词。

把无为看作有为，把无事当作大事，把无味看成至味。

把小看作大，把少当作多，用德来回报民怨。

解决难事要从容易处入手，要干大事从细小处开始。

天下的难事，一定要从容易做起；天下的大事，一定要从小事做起。

圣人看上去好像从来没有做大事，所以能够做成大事。

轻易承诺必定很少讲信用；把事情看得太容易必定会遇到更多的困难。

所以圣人也重视困难，最终就没有困难了。

读经随笔

本章和下一章我们似乎可以看到一位编辑者的身影，因为这些话具有"集锦"、"荟萃"的特点，虽然编辑者有意把一些相近的内容摆在一起，但缺少一个中心论题。

执政者自然要行政、要作为，如果不作为，也就不需要执政者了。执政者要干事、要治理就是为，老子又主张无为，这不是自相矛盾吗？在老子看来没有一点矛盾。老子是一个胸怀远大理想的人，他的理想就是"以道莅天下"，"执大象，天下往"。他把自己的理想寄托在能够向道的执政者身上。"无为"正是老子从天道中提取并浓缩的精华——作而不辞，生而不有，为而不恃，功成而不居。不发号施令，政简民淳；不占有，没有私欲；不恃能，虚怀若谷；不居功，天下归心。这四个"不"字，就是"无为"的基本内容。老子意在有为，却把无为作为唯一的正确道路。

"为无为；事无事；味无味。"

无为是治国方略，无事是施政目标，无味是修身要求，都是针对执政者的。

无为而无不为，是有为也；无事才能做成大事，所以应该"事无事"；自己不追求"五味"，则天下民足，是得民心也，有什么味能胜过此味？

"大小；多少。"

把小看作大，把少看作多。值得把小看作大的，一个是民众的疾苦，一个是自身的不足。应该把少看作多的，大概是个人利益了。

大小、多少之间可以变化、转化，因而可以有多种多样的解释，并且都可以成立。

"报怨以德。"

这句话是有特定对象的，指执政者与民众。怨是民怨，对待民怨，执政者只有一种正确的选择，那就是德，除此之外的任何选择都是错误的。

有的执政者把民怨称为"谤"。周厉王"得卫巫，使监谤者，以告，则杀之。……国人莫敢出言。三年，乃流王于彘"①。

"报怨以德"特指执政者对待民怨的态度。有人拿这句话去请教孔子，孔子马上反问道：

"何以报德？以直报怨，以德报德。"②

看来孔子并不赞成以德报怨的观点，主张"以直报怨"，站在了第三者的立场上。谁能做到"直"呢？如果孔子所说也指民怨，老子真不该教导这个学生；如果孔子所说指一般人际关系中的恩怨，尚有可取之处，只是胸怀仍然显得有些小气。

"图难于其易，为大于其细。天下难事必作于易；天下大事必作于细。"

这两句话是一个意思，说法稍有不同，很可能是老子在不同的场合说的。面对难事从易处入手，要做大事从小处入手，还是辩证法。

"是以圣人终不为大，故能成其大。"

这句话由上句推出，圣人看起来似乎从来没有做什么大事，但正是因为点滴所积，成就了丰功伟业。

把复杂的道理表达为简单，思想深刻，影响悠远，这是老子说理的特有风格。

"夫轻诺必寡信，多易必多难。"

轻诺、多易，这两种事情的共同特点是"轻"，轻易承诺，轻视困难，都是不对的。正确的态度是"重"。

"是以圣人犹难之，故终无难。"

"犹难之"，指重视困难。重视困难，最后反而没有困难了。

这一章内容丰富，每一句话都可以作为格言立为座右铭，警示我们所有的人。

---

①《国语·周语上》。

②《论语·宪问》。

第六十四章

其安易持①，其未兆②易谋。
其脆易破③，其微易散④。
为之于未有⑤，治之于未乱⑥。
合抱之木，生于毫末⑦；
九层之台，起于累土⑧；
千里之行，始于足下⑨。
为者⑩败之，执者⑪失之。
是以圣人无为，故无败；无执，故无失。
民之从事，常于几成⑫而败之。
慎终如始⑬，则无败事。
是以圣人欲不欲⑭，不贵难得之货；
学不学⑮，复众人之所过⑯。
以辅⑰万物之自然⑱而不敢为⑲。

注解：
① 安：静止不动。
② 兆：占卜时在龟甲灼洞出现的裂纹。

③ 破：裂开。

④ 散：散开，消失。

⑤ 未有：未形成明显的存在。

⑥ 未乱：未达到爆发的程度。

⑦ 毫末：极细小的萌芽。

⑧ 累：堆积。

⑨ 始于足下：走出第一步。

⑩ 为者：指乱事已甚才去解决。

⑪ 执者：手里拿着东西，指已经得到的。

⑫ 几成：即将成功。

⑬ 慎终如始：一直到最后都像开始时那样谨慎。

⑭ 欲不欲：欲者愿也；不欲，指没有贪欲。

⑮ 学不学：学者为也；不学，失学，指道。

⑯ 复众人之所过：复，返也；过，失也。

⑰ 辅：通"符"，合也。

⑱ 自然：指万物无不依道而行。

⑲ 不敢为：指不妄为。

不动的物体容易把握，事情在没有迹象的时候易于图谋。

脆弱的东西容易破裂，事情在微小的时候容易解决。

事故没有发生就要着手预防，动乱尚未形成就要治理。

合抱的大树，是从细小的幼芽长成；

九层的高台，由一筐筐泥土垒起；

千里远行，从脚下第一步开始。

（违背规律）强行作为必招致失败，得到的东西也会失去。

因为圣人无为，所以不会失败；手里不占有东西，所以不会失去。

人们做事，经常在快要完成的时候失败了。

如果他能在最后像开始时一样谨慎，那么就不会失败。

因此，圣人希望人们没有贪欲，不稀罕难得的东西；

学习世人所没有学的道，挽回众人的过错。

这样符合万物的自然发展而不妄为。

读经随笔

执政者总是要面临很多需要解决的矛盾。怎样对待这些问题呢？

老子说：**"其安易持，其未兆易谋。其脆易破，其微易散。为之于未有，治之于未乱。"**

"其安易持"，不动的东西容易把握，这是人们都明白的常识。从常识中引出更深的道理，很容易被理解和接受。所以接着他引出了一条对事的道理：

"其未兆易谋"，未兆，指事物尚未出现明显征兆或形成一种势力的时候。这是就整个事情而言，强调的是事物发展的不同阶段。

"其脆易破"，这也是常识。它强调的是事物的某个部位或某些环节，当然也有阶段特点。

"其微易散"。微是小。事情尚在小的阶段容易散解。

从以上四条常识，引出了一个执政者对待乱事的基本原则，那就是：

"为之于未有，治之于未乱。"由此可知事乃乱事，正是执政者最头疼的事。老子用了"为"、"治"两个字，看来也不含糊，要在还没有明显征兆的时候就要动手，在乱事还没有形成就除掉，非常干净利落。要做到这一点，必须注意细小的东西，关注"微"，因为"知微曰明"。老子从正面举了三个例子说明细小的重要：

"合抱之木，生于毫末。"

合抱粗的大树，是从毫末一点点长起来的。

"九层之台，起于累土。"

九层高台，是靠一筐土一筐土垒起来的。

"千里之行，始于足下。"

千里的路程，靠一步一步走出来的。

重视细小和开始，无论是治乱还是成就事业都是重要的，因为它是普遍真理。如果做不到这一点，后果将非常严重：

"为者败之，执者失之。"

事情到了不可收拾的地步才去解决，没有不失败的。到了失败的时候，已经拿在手里的东西也会失去。

即使乱事可以治理，总比不上没有事好。老子认为执政者只要"为无为"，就可以没有乱事。所以他又说：

"是以圣人无为，故无败；无执，故无失。"这真是大实话：没有对手，哪来的失败？两手空空，本没有什么东西可丢失。老子的哲理既幽默又冷峻，但仍具有穿越时空的力度。

"民之从事，常于几成而败之。"

人们常常在事情即将成功的时候遭遇失败，原因可以找很多，但有一条很重要，就是没有做到"慎终如始"。所以，"慎终如始，则无败事"。"为无为"必须有"慎终如始"的精神。

要想做到成事而无败事，最根本的还是要做到以下几条：

"是以圣人欲不欲，不贵难得之货；学不学，复众人之所过；以辅万物之自然而不敢为。"

把没有贪欲作为自己最大的愿望，不追求所谓"难得之货"；学习世人没有学的道，用来挽回众人的过失。这样做就合于万物自然发展的规律，不妄为也就不会犯错误。

第六十五章

古之善为道者①，非以明民②，将以愚之③。

民之难治，以其智多④。

故以智治国⑤，国之贼⑥；

不以智治国，国之福。

此两者，亦楷式⑦。

能知楷式，是谓玄德。

玄德深矣，远矣，与物反矣⑧，然后乃至大顺⑨。

注解：

① 善为道者：指善于以道治理国家的人。

② 明民：使民众眼睛明亮，盯着利欲。

③ 愚之：使民众闭上眼睛，对利欲不动心，变得愚朴。

④ 智多：指民因不足而争，因争而出现的各种手段。

⑤ 以智治国：以国家权力手段与民争利。

⑥ 国之贼：危害国家。贼，杀手。

⑦ 楷式：标准、通则。

⑧ 与物反矣：反，通"返"。和道一起回来。

⑨ 大顺：无所不顺。

古时善于依道治国的人，不是为了使百姓瞪大眼睛争利，而是要使百姓愚朴。

百姓之所以难以治理，是因为他们太多地把聪明用在争利上。

因此，执政者再用与民争利的手段来治理国家，是国家的祸患；不用这些手段来管理国家，是国家的福泽。

掌握好这两者之间的关系，也是一个通则。

牢牢记住这个标准，称作"玄德"。

玄德是多么深广多么远大啊！它会和道一起重新回到人们中来，然后就能达到事事顺利。

读经随笔

"古之善为道者，非以明民，将以愚之。"

这句话清清楚楚，因此成为老子主张"愚民政策"的铁证。

话已经说得斩钉截铁，没有回旋的余地，这就给企图辩解的人出了难题。王弼说："明谓多见巧诈，蔽其朴也；愚谓无知守真，顺自然也。"①吴澄说："此愤世矫枉之论。其流之弊，则为秦之燔经书以愚黔首。"②现在有人从词性上变动词为形容词，虽是新解，并未妥当。因为这句话变成了："古代那些善于按道行事的人，不靠有智的人，而靠无智的人。"③靠无智的人治事理国，岂非今古奇谈？

愚就是老子所说的"塞其兑"的意思，关闭贪欲的"耳目"，就是"愚之"。理解为返璞归真，也没有错。只有理解为"愚昧无知"和"要靠无智人"才是不恰当的。老子在使用"愚"字时总是心怀好意，比如他还说过"大智若愚"。

"民之难治，以其智多。"

什么是"智"？智指因争而出现的各种手段、办法。执政者及其集团与民争利使用的是国家机器，比如法治等，老子称之为"以智治国"，为了满足不断增长的贪欲而损不足以富有余。民则因不足而争，甚至身陷法网。老子认为智代表对利益的争夺，争是祸根，所以一定要去智。

"**故以智治国，国之贼；不以智治国，国之福。**""以智治国"是说用助长贪欲的办法治理国家，是国家的祸患。贼，春秋时指杀手。用抑制贪欲的办法，也就是愚民的办法来治理国家，才是国家的福泽。

"智"字在现代汉语里意思单一美好。在阅读古汉语，特别是读《老子》时，很容易受到影响。"智"在老子辞典里经常是"争"的代名词，以及因争而谋、因争而刑等等，作为"智慧"、"聪明"使用的频率不高。

是"以智治国"还是"不以智治国"是选择祸福的关键，因此老子说：

"**此两者，亦楷式。能知楷式，是谓玄德。**"

老子把这两条称为"楷式"，认为是不变的"玄德"。

"**玄德深矣，远矣，与物反矣，然后乃至大顺。**"

玄德可以理解为道，或者真理。从历史的角度看，深感"玄德深矣远矣"。封建社会标榜"以德治国"，但君主以自己的贪欲带动臣下的贪欲，影响到民的贪欲，"以智治国"，重用权谋，奸诈纷作。

什么是"与物反矣"？

老子反对"以智治国"的立场和观点，他认为是"楷式"和"玄德"，是道。而道的运动周而复始，具有返的特点。所以他坚信"玄德"的回归，然后社会就可以达到"大顺"。

---

① 王弼：《道德真经注》下篇。
② 吴澄：《道德真经注》卷四。
③ 郭世铭：《老子究竟说什么》，页205。

第六十六章

江海所以能为百谷①王者，以其善下之②，故能为百谷王。

是以圣人欲上人③，以其言下之④；欲先人⑤，以其身后之⑥。

是以圣人处上而人不重，处前而人不害。是以天下乐推而不厌⑦。

以其不争，故天下莫能与之争。

注解：

① 百谷：众多川谷溪流。

② 善下之：居下而接纳它们。

③ 欲上人：想要位于民众之上。

④ 以其言下之：就要甘愿处在民众之下。言，愿也。

⑤ 欲先人：想要位于民众之前。

⑥ 以其身后之：就要把私利放在民利之后。身，自己的利益。

⑦ 不厌：不弃。

江海成为百川汇集的中心，是因为它乐于位居下游，所以便成了百川之王。

因此，有道的君王想要在百姓之上，必须用谦恭卑下的态度对待百姓；要想站在百姓前面，必须把自身利益放在百姓利益的后面。

所以有道的君主虽然在百姓之上，但人们却感觉不到沉重；虽然在百姓之前，百姓却不以为害。这样，天下人都会高兴地拥护、推举他。

由于他不跟百姓相争，所以天下没有人能够跟他相争。

读经随笔

水在老子的眼里是道的象征，无论是涓涓溪流，还是"莫之令而自均"的雨水，无论是深渊，还是江、河、大海，都常常是老子赞颂的对象，也是老子借以论道的道具。

千山万壑之中，溪谷流水交汇于大江大海，江海可称为百谷之王。为什么江海能成为"百谷王"呢？老子告诉我们：

"江海所以能为百谷王者，以其善下之，故能为百谷王。"

江海居"下流"，下是善地，因其下才能广为接纳，广为接纳才能成其大。老子认为下对执政者非常有用。

"是以圣人欲上人，以其言下之；欲先人，以其身后之。"

"欲上人"，位居民众之上；"欲先人"，站在民众的前面。这是君主的形象，是最高领导者的形象。他们无不希望能保有这个地位，能"长生久视"。但是这个地位却并不稳固，还面临着极大的风险。风险可能来自他的统治对象民众，也可能来自统治集团内部。不管来自哪个方面，最关键、最可靠的应对方略是取得民众的支持。如果有民众的支持，则不会有来自民众方面的风险，来自统治集团内部的风险也会大大减少，因为这些人不敢轻举妄动。因此，得民就成为君主最为重要的事情。怎样才能得民呢？老子在这一句里讲了两条：

一、"以其言下之；"

二、"以其身后之。"

"言"表示立场和态度;"身"代表个人私利。"下之",居于下位;"后之",居于后位,均指君王对民的态度。"言"不一定要张口说话,"身"不一定要摇摆行动。如果只是在言语上谦恭卑下,那是很虚伪的。或者"就得用言语使百姓到下面来","就得用行动使百姓跟在后面"[①]。什么言语和行动有这么大的威力?看来非严刑苛法莫属了。

民为上的观点在老子所处的春秋时代是公认之理,更有"民为神主"的说法。但君主未必能真正认识到这一点,所以老子不厌其烦地讲着欲上还下、欲前还后的道理。下面继续讲解这样做的好处:

"是以圣人处上而人不重,处前而人不害。是以天下乐推而不厌。"

能够做到上面说的两条,就可以称为"圣人"了。处于民众之上,而民感觉不到沉重;站在民众之前,而民众认为没什么妨害。反而心甘情愿地赞许他,一定要推他到前边,举他到上位。为什么呢?

"以其不争,故天下莫能与之争。"

就是因为他不与民争利。执政者如果能把自己的利益放在第二位,把民众的利益放在第一位,民众必然坚定地支持他,拥护他,乐推而不厌。而民众拥有真正的力量,得到民众的拥护就意味着拥有真正的力量,"故天下莫能与之争"。

从这一句话中,可以看出老子对人民力量的深刻认识。谁能得到人民的支持,谁就可以拥有无穷无尽的力量,就不可战胜。反之,如果得不到人民的支持,或者失掉了人民的支持,失败就会和他在一起。

从江海居下而为百谷之王,引喻君主"居下退后"而天下莫能与之争,是老子论道的楷式。到了庄子,引喻发展为寓言,文学性增强了,道却藏得更深了,这是庄子的楷式。

[①] 郭世铭:《老子究竟说什么》,页 208。

第六十七章

天下皆谓我道大①，似不肖②。

夫唯大，故似不肖。若肖，久矣，其细也夫③！

我有三宝，保而持之④：

一曰慈⑤，二曰俭⑥，三曰不敢为天下先⑦。

夫慈，故能勇；

俭，故能广⑧；

不敢为天下先，故能成器长⑨。

今舍其慈且勇，舍其俭且广，舍其后且先，死矣！

夫慈，以战则胜，以守则固。

天将救之，以慈卫之⑩。

注解：

① 天下皆谓我道大：大，指空洞，不易捉摸。反映了当时人们对老子理论的一般看法。

② 似不肖：似乎找不到和它相像的东西，指老子的道。肖，相像。

③ 久矣，其细也夫：久矣，时间长了；细，小。老子的道是恒，是不变的。此句意思是：如果道和普通的物一样，时间长了它不就

变小了么？这是老子戏言之。

④ 保而持之：保通"宝"；持，掌握。

⑤ 慈：爱民。

⑥ 俭：朴素，不奢侈。

⑦ 不敢为天下先：不敢把自己的私利放在民众利益的前面，即前章所谓"以其身后之"。

⑧ 广：财用丰足。

⑨ 成器长：保有领袖地位。

⑩ 天将救之，以慈卫之：救，指使他兴旺；卫，护也；慈，爱民。全句是说：上天将要使他兴旺，就会用爱民这个法宝来护持他。

天下人都说我的道太大，找不到什么具体事物和它相似。

正因为大，所以和具体事物不相似。如果和具体事物相似，时间长了不就变小了么？

我告诉你三件法宝，你要保持着它们：

第一叫作慈爱，第二叫作俭朴，第三叫作不敢处在天下人的前面。

因为慈爱，所以能使军士勇敢；

因为俭朴，所以能让国力充裕；

因为不敢处在民众的前面，所以能成为民众的领袖。

现在的执政者舍弃慈爱，但要将士勇敢；舍弃俭朴，但要财政宽裕；舍弃退让，却要站在民众的前面——那就只有死路了！

对民众慈爱，用于攻战必能取胜，用于防守必能坚固。

上天要成就谁，便以慈爱这一法宝来保护他。

读经随笔

开篇关于道的一段话只是一个引子，通篇讲述的仍然是执政者与民之间的关系。送给执政者的三件真正值得珍重的宝物："**一曰慈，二曰俭，三曰不敢为天下先**。"老子所论都是一些根本性的问题，其中丝毫没有"权术"的影子。老子的"三宝"直到今天也没有"久矣其细也夫"，仍然值得我们的各级领导干部"持而宝之"。

谈话是在轻松的气氛中开始的。老子说：天下的人们都说我讲的道太大了，怎么找不到一种东西和它相似呢？我对他们说，你讲得太对了！正是因为道太大了，你才找不到一种和它相似的东西。如果你真的能找到一种东西，时间长了它不就变小了么？

老子很幽默。

老子接着说，我没有宝物进献给君王，但我有三句话，它就是我要进献给君王的宝物：第一是"慈"；第二是"俭"；第三是"不敢为天下先"。

你一定要对百姓慈爱，关心他们的生活，这样在需要作战的时候，他们就会因此而非常勇敢；

你自己一定要做到俭朴，不要去追求奢靡的生活享受，这样全国上下就会形成俭朴的风尚，你就不用担心国家的财力不足。

你还要时时刻刻注意把老百姓的事挂在心里，摆在第一重要的位置上，把自己的事放在后面。做到了这一点就能成就大事，成为百姓拥戴的君王。

如果你做不到对百姓慈爱却要求他们作战勇敢；做不到对自己俭朴却希望财力充裕；做不到把自己的利益放到后边却想保持在众人之前的君王位子，那就一点办法也没有了。那是一条死路啊！

对百姓慈爱，用于攻敌就战无不胜；用于守敌，则坚不可破。那是天意啊！上天要拯救谁，就会送"慈"这个宝贝来保护他。

谈话结束了。

老子这些话都是他常说的，表达的也是他反复强调过的思想内容，但却给人以常新的感觉。老子说过"大道无形"，但"道似不肖"的小故事却更为生动；老子说过道有"恒"、"常"的特点，但"久矣其细也夫"却可以使人发出会心的微笑，从而领悟道不变的奥妙。

老子说了三条，最后落实到一条，就是"慈"。慈的本质就是德。因此，老子讲德的时候，也就是讲慈。执政者对民慈爱，民就不会有怨，"和大怨必有余怨"的问题就彻底解决了；执政者对民慈爱，民就会与上同心，用于作战则无论攻守均可胜敌；执政者对民慈爱，"处上而民不重，处前而民不害"。于是，"天下莫能与之争"。

第六十八章

善为士①者不武②；
善战者不怒③；
善胜敌者④不争⑤；
善用人者⑥为之下⑦。
是谓不争之德⑧，
是谓用人之力⑨，
是谓配天⑩，古之极⑪。

注解：

①士：这里指立于战车左右，执长兵器的战士，通常在国人中选任，是军队的中坚力量。

②不武：指从表面看不一定威武。

③不怒：没有怒容。指非常镇定，不受情绪影响。

④善胜敌者：善于战胜敌人的人，指军队的统帅。

⑤不争：用兵谨慎，处处退让，善于避其锋芒。

⑥善用人者：知人善用的人，指君王。

⑦为之下：要有居下的谦恭态度。

⑧不争之德：不争的作用。指不武、不怒、退让。

⑨ 用人之力：指君王知人善任。

⑩ 配天：合于天道。

⑪ 古之极：极，界线，引申为原则、标准，自古以来的法则。配天、古之极指君王知人善任，将帅谨慎不争，是取得战争胜利的关键。

善于做武士的并不威猛；

善于争战的军人也不易愤怒；

善于胜敌的统帅不会轻易与人争斗；

善于用人的君主对人谦恭卑下。

这是退让的原则，

可以称为善于调动众人的力量。

这完全符合天道，是古时就有的最高法则。

读经随笔

在一般人看来，武士应该很威猛，但老子说**"善为士者不武"**；征战中的军人一定怒发冲冠，但老子说**"善战者不怒"**；能胜敌的统帅藐视敌人，勇往直前，但老子说**"善胜敌者不争"**；君王一定高高在上，亲自发号施令，但老子说**"善用人者为之下"**。真正好的武士表面并不威武，那些把威武显露在表面的武士大都是浅薄或缺乏实战经验的人；真正善于征战的士兵或将领也不靠满脸杀气制敌，这时候最需要的是高度的镇定和极为清醒的头脑。两兵相交，胜败系乎一瞬，稍有不慎则有覆军灭身之祸，必须善于把握时机。君王高居人上，但只有谦恭卑下才能得到能辅佐他的人才，如商汤之得伊尹，文王之遇姜尚。这样才能发挥众人之力，成就事业。老子所谓"不争之德"，就指退让，实质上是以退为进，进是目的。

老子通过四"善"把用兵之道提炼为：**"是谓不争之德，是谓用人之力，是谓配天，古之极。"**

老子说了三条，实际上是两条：一条是要把"不争之德"运用于生死之争；一条是君主要善于用人，这对用兵取胜最为关键。能做到这两条，合于天道，即"配天"，是自古就有的最高准则，即"古之极"。

"不争之德"和"用人之力"可以概括为一条，即不争。用兵是你死我活的斗争，取胜的关键却是不争；治理国家关键是知人善任，而"善用人者为之下"。这就是老子要说的话。

这一章既讲军事，也讲政治，又贯穿着哲学。特别值得注意的是老子在这里不但讲了君主求贤的态度，还强调了君主用人的重要性，把它提到了"配天"、"古之极"的高度。看来老子主张"不尚贤"并非通常理解的不推崇有才干的人。如果"不尚贤"可以作此理解的话，他又何必感叹"被褐怀玉"呢？他也没有必要强调"善用人者为之下"、"是谓用人之力"了。如此看来，"不尚贤"必另有所指。

老子之道博大精深，用之于兵，堪称用兵之道。而当时的君主莫不对用兵十分关注，因此老子以用兵为例阐述大道，以用兵为例阐述执政。有人误以为《老子》是兵书，并不奇怪，其实视为兵书也没有错。老子丰富的军事思想对后世的军事学也产生了极为深远的影响，是中国古代军事学的源头之一，很值得重视。

第六十九章

用兵有言①："吾不敢为主②而为客③，不敢进寸而退尺④。"
是谓行无行⑤，攘无臂⑥，扔无敌⑦，执无兵⑧。
祸莫大于轻敌，轻敌则几丧吾宝⑨。
故抗兵⑩相加，哀者⑪胜矣。

注解：
①用兵有言：指古兵法。
②主：指攻势。
③客：指守势。
④进寸而退尺：前进一寸反而退后一尺。指不能贸然发动进攻，退让以待敌，谓谨慎用兵。
⑤行无行：行，指行军布阵，兵力安排；无行，不使敌所知。
⑥攘无臂：攘，伸出手臂，指对敌出击；无臂，看不出伸臂。
⑦扔无敌：扔，抓住。指战争展开，进入敌阵。无敌，没有敌人。
⑧执无兵：执，擒也。指敌方的士兵虽然手拿武器却像没拿武器一样失去抵抗力，束手就擒。
⑨吾宝：指三宝慈、俭、不敢为天下先。老子说过拥有三宝则

无不胜。此句是对三宝的补充，即拥有三宝还要不能轻敌，轻敌则可能导致三宝的丧失。

⑩ 抗兵：兵力相当。

⑪ 哀者：指君主以慈待民，必能激发士气，同仇敌忾。

古时的兵法有这种说法："我不敢轻易采取攻势，而宁可采取守势；不敢贸然前进一寸，而宁可退后一尺。"

部署阵势、调动兵力要做到使敌人迷惑，看不出来；伸出手臂攻击敌人要选准时机迅速出击，好像没有伸臂一样。进入敌人的阵地，就像没有敌人一样；那些手执兵器的敌人就像没有拿兵器一样。

灾祸没有比轻敌更大的了，轻敌就会使我们丧失国家。

所以，两军对阵实力相当时，能够激发士气的一方必定会赢得胜利。

读经随笔

此章论兵。虽然主旨讲轻敌问题，但老子把"以奇用兵"发挥到极致，已入于无人之境，令人赞叹。

"吾不敢为主而为客，不敢进寸而退尺"，老子说这是"用兵有言"，可见是引自古兵书。周有兵书《军志》，据说夏商也有兵书，黄帝亦有兵书，可惜这些兵书都已失传，我们莫知其详。"主"为守方，这里指攻势；"客"为攻方，这里指守势。这句话的意思是即使作为攻方也不要轻易采取攻势，宁可先采取守势；不可贸然前进一寸，宁可先退后一尺。

为了达到克敌制胜的目的，就必须在"奇"上用足功夫，也就是在"反"字上多用智慧。后于老子的孙武说："兵者，诡道也。故能而示之不能，用而示之不用，近而示之远，远而示之近。"①

"是谓行无行，攘无臂，扔无敌，执无兵。"

"行无行"，是说我方的军事调动让对方丝毫也看不出来，军队的行动却像没有行动一样，使敌方迷惑。

"攘无臂",是说我方在选择好攻击方向之后如飘风迅雷,快速出击,伸出手臂就像没有伸出一样,使敌方看不出我方的攻击方向和攻击时间。

"扔无敌,执无兵",讲的是战果,是说做到了"行无行,攘无臂",就像冲入没有敌人的敌阵,那些拿着兵戈的敌兵就像没有拿兵器一样,只好束手被擒了。

十二个字,其中战略、战术、战果全有了。但对我们今天的人来说,却过于简古而出现了许多猜想,因而见解纷纭。

任继愈译为:

> 没有阵势可以摆,没有膊臂可以举,没有敌人可以对,没有兵器可以执。②

张松如译为:

> 行进没有行列,高扬没有手臂,执持没有兵器,攻打没有对敌。③

陈鼓应译为:

> 虽然有阵势,却像没有阵势可摆;虽然要奋臂,却像没有臂膀可举;虽然面临敌人,却像没有敌人可赴;虽然有兵器,却像没有兵器可持。④

郭世铭质疑了三位权威学者的解释,指出"意思完全无法理解。这里明明在讲打仗,如果'没有敌人可以对',那又是在和谁打仗呢?如果'没有膊臂可以举'、'没有兵器可以执',那又如何打仗呢?尤其是'高扬没有手臂'一句,简直不知如何去读。"他认为陈译"文字清楚,意思却仍不明白"⑤。

我以为郭世铭的质疑很有道理。但他的译文却令人大吃一惊:

只排列原有的阵势，只出动原有的人手，只对付原有的敌人，只使用原有的兵器。⑥

只排列原有的阵势，只出动原有的人手，只对付原有的敌人，只使用原有的兵器，历史上从来没有出现过这种兵法，也没有一个用兵者敢于把这种"兵法"说出来。郭世铭的质疑是对的，但他的新解值得商榷。老子讲"无为"、"无事"是"正"，用兵是"奇"。老子虽然经常在"偏"处发现人所未见者，使用的却是两分法，是"全"。老子是非常清醒的。

春秋时确有一些很蠢的用兵者留下许多笑柄。公元前704年，楚武王率领多国部队讨伐隋国。隋侯听信少师的意见决定迎战。两军对阵时季梁建议首先攻击侧翼的随从国部队。季梁说："楚人上左，君必左，无与王遇。且攻其右，右无良焉，必败。偏败，众乃携矣。"但是少师说："不当王，非敌也。"⑦坚持正面迎敌，结果惨败。隋侯逃了，少师做了俘虏。"不当王，非敌也"，就是一个"只排列原有的阵势"遭遇惨败的典型战例。从本质上讲，还是轻敌所致。

在战争中因墨守成规导致失败的战例极多。公元前638年，宋楚战于泓。"宋人既成列，楚人未既济。司马曰：'彼众我寡，及其未既济也，请击之。'公曰：'不可。'既济而未成列，又以告。公曰：'未可。'既阵而后击之，宋师败绩。公伤股，门官歼焉。"⑧事后宋公遭到国人的抱怨，宋公说："君子不重伤，不禽二毛。古之为军也，不以阻隘也。寡人虽亡国之余，不鼓不成列。"⑨原来在宋公的脑子里，装了一个"古之为军"的条例，他也是"只使用原来的"而遭遇惨败。

以上这种蠢行，归根到底可以用"轻敌"两字来概括。老子说：**"祸莫大于轻敌，轻敌则几丧吾宝。"**

"吾宝"应指六十七章的"吾有三宝：一曰慈，二曰俭，三曰不敢为天下先。"老子这句话是对"三宝"的重要补充，意即三宝还有一个重要前提，那就是不能轻敌，轻敌则三宝的作用也就丢失得差不多了。最后一句话也是接着六十七章的意思说的：

"**故抗兵相加，哀者胜矣**。"

抗兵，兵力相当。哀者，爱也，指君王以慈待民的一方，上下同仇敌忾，必然得胜。老子此语特别重视前提，哀者胜的前提是兵力相若，势均力敌。

此章与前章顺序互换一下，文气似更为贯通。

---

① 《孙子·计篇》。

② 任继愈：《老子绎读》，页 154。

③ 张松如：《老子说解》，页 367。

④ 陈鼓应：《老子注译及评介》，页 324。

⑤⑥ 郭世铭：《老子究竟说什么》，页 213、215。

⑦ 《左传·桓公八年》。

⑧⑨ 《左传·僖公二十二年》。

第七十章

吾言①甚易知，甚易行②；

天下莫能知，莫能行。

言有宗，事有君③。夫唯无知，是以不我知④。

知我者希⑤，则我者贵⑥，

是以圣人被褐怀玉⑦。

注解：

① 吾言：我的话。指老子的思想、理论。

② 行：实行，照着做。

③ 言有宗，事有君：宗，有依据；君，指重要。

④ 不我知：不了解我。指不能理解老子的思想、理论、政治方略。

⑤ 希：少。

⑥ 贵：更少。

⑦ 被褐怀玉：被同"披"，被褐，穿着粗布衣服。怀玉，身怀美玉。比喻身负治国救世之才。

我的话很容易理解也很容易实行；

但天下没有人能理解，没有人能实行。

我说的话都是有根据的，我讲的事都很重要。因为这些人太无知了，所以不能理解我。

理解我的人太少了，照我的话去做的人就更少了。

因此，古时候的圣人穿着粗布衣服而怀里揣着宝玉。

读经随笔

这一章如果要一个现代标题，可以名之为"智者的叹息"；要一个古题，则选用"被褐怀玉"可矣。

《老子》八十一章，但老子谈自己的只有两章：第二十章和第七十章。第二十章是一首悲愤诗，抒写情怀，感人至深；这一章却像一封给朋友的诉苦信，除了悲愤依旧，还多了几许叹息声。

"吾言甚易知，甚易行；天下莫能知，莫能行。"

这已是口语，古代白话文，现在不用翻译也甚易知。老子认为自己的话很容易明白，他的主张也很容易实行，但是天下没有人能明白，也没有人能去实行。由此看来，老子也有过和一些君王论道游说的经历，否则不会有这个感叹。我们对老子的经历知道的很少，因此这句话大有参考价值。

"言有宗，事有君。"

这是老子对自己学说的申辩。再稍加补充，就成了："我说的话都是有根据的呀！处处不离根本，难道这还不清楚吗？"

"夫唯无知，是以不我知。"

这句话补充完整，需先骂人："都是些愚蠢的家伙！太无知了！正因为他们无知，才不知道我说的是真正的道啊！"

"知我者希，则我者贵，是以圣人被褐怀玉。"

这句话补充完整，则需先叹气："唉！这个世上真正了解我的人太少了！能照我说的去做的人更是稀少。这就难怪自古以来的圣人怀里藏着宝玉而身上穿着粗布衣了。"

老子这句话堪称千古圣贤第一叹！

第七十章

　　紧随其后的是孔夫子。孔子游说七十余君，最后只得仰天长叹："河不出图，洛不出书，吾已矣夫！"①他也打算隐居，准备到东夷去，还有浮海的打算。应该说，孔子是老子的好学生，是一位能够自立门户的好学生。

　　从这一章里，我们近距离地听到了老子的心声。

　　老子是一个胸怀远大政治理想的人，这个理想的特点就是大。常有人用"小国寡民"谈老子的社会理想，说好说坏都有，但都找错了方向。老子真正的理想是"以道莅天下"，"执大象，天下往。往不害，安平泰。乐与饵，过客止"。天下归心，如百谷之与江海，哪里是"小国寡民"的景象？老子自己也说过"天下皆谓我道大，似不肖"，是当时亦有人对老子理想表示怀疑。老子实现政治理想的途径只有一条——说服执政者。孔子后来也走这条路。老子这条路没有走通，非常失望，只好骂人发泄悲愤。他叹息几声，嘴里说着圣人自古被褐怀玉，君子"不得其时则蓬累而行"②，最后决定西行入秦。老子入秦后的行踪至今仍然是谜。或许有一天这个谜被突然打开，其中一定有令世人惊奇的东西。

---

　　① 司马迁：《史记·孔子世家》。
　　② 司马迁：《史记·老庄申韩列传》。

第七十一章

知^①不知，上^②；
不知知，病^③。
夫唯病病^④，是以不病。
圣人不病，以其病病，是以不病。

注解：

① 知：同"智"，聪明、智慧。

② 上：好。

③ 病：毛病。

④ 病病：第一个"病"字用作动词，意为"以……为病"。后一个"病"是名词，指前面所说的"不知知"的毛病。病病，意为以这个毛病像身患疾病一样对待。

聪明看上去好像不聪明，这样最好；
不聪明却好像很聪明，这就是毛病了。
只有把这个毛病像身患疾病一样对待，所以才没有毛病。
懂得道的人没有毛病，就因为他们对待毛病像对待疾病，所以才没有毛病。

读经随笔

真正聪明的人从表面上看不出来，甚至"大智若愚"。老子认为这样做是最好的，是"上"。但究竟有什么好处呢？

对领导者来说，不显露自己的聪明才可能有谦恭的态度和虚谷般的胸怀，才能得到民众和臣僚的拥戴，才有可能得到更多的聪明使自己更加聪明。喜欢显示自己聪明的人所显示的常常是小聪明，而人们对领导者的希望是大智慧，所以人们就会对他很失望，从而失去民众。

对有才能的人来说，聪明外露是招祸的根源。老子就曾当面对孔子说："吾闻之，良贾深藏若虚，君子盛德，容貌若愚。去子之骄气与多欲，态色与淫志，是皆无益于子之身。"①有才能容易遭人忌妒，轻的受到排挤、毁谤，重的则遭杀身之祸，历史上这种事很多。因此，有才能的人重视"藏"，则可保全自己而不招祸。

对一般人来说，显示自己的聪明也没有好处，只能使人讨厌而已。如果能正确对待自己的聪明，做到"知，不知"，那么你的聪明也不会埋没，还能给你带来机遇和好处。

对智者来说，要做到"不智"，本身就是一种智慧。这种智慧是值得所有人学习和修炼的处世基本功。

如果我们明白了以上道理，再来看"不知，知"，那就是一种滑稽可笑的行为了。但是，这种行为不但自古就有，今天仍然在人们的生活中普遍地、经常地发生着。按老子的说法这是"病"，因而主张"病病"，才能改掉这个毛病。

人的身体生了病会很不舒服，会立即求医问药。但炫耀自己聪明的人会很舒服，因为他喜欢这样做。他没有认识到这是"病"，更没有认识到这种"病"比身体得病对自己有更大的危害。因此我们需要从老子这段话汲取智慧，用对待生病的态度去对待这个毛病，从而去掉这个毛病。现在看这个"病"是常见病，因为圣人都可能得这个病，只是圣人能够反省改正，所以才没有毛病。老子搬出圣人，是说圣人都是这样做的，我们还有什么理由不这样做呢？

我们现在读《老子》，除了文字简古之外，并没有距离我们十分遥远的感觉，有时甚至觉得他说的就是我们，就是我们中的某些人，某些事。由此不得不佩服这位二千五百年前的老者穿透时空的睿智目光。他是帝王之师，也是民的代言人；他是春秋时的古人，也是我们现代人的朋友；他是中国人，但他也属于全世界。因为智慧没有国界、超越时空，何况老子是大智慧。

---

① 司马迁：《史记·老庄申韩列传》。

第七十二章

民不畏威①，则大威②至。
无狭③其所居，无厌④其所生。
夫唯不厌，是以不厌⑤。
是以圣人自知不自见⑥，自爱不自贵⑦。
故去彼取此。

注解：
① 威：威力，威压，指执政者拥有的国家机器。
② 大威：指民众的反抗力量。
③ 狭：挤占，压迫。
④ 厌：断绝。
⑤ 不厌：不弃，跟着。
⑥ 自知不自见：自知，明白上以下为基、贵以贱为本的道理，以民为本；自见，见同"现"，自我表现，彰显自己。
⑦ 自爱不自贵：自爱，珍惜自己的名位；自贵，自以为贵而目空一切。

当老百姓不再惧怕你的时候，那么真正的不可抵抗的威力就要来了。

不要逼得他们没有居所，不要压迫得他们无法谋生。

只有你不厌弃民众，老百姓才不会厌弃你。

因此，圣人有自知之明而不显露自己，但求自爱而不自以为贵。

所以必须去掉喜欢显露和自以为贵的毛病，要有自知之明。

读经随笔

老子反复向执政者讲解"上下前后"的关系，可能并非因为他们不明白这个道理，而是做到这一点很难。

执政者常常能看到自己高高在上的地位，看到手中握有生杀予夺的权力，自然而然地享受着声色犬马的生活。而老子看到的却是执政者下面的民众。这些民众非常能够忍受，可一旦超过了限度，被极度压迫的力量就会反弹出来，惊天动地，"则大威至"。

"民不畏威，则大威至。"

大威来自民众，也只有民众能够拥有这种巨大的无敌的力量。老子清醒地看到了这一点，提出了非常具体的警告：

"无狭其所居，无厌其所生。"

只要有个地方住，哪怕再破；只要有口饭吃，哪怕再差。自古以来，中国民众都惯于忍受而不反抗，老子对这一点也有清醒的认识。所以他又说：

"夫唯不厌，是以不厌"。

只要你不阻断民众的生路，民众也不会厌弃你。接着老子又抬出圣人劝诫执政者加强自身修养：

"是以圣人自知不自见，自爱不自贵。"

所谓"自知"，就是了解自己，认识自己。要明白自己居上，是以民众的下为基础的，真正有力量的是下而不是上。有了这个"自知"，就应该谦恭，就不能"自见"。所谓"自见"，就是显露、招摇、张扬，这都是令人讨厌的毛病。要懂得"自爱"。所谓"自爱"，就是要珍惜自己，保全自己。不要自以为高贵就漠视民众，要明白贵是建立在贱的基础上的，如果基础动摇，贵就不复存在。

最后老子再三叮嘱：

一定要坚持自知、自爱；不要自见、自贵。

第七十三章

勇于敢①则杀，勇于不敢②则活。知此两者，或利或害。天之所恶，孰知其故？

是以圣人犹难之。

天之道，不争而善胜，不言而善应③，不召而自来，绅然④而善谋。

天网恢恢⑤，疏而不失⑥。

注解：

① 勇于敢：勇而妄动，轻敌也。

② 勇于不敢：不敢，不妄动。

③ 应：回应、响应。

④ 绅（chǎn）然：不紧不慢、有条不紊的样子。

⑤ 天网恢恢：天网，指天道；恢恢，空明广大的样子。

⑥ 失：逃逸。

勇而妄动，就会被杀掉；勇而不妄动，就能活下来。这两种情况，一个有害，一个有利。

天所讨厌的，谁能知道是什么原因呢？

所以"圣人"也觉得难以预料。

天道不争，反而能处处取胜，不说话，反而得到四方响应，不用召唤，万物就会自动归顺，看起来不紧不慢，一切却谋划得很好。

天网广大，网眼虽稀，却什么也漏不掉。

读经随笔

开篇仍是谈兵，可能是回答一个人的提问：战场上两个人都很英勇，为什么一个死了另一个却活着呢？老子回答说：

"勇于敢则杀，勇于不敢则活。"

现代汉语"勇敢"是一个词，通常都是褒义词。先秦古汉语可以把"敢"字分开使用，所以老子将"勇"分为敢与不敢：敢者妄动、盲动，所谓逞匹夫之勇；不敢者审时度势而慎动，是谓智勇。虽然都是动，都是勇，结果却有生死之别。老子虽然作了肯定的回答，但话锋一转，却引出了"天意"：

"知此两者，或利或害。天之所恶，孰知其故？是以圣人犹难之。"

"两者"指勇于敢和勇于不敢的两种不同结果，一种是利，一种是害。除了敢与不敢的因素之外，还有一个重要因素，老子称为"天之所恶"，就是上天所不喜欢的，谁又能知道是什么原因呢？这好比今天人们所说的"运气"，运气的好坏是说不清楚的。死了的也可以说运气不好，活着的可以说运气好。老子引出天意是为了说明"天之道"。老子认为"天之道"是人们应该敬畏而遵循的基本法则。他对"天之道"作了精彩的描述：

"天之道，不争而善胜，不言而善应，不召而自来，繟然而善谋。天网恢恢，疏而不失。"

这与其说是"天之道"，不如说是老子理想的人之道，是君主奉行无为而治的理想境界。不争，天下没有人可以与之争，自然"善胜"；不言，天下无事而安定、和谐、美满，自然"善应"；不召，民之归顺如江河流入大海，自然就来了。君主只要坦然轻松地坐在那里，一切事情都会谋划得井井有条，不会有任何闪失。

"天网恢恢，疏而不失"是被后人一直引用的一句话，但后人引申出了自己的意思，和老子的本意失去了联系。老子的本意是说道像一张网而已，天地万物都要受其支配。

在开头的一段话中，老子分析了"勇"。勇，自古及今，都被称赞为美德，是力量的象征，通常都是向外的。但向外的勇在老子这里却具有内敛的特点——不敢，这就和老子哲学一致了。

第七十四章

民常^①不畏死，奈何以死惧之^②。

若使民常畏死，而为奇者^③，吾得执而杀之，孰敢？

常^④有司杀者^⑤杀。夫代司杀者杀，是谓代大匠斫^⑥。

夫代大匠斫，希有不伤其手矣。

注解：

① 常：从来。

② 以死惧之：用死使不怕死的人惧怕。指刑法。

③ 为奇者：干坏事，不走正路的人。

④ 常：人应依循之例，惯例。

⑤ 司杀者：指专管杀人的人。

⑥ 斫：用斧头砍木头。

民众从来就不怕死，为什么还要用死来恐吓他们呢？

如果能使民众都怕死，有干坏事的人我也可以把他抓起来杀掉，谁还敢为非作歹呢？

按例要由专门管杀人的人去杀人。如果谁代替专门管杀人的人去杀人，就好像代替木匠砍木头一样。

代替木匠砍木头的人，很少有不砍伤自己手的啊！

读经随笔

"民常不畏死，奈何以死惧之。"

"民不畏死，奈何以死惧之?"这句话毛泽东曾经引用过，当代中国人耳熟能详。楼观本"民"字下多一"常"字，进一步强化了这句话的分量。"民常不畏死"，就是民众从来就不怕死，有自古及今的含义。既然如此，用严刑苛法来镇压民众又有什么用呢? 此是言外之意，却是本章的第一层意思。

"若使民常畏死，而为奇者，吾得执而杀之，孰敢?"

就算民众都怕死，你可以把不守法的人抓起来杀掉，看谁还敢违法! 这本身就说明总还有不怕死的人，事实上这种人不但有，而且很多。这是本章的第二层意思。

"常有司杀者杀。夫代司杀者杀，是谓代大匠斫。"

即使民众都怕死，也用不着用刑法去杀人，因为常有"司杀者杀"。"司杀者"是谁呢? 有人说是"专业司法人员"，有人说是"专司杀人的部门"，有人说是"专司杀道的"等等，几乎是在猜谜语。陈鼓应指为"天道"①；兰喜并说"在自然的联系之网中，随处都有'司杀者'"②，我认为是对的。司杀者原指专门管杀人的人，此处并非实指现实社会中管杀人的人员，而是指主宰人们死亡的自然规律。代司杀者杀指统治者以严刑酷法代替自然规律杀人。

三层意思指向严刑苛法，说明老子反对滥用刑罚的观念是坚定的。老子深刻认识到执政者的镇压力和民众的反抗力之间的关系和真正的力量对比，所以向执政者发出警告说：

"夫代大匠斫，希有不伤其手矣。"

如果统治者以严刑酷法对待人民，违背天道去与民众为敌，那就是自取灭亡，一定会伤到自己。执政者在这个问题上的任何不慎都会导致严重的后果。老子的话并非危言耸听，历史一再证明了这是一条真理。

本章言语不多，意义深刻。

———————————

① 陈鼓应：《老子注译及评介》，页 337。
② 兰喜并：《老子解读》，页 257。

第七十五章

民之饥，以其上食税之多①，是以饥。

民之难治，以其上之有为②，是以难治。

人之轻死，以其生求之厚③，是以轻死。

夫唯无以生为④者，是贤⑤于贵生⑥。

注解：

① 食税之多：指对民众的剥削太重。

② 有为：指执政者利用国家机器与民争利。

③ 生求之厚：求生之厚。生活享受太多，太奢侈，太过分。

④ 无以生为：无以为生，没有办法活下去。

⑤ 贤：这里指多。

⑥ 贵生：即求生之厚。

人民吃不饱肚子，是因为执政者的剥取太多太重，所以才饥饿。

民众难以治理，是因为执政者为了自己而与民争利，所以难治。

人民不怕死，是因为统治者过分追求奢侈生活，逼迫得人民走投无路才不怕死。

我看那些没有办法为生的人，比那些看重生命的人要多得多啊！

读经随笔

这一章在内容上和上一章不可分割。上一章里，老子提出滥用刑罚不但无助于解决矛盾，反而会伤了自己的手。在这一章里，老子进一步分析民众和执政者矛盾产生和发展的根源，认为只有解决这个根本问题，才能缓解和消除这个矛盾。

老子不但思想深刻，语言也很犀利：

"民之饥，以其上食税之多，是以饥。民之难治，以其上之有为，是以难治。人之轻死，以其生求之厚，是以轻死。"

非常明确：老百姓吃不饱肚子、难以统治、甚至拼死反抗，都是执政者的贪欲造成的，应该由执政者负责。

"夫唯无以生为者，是贤于贵生。"

这一段话近于白话，很容易明白，老百姓活不下去的根本原因，是执政者过于追求自己的利益和生活享受。但有两个字需要说明：一个是"税"字，一个是"贤"字。

税，很多人释为赋税，但老子时代虽然有赋税，但名称却不叫"税"，而叫"彻"等等。帛书甲本此字作"说"，乙本作"跾"，张舜徽认为"跾"通"说"，说为"途径"的意思。后汉时已误为"税"，帛书出可得正之①。食说之多，指"其上"采用各种途径剥夺民众，集聚财富。

贤，本意为多财，引申为多，再引申为多能、多才、多德，或德才兼备。这里使用的是它的引申义为"多"。《老子》一书使用"贤"字有三处，均无贤能之义，固以明老子并非不推崇贤才。

填饱肚子是人的生活需要的最低标准，如果这一点都不能满足，则受本能的驱使就要千方百计地去寻求满足，甚至冒生命危险，也就是老子所说的"人之轻死"。这个问题用严刑苛法是不能解决的，相反会激起更大的民怨和更多轻死的民众，对执政者及其集团构成真正的威胁，因为严刑苛法之"威"和民众的"大威"相比，是微不足道的。因此，执政者应该明白这一点，从自身寻找解决办法。

老子认为最根本、最彻底的办法就是"无为"。无为就是没有贪欲，这是最高境界。首先要做的是要克制和收敛贪欲，不使它滋蔓，以避免把民众逼到"无以生为"的地步。

---

① 张舜徽：《老子疏证》，见《周秦道论发微》。

第七十六章

民之生也柔弱①，其死也坚强②。
草木之生也柔脆③，其死也枯槁④。
故坚强者死之徒⑤，柔弱者生之徒⑥。
是以兵强⑦则不胜，木强则共⑧。
强大处下，柔弱处上。

注解：
① 柔弱：柔软能动。
② 坚强：坚是硬，强同"僵"，僵直而不能活动。
③ 柔脆：柔软脆弱。
④ 枯槁：干硬。
⑤ 死之徒：和死亡属于一类。
⑥ 生之徒：和生命属于一类。
⑦ 兵强：用兵失去最佳战机而陷于疲靡。
⑧ 共：应为"折"字之误。

人在活着的时候身体是柔软的，死后身体就变得僵硬了。
草木在生存时是柔软脆弱的，死后变得枯萎干硬了。

所以说，坚强的东西是和死亡同类，柔弱的东西和鲜活的生命同类。

因此，用兵时要把握战机，军队疲靡了，正如树枝粗硬了就会折断一样。

强大的事物处于下位，柔弱的事物处于上位。

读经随笔

人们对本章**"兵强则不胜，木强则共"**的理解纷纭，分歧较多。先看版本异同。

帛书甲本作："兵强则不胜，木强则恒。"帛书乙本作："兵强则不朕，本强则竞。"

河上公本作："兵强则不胜，木强则兵。"

王弼本作："兵强则不胜，木强则共。"

《列子》、《文子》、《淮南子》引文时均作"兵强则灭，木强则折"。

朱谦之在述及此句时说："'木强则共'，御注、景福、刑玄、磻溪、楼正、高翿、奈卷、河上、王羲之、顾、范、彭、敦煌庚、辛诸本均同。诸王本作'兵'，《道藏》王本作'共'；经训堂傅本作'兵'，《道藏》傅本作'共'。"①

字不同则义有别，当然有必要搞清楚。奚侗说："兵强则以杀伐为事，终致灭亡，各本多作'兵强则不胜'，非是。木强则失柔韧之性，易致断折。'折'，各本或作'共'，或作'兵'，皆非是。'折'以残缺误作'兵'，复以形近误为'共'耳。"②奚侗所说上半句非是，这涉及对"兵强"的理解，下面再说。但他对下半句的解释是正确的，"共"乃"折"字之误。

再看释义分歧。

王弼说："强兵以暴于天下者，物之所恶也，必不得胜。"③河上公也说："强大之兵，轻战乐杀，毒流怨结。众弱为一，强故不胜。"④

王弼把"兵强"说成"强兵",河上公则直说为"强大之兵",他们都立足于反对战争,把动态的东西凝固了,去老子本意远矣。

后来人多承袭此说,有的还把"兵"从王弼、河上公的战争说缩小为军队。任继愈的《老子新译》翻译成"军队强大了就会破灭"。虽然现代人无论如何也难以理解,但这样翻译的人却极多。如冯达甫"因此军队强大了就会破灭"⑤,傅佩荣"兵力强盛了会被灭亡"⑥,等等。

也有人把"兵"再缩小为兵器,"强"释为僵。持此说者有郭世铭的《老子究竟说什么》、兰喜并的《老子解读》等。此说可通,但终未善。

陈鼓应的《老子注译及评介》把此句译为:"用兵逞强就会遭受灭亡",林语堂《老子的智慧》也译为"用兵逞强反而不能取胜",他们都把"兵"释为"用兵",我认为是很恰当的。老子经常以用兵说明道理,此处亦然。但"逞强"之意从何而来?老子虽然反对逞强,但却从没有使用一个"强"字来表述这个意思,因此"逞强"是译者自己的意思。

"强"在这里究竟是什么含义呢?

我主张是"老"的意思。强和壮相通,老子说过"物壮则老"。"老",指失去最佳作战时机而陷入疲靡。

《左传·庄公十年》记载了鲁国在长勺之战取胜后,曹刿回答鲁庄公的一段话:"夫战,勇气也。一鼓作气,再而衰,三而竭。彼竭我盈,故克之。"齐人失之于兵老,明矣。

《左传·僖公四年》记载了齐桓公率诸侯之师伐楚,结盟后准备返回时的一个插曲,陈国的辕涛涂对郑国的申侯说:"师出于陈、郑之间,国必甚病。若出于东方,观兵于东夷,循海而归,其可也。"申侯曰:"善。"涛涂以告,齐侯许之。申侯见曰:"师老矣,若出于东方而遇敌,惧不可用也。若出于陈、郑间,共其资粮屝履,其可也。"齐侯说:"与之虎牢。执辕涛涂。"申侯所谓"师老矣",即所谓"兵强而不胜"。

作战双方的胜负在冷兵器时代常常在瞬间完成,因此对势非常重视。孙武说:"激水之疾,至于漂石者,势也;鸷鸟之疾,至于毁折者,节也。是故善战者,其势险,其节短。势如彍弩,节如发机。"⑦势形成爆发力。爆发力虽然很厉害,但具有短、险的特点,也很容易失去,失去就是"老"。

"兵强则不胜"的"强"可以理解为"老",也可以同"僵",僵也有老死的含义。因此,这句话翻译时加入意译应该为:

用兵时要把握战机,军队疲靡了就不能取得胜利。

---

① 朱谦之:《老子校释》,中华书局,1984,页296。

② 奚侗:《老子集解》,1925年序刊本。

③ 王弼:《老子道德经》,《二十二子》本,上海古籍出版社,1986。

④ 河上公:《道德真经注》,宋刊闽本。

⑤ 冯达甫:《老子译注》,页173。

⑥ 傅佩荣:《细说老子》,国际文化出版公司,2007。

⑦《孙子兵法·势篇》。

第七十七章

天之道，其犹张弓①乎？

高者抑之②，下者举之③；

有余者损之④，不足者补之。

天之道损有余而补不足；

人之道不然，损不足以奉有余⑤。

孰能以有余奉天下？唯有道者。

是以圣人为而不恃，功成而不处。其不欲见贤⑥邪。

注解：

① 张弓：拉弓，指射箭。

② 抑之：向下。

③ 举之：向上。

④ 损之：减少。

⑤ 损不足以奉有余：损减本来就财用不足人的财富来增益已经有余的人。

⑥ 其不欲见贤：其，指圣人。见，同"现"，出现。贤，本意为多财。他的脑子里没有出现过为自己聚敛财富的想法。

天道不就像拉弓射箭一样吗？

高于目标弓要向下，低于目标弓要上举；

有余的减一点，不足的加一点。

天道就是有余者减损、不足者补充；

人则不是这样，削减不足的，奉给有余的。

谁能把有余的东西奉献给天下的民众？只有遵循天道的人。

因此，圣人做事从不自夸，有了功劳也不居功。他从没有想过为自己聚财呀。

读经随笔

"天之道，其犹张弓乎？高者抑之，下者举之；有余者损之，不足者补之。"

老子讲天之道，打了个比方——张弓射箭。射以中靶为目的，志在"中"。有一位研究逻辑的学者说，老子只说"张弓"，未说射箭。因而在张弓的一个动作中，找到了弓的"抑"、"举"、"损"、"补"四种表现，但却偏离了目标，比喻取其大意，不必较真。张弓即射箭，不射箭何必要张弓？如果射出的箭距靶心偏高，就需要向下调整方向，这就是"有余者损之"；如果距靶心偏低，则需要向上调整方向，这就是"不足者补之"。偏左偏右亦然。靶子只有一个，射手的情况却各有不同。如果射手个子高或居于高处，则需要向下"抑之"，否则就要向上"举之"，这种说法也可通。因为"抑"即是"损"，"举"即是"补"。

"天之道损有余而补不足；人之道则不然，损不足以奉有余。"

老子从张弓、射箭、中的需要调整高低引出天之道，实际上表达的是老子的理想——守中。第五章老子就说过"不如守中"。"中"意味着"公"，意味着"和"，自然合于天道，当然是人道所应取法的。作为哲学观念，老子的"守中"被孔子发展为"中庸"，孔子解释说："过犹不及。"老子在这里并不想多谈哲学，他直接把现实社会中的矛盾揭露出来，指出"人之道则不然，损不足以奉有余"。不足者是民；有余者是执政者及其集团。而他们的"有余"，正是来自对民的"损"及损之又损，来自执政者的贪欲及越来越贪，这正是造成社会动荡及不和谐的根本原因。

"孰能有余以奉天下？唯有道者。"

谁能把自己有余的部分奉献给天下不足的民众？只有明白天道的人了。

听起来这话有些底气不足。所以老子又强调说：

"是以圣人为而不恃，功成而不处。其不欲见贤邪。"

这句话前面是老子经常说的，不用解释。但后面的"其不欲见贤"是什么意思呢？

人们多把"其不欲见贤"译为"不愿表现自己的贤能"，或"他不想表现自己的聪明才智"，但似乎和"损有余而补不足"的联系太远。郭世铭译为"他不想显示自己多财"，我认为进了一步，联系也紧密了。但还有一点疑问：这些圣人多财吗？难道他只是不想显示？

我认为这句话是说，圣人的头脑里从来没有出现过为自己聚积财富的念头，想都没有想过。不欲，不想，即指没有想；见，出现；贤，这里用的是贤字的本意，指财富。因此，让"显示"进入头脑里比较恰当。所以可以译为：

他的头脑里从没有出现过聚财的念头。

第七十八章

　　天下柔弱莫过于水，而攻①坚强者，莫之能胜，其无以易②之。

　　故柔胜刚，弱胜强，天下莫不知，莫能行。

　　是以圣人言："受国之垢③，是谓社稷主；受国之不祥④，是谓天下王。"

　　正言若反⑤。

注解：

①攻：进攻。指水对坚石的冲击。

②易：改变、代替。

③垢：污秽，比喻耻辱。

④不祥：不吉，比喻灾祸。

⑤正言若反：正话像反话。

　　天下没有什么东西比水更柔弱的了，而攻克坚硬的东西没有谁能胜过它，也没有任何东西能代替它。

　　柔能够制刚，弱能够胜强，天下没有人不知道这个道理，但却没有人按照这个道理去做。

所以圣人说："承受得起国家耻辱的人，才能做一国之君；承受得起国家灾难的人，才能做天下之王。"

这本来是很正常的话，听起来却好像是反话。

读经随笔

老子经常以水为喻来说明道的各种不同的特点，例如以"上善若水"说明"善利万物而不争"。这里以水为喻说明柔弱胜刚强的道理，并引申出"忍辱负重"是君主必备的品质。当然这种品质适合所有的领导者，也适合所有的个人，因为品质（或谓素质、品德）一旦形成，就会成为左右个人行为的观念力量。

"受国之垢，是谓社稷主；受国之不祥，是谓天下王。"这句话是哪位圣人说的？我们现在难征其详，但早于老子的人确实说过类似的话。公元前594年，楚王围困宋国，宋国人到晋国告急。晋景公准备派兵救援，他的臣子伯宗劝阻说："不行啊。古人说'马鞭虽然长，也不能打在马肚子上'。现在上天保佑楚国正在强大，不能和他争强。我们虽然也很强大，但我们能违背天意吗？"伯宗接着引用了一段"谚曰"，这段话显然并非民谚，乃是古语。"谚曰：'高下在心。'川泽纳污，山薮藏疾，瑾瑜匿瑕，国君含垢，天之道也。"①伯宗劝景公"君其待之"，于是就没有派兵救宋。这句话中的"古人云"和"谚云"也有可能弄反了，第一句倒像是"谚云"。而古人之语中的"国君含垢"和"受国之垢"其意相通，都是忍受的意思，只不过使用在不同的场合，其含义有所不同罢了。

"国之垢"、"国之不祥"均指国家蒙受屈辱和灾难，这在春秋时是各国经常面临的问题，即使大国也不能免除，因为这些"垢"、"不祥"，来自内外两个方面。在国家蒙受屈辱和灾难的时候，最需要的是要有忍耐的精神，要记住"柔胜刚，弱胜强"的道理，更不要忘了"三宝"，就一定可以取得最后的胜利。这种事例也是非常多的。韩非子就举出两个事例：其一是越王勾践，"身执干戈为吴王洗马，故能杀夫差于姑苏"；其二是周文王，"见詈于王门，颜色不变，而武王擒纣于牧野"②。试再举一例。公元前 660 年，卫国被狄人所灭，当时执政的人就是那位喜欢鹤，让鹤乘坐华丽车子的卫懿公，强敌入侵时卫懿公慌了手脚，最后导致灭国之灾。公元前 658 年，卫国在齐国的支持下迁楚丘复国。后来，"卫文公大布之衣，大帛之冠，务材训农，通商惠工，敬教劝学，授方任能。元年革车三十乘，季年乃三百乘"③。这也是"受国之垢"而能奋发图强者。

"受国之垢"的精神在后来被发扬光大。经受磨难、忍辱负重被认为是成就事业的重要品质。孟子说："天将降大任于斯人也，必先苦其心志，劳其筋骨，饿其体肤，空乏其身，行弗乱其所为。"④ 又说："富贵不能淫，贫贱不能移，威武不能屈。"⑤ 这种精神已被升华为我们中华民族精神的重要组成部分，成为我们的宝贵精神财富。

对现代中国人来说，"受国之垢"的精神是民族振兴的强大精神力量。鸦片战争以来，我们蒙受了太多的屈辱，太多的灾难。但屈辱不能使我们民族屈服，灾难也不能将我们民族难倒，正是因为我们有"受国之垢"的民族精神。

"正言若反。"

正言，正确的话，真理。若反，似乎有些颠倒。"社稷主"、"天下王"都是冠冕堂皇的称谓，但他必须承受"垢"、"不祥"。这些东西却有些反。"正言若反"揭示的正是一个事物的两个方面，两者联系密切，不可分割。

---

①《左传·宣公十五年》。
②《韩非子·喻老》。
③《左传·闵公二年》。
④《孟子·告子下》。
⑤《孟子·滕文公下》。

第七十九章

和大怨①，必有余怨②。
安可以为善？
是以圣人执左契③，而不责于人④。
故有德司契⑤，无德司彻⑥。
天道无亲，常与善人⑦。

注解：

① 和大怨：和，解决矛盾达到和谐。大怨，民怨，民众对执政者的不满。和大怨专指政府行为。

② 余怨：尚未解决的矛盾。

③ 执左契：拿着契约的存根。

④ 不责于人：不向债务人讨债。责通"债"。

⑤ 有德司契：有德的执政者只保留契约而不向民众讨要，即只管给予和付出。

⑥ 无德司彻：无德的执政者才向民众收取赋税。

⑦ 天道无亲，常与善人：无亲，不以亲疏作为标准。善人指有德之人。

解决大的怨恨，还会有怨恨留下来。

怎样才能妥善地解决呢？

所以，古时的圣人虽然握有契券，但不向欠债的老百姓催讨。

有德的执政者只管付出，无德的执政者才去催逼税赋。

天道是最公平的，它经常帮助有德的人。

读经随笔

执政者最头疼的，但又不可回避的矛盾是"民怨"。

民怨反映的是民众对执政者及其集团的不满。这种不满处于不断积累的状态，达到了一定程度就是"大怨"，如果再激化，就是所谓"乱"或"动乱"了。只要社会存在执政者与民众这两个部分，不论处于何种社会形态，这个矛盾都是客观存在，就不容忽视。老子说：

"和大怨，必有余怨。"

和是调和、解决、治理、安定。和是目的也是手段，此处正是作为动词使用的。这一条非常重要，开头第一个字就是"和"，"和民"也是春秋时通常的说法。公元前 719 年，卫国的州吁弑君自立，发生政变。宋殇公"问于众仲曰：'卫州吁其成乎？'对曰：'臣闻以德和民，不闻以乱。'"①从众仲的回答可知，"以德和民"是对待民怨的正确态度。

"必有余怨"，是说这个矛盾具有长期性，普遍性。大怨解决了还有小怨，这个地方解决了那个地方还有，旧的解决了还会出现新的，是没有穷尽的。

"安可以为善？"

这该怎么做才好呢？

老子提出了一个令执政者大吃一惊的想法：免掉老百姓所有债务，废除赋彻制度。政府职能从消极的索取型改变为积极的服务型，只要"司契"就可以了。

这可是破天荒的大话！但老子说得清清楚楚：

"是以圣人执左契，而不责于人。故有德司契，无德司彻。"

"契"是借贷双方的凭信，应也是收取"彻"的依据。它以竹或木制成，分左右两片，两边刻相同的文字，记财物名称、数量、债务人姓名等。左片称"左契"，由债权人收执；右片称"右契"，交债务人保管。索还财物时，以左右相契相合为凭。"责"通"债"。"执左契"说明有付出行为，"不责于人"是说并不要求偿还。老子认为这样做才是符合德的政府行为，赞为"有德司契"；向百姓收取赋税，周时称"彻"，老子认为是无德的行为，斥之为"无德司彻"。

春秋时各国执政者及其集团对民的剥夺是十分严重的，并且愈来愈重，名堂也越来越多。执政者集团内部矛盾也很激化。这从晋、齐两国的执政大臣叔向和晏婴的一段对话，可见一斑。

晏婴说齐国的情况："民参其力，二入于公，而衣食其一。公聚朽蠹，而三老冻馁。国之诸市，屦贱踊贵。"

叔向说晋国的情况："庶民罢敝，而宫室滋侈。道殣相望，而女溢尤。民闻公命，如逃寇仇。"[2]

春秋末年来自民众的反抗也很激烈，执政者称之为"盗"，称这种情况为"乱"。其中有一位著名的人物叫"跖"，经常"聚党数千人横行天下"[3]。

矛盾激化到如此程度，则非有激烈的举措不能"和"之。但要求既得利益者自己主动放弃既得利益，恐怕连老子自己也很难相信。他只得说，这并不是我的主意，这是祖宗之法，于是他引用了传为黄帝六铭之一的《金人铭》作为证据：

"天道无亲，常与善人。"

此言为老子引《金人铭》中语。《金人铭》托名黄帝，反映的是周人为推翻殷人"君权神授"的天命观而提出的新观念，即上天并不认亲而只认德。这个思想表现在《尚书》："皇天无亲，惟德是辅。"[4]如果从历史的角度看，这是革命思想，虽然那个有意识的天还在。

老子引用古人之论，自是认可其说，但并不能完全视同老子的观点。从天道观的角度看，老子已突破有意识的天而进入自然的天，有"天地不仁"为证。令人遗憾的是老子的引文历来被视同老子的观点而受到质疑和歪曲。

①《左传·隐公四年》。
②《左传·昭公三年》。
③ 司马迁：《史记·伯夷列传》。
④《尚书·蔡仲之命》。

第八十章

小国寡民^①。

使民有什伯之器而不用^②；

使民重死而不远徙^③。

虽有舟舆^④，无所乘之；虽有甲兵^⑤，无所陈^⑥之。

使民复结绳而用^⑦之。

甘其食^⑧，美其服，安其居，乐其俗。

邻国相望，鸡犬之音相闻，民至老死不相往来^⑨。

注解：

① 小国寡民：指对国家小、人口少的国家而言。

② 使民有什伯之器而不用：指应节俭务本，去侈靡也。

③ 使民重死而不远徙：指使民富足，才能看重生命，才会留恋故土而不流失。重（zhòng），看重、重视。

④ 舟舆：船与车。

⑤ 甲兵：铠甲与兵器。

⑥ 陈：通"阵"。无所陈之，即不打仗，没有对阵。

⑦ 结绳而用：传说古时用以记事的简单方法。表示生活平静，无事可记。

⑧甘其食：以所食为甘美。美其服，安其居，乐其俗，句法均同。

⑨不相往来：本谓互不相通，这里指自以为乐而不迁徙。

国家小，人口少。

要做到放弃各种各样的器具，不追求生活享受；

使民看重生命而不愿向远方迁徙。

虽然有船和车，却没有必要乘坐；虽然有铠甲和兵器，却没有使用的地方。

使百姓回到结绳记事的年代，过简单朴素的生活。

这样，百姓会喜欢自己的生活，认为吃喝很香甜，衣着很华美，居处很安稳，风俗很纯朴。

即使毗邻的国家能相互望见，鸡和狗的叫声能相互听到，百姓直到老死也不会迁徙。

读经随笔

我猜想坐在老子面前的，可能是一位小国之君。他听了老子论道以后，小心地提出了一个问题：小国也可以用大道吗？那又该怎么办呢？老子给了他肯定的回答。

国家小，人口少，首先应该放弃各种各样离本逐末的技艺和器物，抓住农业这个根本。

第二，要做到使老百姓生活有基本保障，他们就会因害怕死在异乡而不向远方迁徙。

第三，奉行和平谦恭的外交政策，就可以免除战争的灾祸。这样，虽然有舟舆甲兵，也派不上什么用场。

如果人们都收敛了贪欲之心，不去追求声色之欲和难得之货，就会像古时候"结绳而治"的人们一样，过上简单纯朴、自然无争的生活。他们就会觉得自己的食物很甘甜，衣服很华美，居住很安稳，从而非常喜欢这种生活。

如果做到这样，即使眼睛可以把邻国看得清清楚楚，耳朵可以听到邻国的鸡鸣狗吠，你的百姓直到死也不愿离开。

以上是补充、复原并试图用现代语言表述的"小国寡民"章。补充的部分根据老子的一贯思想，不敢妄增。即使这样，也仅供读者参考。

我们在读这一章时遇到的第一问题是："小国寡民"是老子的理想吗？过去人们在解读这一章时，把"小国寡民"作为老子的社会理想的人很多。甚至立场相反的人都从这一章寻求根据，以致对文本本身的理解也产生了很多分歧。我认为要谈老子的社会理想，要从宏观上去找。这一章毫无疑问有较多的具体内容，但应该站得更高一些才对。"小国寡民"本身并非老子主张，更非老子的理想，仅是针对这种国小民少的情况而言之。

我们在读这一章时遇到的第二个问题是：什么是"什伯之器"？

老子说："**使民有什伯之器而不用**。"这是老子提出的第一条办法。

王弼："言使民虽有什伯之器而无所用，何患不足也。"①看来他认为"什伯之器"是好器物，既然多得用不完，自然不用担心不足。

河上公："使民各有部曲什伯，贵贱不相犯也。器，谓农人之器。而不用，不征召夺人良好也。"②他认为讲的主要是编制管理问题。

吴澄："十人为什，百人为伯。什伯之器，重大之器，众所共也。不用者，不营为，不贪求，则重大之器无所用也。"③他认为是一件器物，称什伯者乃为重大之器，因不贪故不用也。

俞樾："什伯之器乃兵器也。"④俞樾所解亦有本。《文子·符言》："天下虽大，好用兵者亡，国家虽安，好战者危。故小国寡民，虽有什伯之器而不用。"释为兵器的现代也有追随者。冯达甫译此句即为"即使有武器却不用"⑤。

高亨说："十百人之器，指一人用之等于十百人的功效的器械，即功效十倍百倍的器械，如用弓箭打猎或战争便是。"⑥

郭世铭："从帛书的文字看，此处的'十百人器（十百人之器）'

283

当指需要多人共同使用的大型机具。"⑦

以上所解虽各有所本，但没有做到"唯施是畏"。张松如所释为近，《老子说解》："《一切经音义》：'什，众也，杂也，会数之名也，资生之物谓之什物。'又《史记·五帝本纪》索隐：'什器：什，数也。善人家常用之器非一，故以十为数，犹今云什物也。'若此，什佰即十百，即众多，亦即各式各样云云，使民有什佰之器而不用者，恰合'民多利器，国家滋昏'，从而'塞其兑，闭其门'之义，正老氏旨归也。"

张松如译此句为："使大家虽然有各种各样的器具，也不使用；"⑧

陈鼓应译文为："即使有各种器具，却并不使用。"⑨

任继愈译文为："即使有各种器具，并不使用。"⑩

将"什伯之器"释为各种各样、形形色色的器具是对的。张松如还把这句话和"民多利器，国家滋昏"、"塞其兑，闭其门"相联系，也没有错。但他的译文却不妥当。既然"使大家""有各种各样的器具"，为什么"也不使用"呢？既然"也不使用"，为什么要"使大家""有各种各样的器具"呢？话中间夹了个"虽然"，是要说明什么意思呢？如果从文字直译，似乎只好如此。但文字是表意的，以表达出作者的原意为胜。可以肯定的是，这些"什伯之器"不是指农具，如果有十倍百倍功效的农具老子也不会反对，那可以使更多的人不致饿死。这些形形色色、各种各样的器具也不是生活必需品，必需的器具一定是简单的。这些"什伯之器"是执政者多欲的产物，是为了满足追求奢侈生活的需要而生产的奢侈品，自当首先反对。何况这些"什伯之器"的生产要耗费许多人力物力，就会偏离农业这个民生的根本。所以老子第一条就指出"使有什伯之器而不用"，这是面对执政者的客气说法："即使你有形形色色的器具也不要使用，要过俭朴的生活。"后半句是对前半句含义的阐明，是老子此言的真正意旨。

"**使民重死而不远徙**。"这是老子说的第二条办法。

后人对这句话的翻译也五花八门：

使居民不用生命去冒险，不向远方迁徙。⑪

使人民重视死亡而不向远方迁移。⑫

使人民看重生命，而不轻易向远方迁移。⑬

使得百姓把死看得很重而躲避远出。⑭

使人民看重死葬之事而不向远方迁移。⑮

使得人民重视生命而避免流动。⑯

使得百姓重视死亡而不向远处迁徙。⑰

重死即乐生，有的译为"爱惜生命"、"看重生命"、"不用生命去冒险"等等，似乎均无不可。重视死，或者死之事；看重生，以及生之事，这些本来就是民之所愿。人们"远徙"，并不是不"重死"，也不是不爱惜生命，而正是"重死"和"爱惜生命"的表现。"远徙"的原因就是因为这里已经无法生存，已经活不下去了。而生活不下去的原因或为天灾，或为人祸——统治者的盘剥太重，或者两者兼而有之。对执政者来说，就是人口流失问题。这个问题从春秋到战国都令执政者头疼。孟子见梁惠王时，梁惠王也提出了这个问题："寡人之于国也，尽心焉耳矣。河内凶，则移其民于河东、移其粟于河内。河东凶亦然。察邻国之政，无如寡人之用心者。邻国之民不加少，寡人之民不加多，何也？"⑱梁惠王的问题也是这位小国之君的问题。当然首先要解决的是人口流失问题，所以老子说，"使民重死而不远徙"。老子这句话只说了结果，而原因是不言自明的。而我们只有把当时用不着明说的话说明，现在的人才能明白。这句话是说：要关心民生，使他们生活富足。此外，还有一个问题需要了解，就是"重死"不单是重视死亡或珍爱生命，其中还包含了一个重要的人生观念，即落叶归根，回到祖宗那里去。这个观念不但非常早，影响也非常深远。直到现在，中国人的故土情结还很浓重，乃是这种观念的遗风。如果把这一点意思也带出来，译文应该是：

"一定要关心民生、使他们生活富足，也可以满足他们落叶归根的愿望，他们就不会向远方迁徙。"

我觉得这样翻译比较圆满。八个字翻过来成了近四十个字，颇不合于直译原文的惯例，但却忠于原意，不亦可乎？其实"不会向远方迁徙"后面还应有一句话："这样你的人民就不会减少，反而会增加。"

老子接着又说了一条，这是老子提出的第三条办法：

"虽有舟舆，无所乘之；虽有甲兵，无所陈之。"

这句话从表面看讲的是战争，这些东西派不上用场是因为没有战争。和平对小国寡民的国家尤为重要，只有和平才能够生存。老子这一条讲的还是结果，仍然需要给予补充才能清楚：

对小国来说，奉行和平谦恭的外交政策是极为重要的。对待大国一定要用以下事上的态度小心谨慎地去对待它，取得相互了解和尊重，这样才可以避免战争，做到虽然有战车和船，却用不着去乘坐；虽然有护甲和兵器，没有对阵也用不上。

补充的内容来自第六十一章，应该不违背老子的本意。值得注意的是，小国寡民却舟舆甲兵样样都有，这就叫有备。从中也传达出一个信息，奉行和平外交政策同时也要做好反对侵略战争的准备。老子精通用兵之道，这一点对认识老子的军事战略思想具有重要价值。

老子就讲了这三条，而且都只有结果，有可能是一位差劲的记录者的记录稿，或者是整理者为了突出效果而造成的也未可知。接下来的话也全是讲结果，描述的是以道治国的社会效果，自然极富理想色彩，也是对前三条的进一步说明。比如**"使民复结绳而用之"**，即是对"使有什伯之器而不用"的补充。

"什伯之器"是人们欲望增长的产物，在老子看来是贪欲的代表。贪欲产生腐败和争夺，导致各种罪恶，使得民怨激发，社会更加复杂。在这种情况下，渴望纯朴、追求简单，就成为人们的梦想。这个梦想的代表符号就是"结绳而用"。

现代有一些"较真"的人，偏喜欢望文生义。看到"结绳而用"，大惊小怪，连呼这还了得，连文字也不要了，这不是倒退么！于是一批"不知知"的人斥老子为"反动"。岂不知"反动"二字也和老子大有关系，"反者道之动"，这些人终于没有跳出老子的掌心。

"什伯之器"代表贪欲，"结绳而用"代表简朴，老子都是把它们当作符号来使用的，这就好像春秋战国时在外交场合用《诗》来表达自己的意思，那首诗也成为一个符号，人们一听便知。申包胥请求秦公出兵救楚，"立，依于庭墙而哭，日夜不绝声，勺饮不入口七日。秦哀公为之赋《无衣》，九顿首而坐，秦师乃出"⑲。《无衣》即是同意出兵的符号。

从简单到复杂，然后又向简单运动，符合规律。在科技发展史上，追求简单是所有发明创造的动力，虽然这种努力是极为复杂的。人类的社会生活也是一样，繁华之后人们追求返璞归真，紧张、冲突、复杂、压力使人们渴望平静、和谐、松弛、休闲、简单……而这个"结绳而用之"的社会里是一派祥和景象：

"甘其食，美其服，安其居，乐其俗。邻国相望，鸡犬之声相闻，民至老死不相往来。"

真是太好了。只是有一点遗憾，他们为什么和邻国"不相往来"呢？难道是因为"社会制度"不同吗？亦或只有封闭起来才能排除贪欲的干扰？

老子这种封闭的思想，深刻影响了中国人。陶渊明的桃花源也是封闭的。封闭的思想来自农业社会自给自足的经济基础，对中国人文化性格的形成具有不可估量的影响，这种影响渗透到各个方面。

---

① 王弼：《道德真经注》下篇。

② 河上公：《道德真经注》第八十。

③ 吴澄：《道德真经注》卷四。

④ 俞樾：《老子平议》，诸子平议本。

⑤⑯ 冯达甫：《老子译注》，页181。

⑥ 高亨：《老子正诂》。

⑦⑭ 郭世铭：《老子究竟说什么》，页238、239。

⑧⑬ 张松如：《老子说解》，页411。

⑨⑫ 陈鼓应:《老子注译及评介》,页 360。

⑩⑪ 任继愈:《老子绎读》,页 176。

⑮ 孙以楷:《老子解读》,页 177。

⑰ 饶尚宽:《老子》,页 190。

⑱《孟子·梁惠王上》。

⑲《左传·定公四年》。

第八十一章

信言①不美，美言②不信。

善者不辩③，辩者不善。

知者不博④，博者不知。

圣人不积⑤。既以与人己愈有，既以与人己愈多。

天之道，利而不害⑥；圣人之道，为而不争⑦。

注解：

① 信言：真诚而有益的话。

② 美言：漂亮动听而有害的话。

③ 善者不辩：善者，善于成事的人；不辩，不善言谈。

④ 博：通"搏"，伸手。

⑤ 不积：谓不私积。

⑥ 利而不害：只有好处没有坏处。

⑦ 为而不争：为指与人，给予人民。不争，不为自己谋私利。

真话并不漂亮动听，漂亮动听的话不是真话。

善于成就事业的人只做不说，只说不做的人不善于成就事业。

聪明的人不伸手攫取私利，伸手攫取私利的人不是聪明人。

古代的圣人不为自己聚积财富。他们把一切给予他的人民，他自己反而更加富有；他给予人民的越多，他拥有的财富也越多。

这样做符合天道，对自己只有好处而没有一点伤害；这样做也符合古代圣人的教导，他们为天下人谋福利而从不为自己争利。

读经随笔

老子开头三句话都是紧紧围绕后面的主题服务的。这三句话出于智者之口，自然富含哲理，因而成为不朽名言。

"信言不美，美言不信。"

何谓"美言"？美言是漂亮动听的话。实质上是指那些为君主聚敛财富的言论。这些话顺乎君王之意，能够打动君王之心，实为阿谀奉承之言。"美言可以市"即是指此。这些话虽然漂亮动听但并不真诚，不但无用而且有害。"美言"是为君王增益私人财富而顺乎君王之心，"信言"则要求损减君王的私财而增益天下人，从而得到天下民心，实现"双赢"——民得到利，德也；君得到民，德也。

"善者不辩，辩者不善。"

何谓"善者"？"善"在《老子》一书中有时指人，有时指物，有时指事，须小心加以区别。老子的话又因富含哲理而四通八达，极易形成不同的认识。此处"善"，多数释家解为"善良的人"，非也。陈鼓应认为也可以解释为善于言说的人，虽然勉强可通，终觉未善。吴澄说："实有能者口不好辩，好辩之者非实能其事也。"① 我认为吴澄之说近之。老子第一句说言，第二句说行，强调了行的重要性。老子所说是大事，不是一般的能事，何况老子说这些话的目的正是要执政者实践自己的主张，所以此句可以翻译为：

善于成就事业的人只做不说，甚至做成功了也不说，只说不做的人成就不了事业。

"知者不博，博者不知。"

这一句的关键字是"博"，有译为"广博"、"驳杂"，有释为"广泛、普遍"，独任继愈译为"卖弄"，大概是引申义吧。这些译释如果把这一句单独剥离出来，似乎均可成立，但如果放在总体之中，就有些不谐调：老子为什么忽然谈起学问？难道老子不"博"吗？它和下文有什么联系呢？老子要谈的中心论题是"圣人不积"，即不为自己谋私利。因此，这个"博"想必另有所指。

《说文》："博，大通也。从十，从尃。尃，布也。"原来这个字早就和钱有关。又，"博"通"搏"，在金文里有搏斗的意思。又《老子》第十四章："搏之不得，名曰微。"这个"搏"字，正是用手去抓的意思。

因此，我认为这句话的正确翻译应该是：

"聪明的人不伸手抓谋私利，伸手抓谋私利不是聪明的人。"

"圣人不积。"

圣人不积聚私财。所谓"圣人"，是指古时候有道的君主。"无积"是他们对财富的看法和做法。能做到完全无私，对今天的人来说也是最高的人生境界，令人神往。这样做的结果是：

"既以与人己愈有，既以与人己愈多。"

不是无，而是有，并且越来越有；不是少，而是多，并且越来越多。这不是神话，因为他付出的同时也在得到，付出的越多，得到的更多，这是辩证法。

"天之道，利而不害；圣人之道，为而不争。"

奉行天道，只有好处没有坏处。因此，我们要学习古代的圣人，为人民服务而不为自己谋利。

对人民有好处的事，"为"；与民争利的事，"无为"。有所为，有所不为，是"为而不争"的真谛，也是老子"无为"思想的真谛。

---

① 吴澄：《道德真经注》卷四。

附　录

老子其人其书

　　读其书不可不知其人。关于老子其人其书，有太多难解之谜，至今不能有一个明确的说法。如果摒除掉关于老子的民间及神话传说，可以摆出来的只有司马迁为老子所立传记，而这个传记还有不少的问题。太史公为老子立传，弄出三个疑似老子的人物，说明老子死后几百年，世人已对其人模糊不清了。太史公的传文不足五百字，第一个老子记述最详，显然是太史公的选择，也是今日学者们的共识。但细读传文，却也有不少疑问。比如："老子者，楚苦县厉乡曲仁里人也，姓李氏，名耳，字聃，周守藏室之史也。"这句话里便有两个问题：既然有姓李氏，为什么不循通例称"李子"而称"老子"呢？苦县厉乡老子活着的时候为陈国，公元前 479 年方为楚所兼，这一年也是孔子去世的年份。为什么不称老子为陈人而称楚人呢？传文中记载最详的是孔子问礼于老聃的故事，也最具思想价值。但这个故事的结尾却需要在另一篇文章《孔子世家》里去找，太史公为何要这样安排？他说老子"居周久之，见周之衰，乃遂去"，这样说来老子是自动离职了。但庄子却说老子是"免而归居"，何说为是？又，老子为何不回苦县反而要西出函关呢？照太史公的说法，"老子，隐君子也"，"子将隐矣"，结果也是"莫知其所终"，老子出关是为了隐居？这个说法并不能使人信服。中原并不缺少隐居之地，为何非要不避劳苦西行入秦呢？老子"至关，关令尹喜曰：'子将隐矣，强为我著书。'于是老子乃著书上下篇，言道德之意五千余言而去"，这便肯定了《五千言》为老子自著，这是真的吗？"古人不著书"，孔子亦如此，难道老子是个例外？如此看来，太史公在文献不足的情况下采入了一些当时的传说资料，不足为怪。但对今天的读者来说，尚需多多设问，谨慎采信。

关于对老子思想的评述，太史公的看法影响后世甚深，也值得重视。他的主要观点归之于下：

一、老子修道德，其学以自隐无名为务。老子无为自化，清静自正。

二、老子百有六十余岁，或言二百余岁，以其修道而养寿也。

三、老子，隐君子也。

四、老子所贵道、虚无，因应变化于无为，故著书辞称微妙难识。庄子散道德，放论，要亦归之自然。申子卑卑，施之于名实。韩子引绳墨，切事情，明是非，其极惨礉少恩。皆原于道德之意，而老子深远矣。

五、世之学老子者则绌儒学，儒学亦绌老子。"道不同不相为谋"，岂谓是耶？

这些观点反映了汉初儒家学人对老子看法的片面性。但可贵的是，史圣用史实生动地描绘了老子对孔子的影响，以致被后世新儒家误解，比如梁漱溟就曾批评《史记》"尊老抑孔"。其实早在北宋朱熹就发现，司马迁把孔子列于"世家"，而老子仅入"列传"，还是几人合传，可见司马迁是尊孔的。朱熹没有看错，孔子是司马迁心中的"至圣"和学习的榜样，他说过"虽不能至，然心向往之"。

司马迁没有抑孔，主观上也没有抑老，这正是史圣之所以圣也。误解，圣人所难免，疏失，圣人亦在所难免，这也是我们敢于质疑太史公的理由。

老子任职史官

老子任职"周守藏室之史"，这是了解老子最重要而最有价值的信息。史官，人们不陌生，有柱下史，有守藏史；有左史，有右史，分工明确，左史记言，右史记行，守藏史则负责整理和保管这些记录文书。从表面看，史官的工作很像是现在办公厅的秘书处，但如果真这样想，那就大错特错了。还有一些现代人望文生义说老子的官职好比现在的国家图书馆馆长，更是相距甚远。

史官的设置到周代已很完备，不但王室有史官，各诸侯国亦设置史官。史官的前身为巫及负责卜卦的贞人，他们负有与天沟通的责任与能力。史官记言记行，对象是天子或国君。记下来存起来总要有用处，那么，有什么用呢？

让我们从唐代的一件事去追寻答案。《旧唐书·褚遂良传》载：

（贞观十五年，褚遂良）迁谏议大夫，兼知起居事。太宗尝问："卿知起居，记录何事，大抵人君得观之否？"遂良对曰："今之起居，古左右史，书人君言事，且记善恶，以为鉴诫，庶几人主不为非法。不闻帝王躬自观史。"太宗曰："朕有不善，卿必记之耶？"遂良曰："守道不如守官，臣职当载官，君举必记。"黄门侍郎刘洎曰："设令遂良不记，天下亦记之矣。"太宗以为然。

由此可见，史官书人君言事，且记善恶，目的是"庶几人主不为非法"，作用是监督天子、国君，即国家元首。我国在国家机制中设置对元首的监督机制，特别是早在奴隶时代就设置了这种机制，这在世界历史上是罕见的。为什么史官能实现这种监督职能呢？因为无论是天子、国君，大臣还是百姓，都有一个共同的信仰。这个信仰是指所有的人死后都要"归根"，回到祖先那儿去，接受祖先的评判和认可。如果得不到祖先的认可则会沦为孤魂野鬼，后果极为严重。守藏室保管的这些记言记行的文本之重要，可想而知。史官的级别可能赶不上三公，但却非常重要。此外，对史官的知识、能力、素质要求也很高，因此，史官多世袭，成为史官家族或史官世家。

正因为史官的这种职能和全民的共同信仰，史官的底气很足。"董狐笔"的故事历史上很有名。董狐为春秋时晋国的史官，《左传·宣公二年》记载了晋灵公无道，赵盾谆谏，晋灵公反而要杀他，赵盾出奔，盾的族人赵穿因杀灵公。赵盾返晋后董狐书曰"赵盾弑其君"，以示于朝。董狐直书不讳的做法受到了孔子的高度评价，称其为"古之良史"。为什么董狐的底气这么足？盖因为董狐和赵盾都有一个共同的信仰，即史官所记在他死后去见祖先之时是极重要的评判依据。还有一例发生在齐国，这个故事就更为惨烈了。《左传·襄公二十五年》载："太史书曰：'崔杼弑其君。'崔子杀之。其弟嗣书而死者二人。其弟又书，乃舍之。南史氏闻太史尽死，执简以往，闻既书矣，乃还。"足见史家的几个字比生命更重要，这就是信仰的力量。世界上这种情况并非中华民族所独有，很多民族相信死后要接受审判。

史官的这一特殊职能使史官具有特殊的地位。另外，在各诸侯国设置史官还有中央政府对诸侯国的情报收集和政治控制功能。这一功能使得中央政府的史官和各诸侯国之间有着密切的联系，这种联系也会导致中央政府的史官在全国拥有较大的社会影响力。

孔子问礼于老聃

孔子问礼于老聃这件事，或许在中国历史上算不得大事，但在中国思想史上却不算小事，因为这是两位思想巨人的会面，影响深远。

孔子为什么要见老子？明焦竑《老子翼》抄录了一段古人的记载，叙说甚详：

敬叔师仲尼，仲尼谓敬叔曰："吾闻老聃博古而达今，通礼乐之原，明道德之归，则吾师也。"敬叔言于鲁君曰："孔丘，圣人之后将达者也。受先臣之命，属臣则必师之。今孔子将适周，观先王之遗制，考礼乐之所极，斯大业也。君盍以车乘资之？臣请与往。"

孔子对老子极为仰慕。因为老子"博古而达今，通礼乐之原，明道德之归"，孔子认为是他最好的老师。他把这个想法告诉了弟子敬叔，敬叔又在鲁君面前说孔子是未来的圣人，建议鲁君资助孔子完成这次拜师之旅。结果很圆满："鲁君与车一乘二马二竖子，敬叔具至周。"

孔子到洛阳之后都干了什么？他们一行在周的活动主要有：

问礼于老聃，访乐于苌弘，历郊社之所，考明堂之则，察朝廷之度，观明堂四门之墉，有尧舜桀纣之象，各有善恶之状、兴废之戒焉。又有周公相成王抱之负斧扆南面以朝诸侯之图，（孔子）叹曰："吾乃今知周公之圣，与周之所以王也。"

关于"问礼于老聃"。司马迁在《史记·老庄申韩列传》中有一段精彩的记载，特别是老子的一段话，给满腔热情，抱负远大的孔子以极大的震撼。

在听了孔子的一番话后，老子说：

子所言者，其人与骨皆已朽矣，独其言在耳。且君子得其时则驾，不得其时则蓬累而行。吾闻之，良贾深藏若虚，君子盛德，容貌若愚。去子之骄气与多欲，态色与淫志，是皆无益于子之身。吾所以告子，若是而已。

孔子说了什么？司马迁没有记载，但从老子的回答中我们仿佛看到一个年轻气盛、壮志凌云、口若悬河的孔子。从老子的回答中可以看出，老子是面对现实的，是与时俱进的。"子所言者，其人与骨皆已朽矣，独其言在耳。"对于个人的命运或者说知识分子的命运抉择，他说"君子得其时则驾，不得其时则蓬累而行"。这个道理孔子可能到了五十岁才明白，因为孔子在总结一生时说："五十而知天命。"老子从孔子身上或许看到了自己年轻时的影子，因而对孔子循循善诱："良贾深藏若虚，君子盛德，容貌若愚。""吾闻之"说明这句话引自前人，也从一个侧面印证了老子博古达今，知识渊博。接着更直接批评他要去掉身上的"骄气与多欲，态色与淫志"，告诉他这些东西对自己一点好处也没有："是皆无益于子之身。"老子这番话对孔子引发了极大震动，这位自负的年轻人对弟子说：

> 鸟，吾知其能飞；鱼，吾知其能游；兽，吾知其能走。走者可以为罔，游者可以为纶，飞者可以为矰。至于龙，吾不能知，其乘风云而上天。吾今日见老子，其犹龙邪。

孔子把老子比作乘风云而上天的龙，这对自负年轻的孔子来说是第一次遇见高人，心悦诚服。"老子犹龙"的典故也出于此。

短暂的问礼活动就要结束了，孔子来向老子辞行，老子情深意长的说了一段临别赠言。这段话司马迁则记录在《孔子世家》里：

> 辞去，而老子送之曰："吾闻富贵者送人以财，仁人者送人以言。吾不能富贵，窃仁人之号，送子以言，曰：'聪明深察而近于死者，好议人者也。博辩广大危其身者，发人之恶者也。为人子者毋以有己，为人臣者毋以有己。'"孔子自周反于鲁，弟子稍益进焉。

孔子返鲁以后，他的学生人数有所增加。司马迁说："弟子稍益进焉。"但在别的记载里，增加的人数已达三千之众：

> 自周返鲁，道弥尊，远方弟子之进者盖三千焉。孔子叹曰：

"自南宫敬叔之乘吾车,吾道加行。不然,吾道几废矣。"今《礼记》所引"吾闻诸老聃"皆是孔子问老子而得礼之要也。

我们不厌其烦的追寻孔子的足迹去见老聃,是因为此二人的会见是中国思想史上的重大事件。这两位伟大思想家的会面影响了中国两千多年,甚至对我们今天的民族复兴仍有重要意义。

在这次会见之后,两人成了忘年之交。之后他们还曾多次见面。在我看来,老子是中国道文化的集大成者,孔子则是中国道文化的发扬光大者。在他们活着的时候,没有所谓"道家"、"儒家"之分,完全是一家。这种区分是在战国时期才形成的。

老子丢官

关于老子去职的事有两种说法。一是司马迁说老子"见周之衰,乃遂去",这样说来就是自动离职了。司马迁的说法虽然不能完全排除,但老子自动离职的可能性并不大。史官是最忠于职守的,特别是在王室衰微的困难时期,更不会弃职而去。如果此时自动离职,会招致身败名裂的后果,老子绝不会这样做。

说老子被"免而归居"的是庄子。庄子也没有说老子为什么被"免而归居"?因为庄子书里常有寓言或寓言式的言论,人们不敢轻易地信他说的都是史实,其实他说的真话还真不少,"免而归居"就是老子离职最合理的解释,这一事件也是老子一生中的重大事件,它决定了老子下半生的生命轨迹。

当代学者通过历史背景的研究,发现老子被免职极可能和王子姬朝的动乱有关。这场动乱因争夺王位而起,以王子朝把王室典藏席卷入楚为结局。老子掌管这些典籍,负有职务责任被追究,因而成了替罪羊。发生这种事,对老子是一次重大打击。

老子虽然是达人,一度大概也比较低沉,觉得委屈,免不了要发牢骚。我发现《道德经》之中藏有一首诗,极有可能是老子刚刚被免,一时门庭冷落,呆在家里时的牢骚之作。

　　唯之与阿，相去几何？

　　唯与阿都是在上级领导者面前的态度。"唯"是按上级说的办，"阿"是取悦上级。一是被动，一是主动。这是两者的区别，这两种不同态度是有区别的，但它们之间的距离有多长呢？

　　善之与恶，相去何若？

　　老子发出这个感叹也是对处分的不满：正确和错误，它们的界限在哪里呢？当王子姬朝率兵来到守藏室，命令老子打开房门，他能抗拒吗？由此又可推知对老聃的处分名目是配合姬朝卷走了守藏室的典册。对此，老子很无奈，人家是上级领导，我有什么办法呢？接着他又叹到：

　　人之所畏，不可不畏。

　　这句话是说古今人们所担心害怕的事情的确是有道理的，不得不引起自己的警惕。这个事情可能指官场的斗争。
　　动乱之后的都城洛阳，人们惊魂未定。免职后的老聃更是心情不好，他叹道：

　　荒兮其未央哉！

　　内心空荡荡的才刚刚开始呀！"未央"，不到一半，指开始不久。很快人们又恢复了常态，又开始了熙熙攘攘的生活，甚至：

　　众人熙熙，如享太牢，如春登台。

　　太牢指祭祀用的牛、羊、猪，仪式完毕后分给众人享用。如春登台，指春天登高游乐。这些都是令人高兴的事儿，可是门庭冷落的老聃却感觉自己像是漂泊在茫茫大海里，看不到一点好兆头；像没有长大的婴儿一样不能自己行动；又像是一个疲倦之极而无家可归的流浪汉。他吟道：

> 我独泊兮，其未兆！如婴儿之未孩，累累兮，若无所归！

他反复把自己和众人比较：

> 众人皆有余，而我独若遗。

众人，应指过去的同僚们，不指普通民众。有余，生活富足。遗，丢弃。

> 我愚人之心也哉！沌沌兮！

前一句是说自己被遗忘了，丢弃了；后一句实际是一个反问：难道说这一切都是因为正直带来的后果吗？愚，与人无争。沌，混沌，形容愚。

> 俗人昭昭，我独若昏；
> 俗人察察，我独闷闷。

俗人，众人、别的人，或指昔日的同僚官员。这些人眼亮，昭昭、察察，均指眼睛雪亮，趋利避祸的手段高超。老聃自谓昏昏闷闷，并因此引祸上身。

> 澹兮其若海，廖兮，似无所止。

我的心像漂泊在大海上，远远望去，无边无际，要漂到何时才是尽头呢？

> 众人皆有以，我独顽似鄙。

以，依靠。别人都有依靠，唯独我实在像一个乡野鄙夫。

> 我独异于人，而贵食母。

我独异于人，只有我与别人不一样呀！贵，重视。食，这里指赖以生活的职务、官职。母，来源，转指此职应尽的职责。这句话是指老老实实尽职守责，言外之意是，反而落了这个下场！

这是一首堪比《离骚》的诗篇，在五千言中没有第二首。这是一首满怀激愤的诗，其中理性和感性交融，大概只有老子才能写出这样的诗篇。

丢了官，心情不好，写了这首诗。这首诗大概是八十一章中唯一自著的篇章了。人们也都知道他丢官的无辜，朋友们带着礼物来看他，其中就有诸侯国的史官朋友。这时的诸侯国很多都强于周王室，其中不乏希望博取礼贤下士名声者。而老子又有"仁者之号"，收到很多邀请就不奇怪了。于是，老子开始了周游列国、坐而论道的行程。

老子周游列国

孔子周游列国，干八十余君，载之史籍而众所周知。老子周游列国则不见于史籍，也不见人提起，难免引起"有诸"之疑。其实证据不在别处，正在九九八十一篇之中。坐在老子对面的那个人不是君主，便是"佐人主者"；不是头疼"和大怨必有余怨"的国君，便是"将欲取天下而为之"的国君；不是大国之君，便是"小国寡民"之君。他们所提的问题有共性，比如应对民众的反抗，抵御强国的军事入侵，如何使国家强大等；也有一些问题是个性的，如"宠辱不惊"章，讨论的是国君继承人交接班时的政治斗争等。还有一些问题是一种客气的请教：怎样才算是一个好国君？我应该怎样去做呢？"上善若水"章，"太上，不知有之"章，回答的都是这类问题。老子谈得高兴时会上升到哲学层面论道，也是常有的事。这些言论被后来的"编辑"单列成章，也不足为怪。

老子在任周王室史官的时候就已获得了"仁人"的社会影响力，所以孔子才从鲁国跑到洛阳拜师。所谓"仁人"，就是学问达人，他们的言论会在社会上流传，产生很大的社会影响力。当他因为众所周知的原因被免职以后，就有了宽裕的时间，于是就会有诸侯国邀请他，向他咨询各种问题，这种邀请对诸侯会落个礼贤的名声，对老子则会有一笔可观的讲学收入，免官后很可能"俸禄"也没有了。这种邀请经常有，而且还可能接受途经国的临时邀请，这就是我所说的周游列国了。

老子书为语录体

老子书为自著，司马迁言之凿凿。但只要深入文本便可感觉到记录者和编辑者的身影，我们只能得出老子书为语录体的结论。

老子周游列国和孔子不同，老子是被请去的上宾，孔子则要自己找上门，有时还要打通关节。他们周游的目的也各不相同，老子只是单纯的论道，孔子则有谋取官职实现抱负的想法。他们之间也有共同点，即以道相通，都主张以道治国。老子在各诸侯国论道时的谈话被史官记录下来；孔子大部分时间在办教育，他的言论则被他的弟子记录下来。那时的知识分子都恪守一个约定俗成的规矩，不自著书。这个规矩是对先圣先贤的尊重和敬畏。章学诚所谓"古人不著书"，说的正是这种情况。孔子如此，老子亦如此。后来这些记录又被流传，流传中又有人收集、整理。在老子和孔子死后，这些工作仍在自发进行，大约经过百年之后，终于出现了比较完备的集录，《道德经》和《论语》就是这样形成的。《论语》因为是孔子的学生记录的，所以背景大体清楚。《老子》中大部分是官方文件，后来又流传民间，传抄中很多背景省掉了，提问也省掉了，论述也省掉了，只剩下要点，这正是读《道德经》的困难所在。

司马迁为我们留下的两段老子语录与八十一章比较则有很明显的不同。最明显的不同是背景清楚、完整，从语言风格看也有明显不同，似乎打上了西汉的时代烙印。但从精神风貌看，这两段话除了老子，没有人会这么说。这两段语录由于完整，传达出很多非常有价值的信息。比如老子自称"窃仁人之号"，说明老子当时在社会上拥有强大的影响力，孔子适周问礼于老子这一件事本身就是有力的证据。这就不难理解老子的言论会在天下传播，自然就会出现各种不同的版本。后来又有人收集整理，通过传抄扩散，还会有人再收集再整理，经过数百年，自然就会呈现不同的面貌。从中还知道当时"仁人"特指学问通达的人，从而拓展了人们对"仁"的认识。从"人与骨皆已朽矣"，可以看出老子是面向现实的，不但博古而且通今。两段话都表明，老子是喜欢这个年轻人的，所以批评起来也格外严厉。这次会面是中国历史上两位思想巨人的握手，正是他们将中国道文化推进到一个新的高度，影响及于当代。

八十一章之中，属于自著的，唯有"唯之与阿"章，对朋友诉苦的，是"吾言甚易知"章，对学生讲课的，以"上士闻道"章为代表，其他多为周游列国的谈话摘要，这些记录者应是各诸侯国的史官。

《老子》一书为语录体，并且经过了多人多次加工整理，这是通过文本得出的论断。虽然资料十分有限，古人的记录受到条件限制十分简短，但依然要点明确，层次清晰，思想深刻，锋芒毕露，极富魅力。一位英国汉学家彭马田说：

> 《道德经》并非我们所理解的一般意义上的书，它是格言和注疏的集合，前后并无明显的逻辑顺序。这八十一章犹如一串圆润的珍珠项链：像珍珠一样，各自独立，集合在一起，其效果则更显美奂绝伦。

这位外国人的读后感非常敏锐地触及到了老子书的语体问题，只是这张纸仍需要由我们自己来捅破。

孔子没有见过他著的《论语》，老子也没有见过他著的《道德经》，世上的事就这么奇怪。人们对智慧永远是渴望的，对饱含智慧的言论是珍视的，但由于文字书写和传播载体的局限，这个时期只能出现语录体著作，《论语》如此，《道德经》也是这样。司马迁固为良史，但其说也不可尽信，诚如孟子所言"尽信书则不如无书"也。

老子出关入秦

老子周游列国的日子热闹一阵便冷清下来。有一天家里来了一位客人，带来了丰厚的礼品，发出热情的邀请，老子答应了。于是，收拾一番之后，他们乘着牛车出发了。

途经函谷关时，他们不过在这里睡了一觉，后来却演绎出无数故事。

第一类是民间故事，其中有一个被文学家鲁迅"包装"：

老子到了函谷关打算偷渡，被关令尹喜抓住，因为关令认识这位老馆长，他去图书馆借过税收方面的书，于是让老子为关上的人讲课。老子没办法只好打着陕西腔，加上湖南音开讲了；大家听着都睡着了；于是就结束了；于是，老子被请去休息，"他喝过几口白开水，就毫无动静的坐着，好像一段呆木头"。接着进来几个人对老子说刚才没听明白，你把这些讲义写下来吧。老子只好奉命写了整整一天半，也不过五千个大字，老子心想，"为了出关，我看这也敷衍的过去了"。

最后，关令尹喜答应放他走，还送给他"一包盐，一包胡麻，十五个饽饽馍"，老子再三称谢，骑上青牛，便向峻坂的大路上慢慢走去。

第二类是道教徒讲的故事：

函谷关令尹喜善观天象，在今周至的山里搭建了一个草楼，叫草楼观。一天他发现一团紫气由西向东缓缓移动，料定必有圣人经过。于是赶到关前，果然碰见了老子骑着青牛来了。尹喜见了老子赶忙下拜，认为老师，关令这个官也不做了，和老子一起来到草楼观隐居修道，成为得道真人。这个故事就叫"紫气东来"。

第三类是由于史料不足而采自民间传说的史家之言：

> 至关，关令尹喜曰："子将隐矣，强为我著书。"于是老子乃著书上下篇，言道德之意五千言而去，莫知其所终。

这不过是一个道听途说的故事，但出自史圣之口，便成为史实。传世的《道德经》是老子亲自所著，地点在函谷关，背景是应关令尹喜的请托，时间是出关途中。之后老子就消逝的无影无踪了。这种看法至今仍是学界的主流观点。

老子西行入秦是在免官之后，当时春秋末期，西秦已成为政治舞台上一颗新星。正如孔子回答齐景公的问题，谈到对秦国的看法，老子或许也有同样的观点。

司马迁在《孔子世家》中说：

> 鲁昭公之二十年，而孔子盖年三十矣。齐景公与晏婴来适鲁，景公问孔子曰："昔秦穆公国小处辟，其霸何也？"对曰："秦，国虽小，其志大；处虽辟，行中正。身举五羖，爵之大夫；起累绁之中，与语三日，授之以政。以此取之，虽王可也，其霸小矣。"

老子入秦后去了哪里？虽然史无明载，但有一个去处可能性最大。据唐人李吉甫《元和郡县图志》载：

楼观，在县东三十七里。本周康王大夫尹喜宅也，穆王为召幽逸之人，置为道院，相承至秦、汉，皆有道士居之。晋惠帝时重置。其地旧有尹先生楼，因名楼观，武德初改名宗圣观。

秦人在穆王道院继设道院，或许增加了教育贵族子弟的功能都是有可能的。当秦始皇一统天下之后，在楼观为老子修建了第一座专祀的"清庙"，或许传达出一种信息，老子入秦后在楼观道院，为秦人走向政治巅峰做出过贡献。道教把这里视为老子讲经的地方，尊为圣地，也是有理由的。

老子之死

关于老子之死，只有庄子给我们讲了一个如闻其声的故事，还是为他的观点服务的：

老聃死，秦失吊之，三号而出。弟子曰："非夫子之友邪？"曰："然。""然则吊焉若此，可乎？"曰："然。始也，吾以为其人也，而今，非也。向，吾入而吊焉，有老者哭之，如哭其子，少者哭之，如哭其母。彼其所以会之，必有不蕲言而言，不蕲哭而哭者，是遁天倍情，忘其所受。古者谓之遁天之刑。适来，夫子时也；适去，夫子顺也。安时而处顺，哀乐不能入也。古者谓是帝之县解。"（《庄子·养生主》）

庄子这段话显然是为他的观点服务的，但庄子所设背景可能并非空穴来风。老子死的时候有弟子守候在旁，对老子的朋友秦失干嚎了三声就走很不满意，当面提出质问。从秦失的回答中我们还知道哭丧的人很多，老少都有，都非常伤心。秦失是老子的朋友，也是一位高人，但他还有什么身份不清楚。我怀疑这个人极可能是老子入关的牵线人，是秦国的史官。这些弟子敢于当面质问秦失，地位必特殊，极可能是秦国的贵族子弟。

当然，这些只是推测。要搞清这些问题，必待新的考古文献的出现。

老子如何被误解

老子其人其书因为有太多的不明确而被披上了神秘的纱衣，又被见仁见智而众说纷纭。其实在老子活着的时候，他就抱怨自己不被理解：

> 吾言甚易知，甚易行；
> 天下莫能知，莫能行。
> 言有宗，事有君。
> 夫唯无知，是以不我知。
> 知我者希，则我者贵。是以圣人被褐怀玉。

老子认为他说的道理很容易明白，也很容易实行，但普天之下没有人明白，也没有人愿意实行。所以，他也只能像过去的"圣人"那样"被褐怀玉"了。

老子生前不被执政者理解是他的主张超越了执政者可以接受的极限；他对道的哲学表述也超越了他们的认识能力。而后世对老子的误解客观上有语境的缺失和文本的缺陷，主观上常见的则是逻辑与常识的缺失。这些因素交织在一起，误解很难避免。我举几个例子，先说孔子误解老子，再说人们又是怎样误解孔子和老子的。

《论语·宪问》有一段记载：

> 或曰："以德报怨，何如?"子曰："何以报德? 以直报怨，以德报德。"

有人问孔子说："要用恩德对待仇怨，怎么样? 这话对吗?"孔子回答说："那该怎么回报恩德呢? 应该用公平的原则对待仇怨，用恩德来回报恩德。"

孔子不认同"以德报怨"。

"以德报怨"正是老子的观点。

老子的话见于第六十三章：

> 为无为；事无事；味无味。大小；多少。报怨以德。

关于"民怨"，他还说过：

> 和大怨，必有余怨。安可以为善？（第七十九章）

民怨的进一步发展便是激烈的反抗和斗争，而执政者通常会采取镇压的手段：

> 民常不畏死，奈何以死惧之？（第七十四章）

镇压必然会激起更强烈的反抗和斗争，一旦反抗和斗争的力量汇聚在一起，便会产生极为巨大的威力，这种"大威"不可阻挡：

> 民不畏威，则大威至。（第七十二章）

老子明确指出，民怨是执政者造成的：

> 民之饥，以其上食税之多，是以饥。民之难治，以其上之有为，是以难治。人之轻死，以其求生之厚，是以轻死。（第七十五章）

"怨"是民众对执政者压迫的不满，这种不满由小到大、由少到多积聚。老子认为在民怨小和少的时候就应该高度重视，把小看作大，把少看作多，用"德"来对待民怨，也就是要为民付出，让利于民，切实解决民生的基本问题，这便是"报怨以德"，但执政者在民怨小和少的阶段总是视而不见。由于执政者除了满足自己奢侈生活需要之外，还面临着来自他国的战争威胁和执政者集团内部的压力，这些压力都会转化为民众的负担而激起更多的不满（怨）和反抗（乱）。民怨此起彼伏，旧去新生，这便是"和大怨，必有余怨"。面对这种情况，执政者通常会利用自己拥有"法令"的权力优势予以压制，在执政者看来是"以法治国"，行之有据，无可非议；在民众看来是残酷镇压，于是矛盾激化，升级，不可调和，从而危及执政基础以致不可收拾。这个执政者和民众之间的怨报循环自古及今难去，其根本原因就是执政者做不到"报怨以德"。

从孔子的回答可知，他是从两者对等出发提出的原则，适用于人与人、国与国之间的关系，这没有错。那个时代有仇不报被认为是个人或国家的耻辱。而老子"以德报怨"的观点特指执政者与百姓之间的关系，这种关系是不对等的，百姓之怨正是执政者造成的，因此"以德报怨"是执政者唯一正确的选择，老子也没有错。

问题出在提问者，他只拿出四个字的结论而没有一点背景：谁说的？对谁说的？针对什么问题而说？他还说了什么？这些情况一概阙如。或许当时有问此话的背景，但没有记录下来。

孔子和老子有一句意思相近的话，都是谈论执政者该如何对待不喜欢他们的那部分民众的，但误解让人们入坠云雾。

对执政者来说，"和民"是第一要务。因为能否得到"民"的拥护和信任，不但决定了他在这个位置上能否长久，甚至还危及项上之首。而在民众之中，对执政者有亲近支持的，有持观望态度的，但也有不少人对执政者不亲近、不拥护、不信任，甚至还会有反对派。执政者如何对待自己赖以生存的民众，特别是那些"不善者"、"不信者"、甚至反对者，的确是一个非常棘手的问题。

《老子·第四十九章》回答的正是这个问题。老子说：

圣人无常心，以百姓心为心。

"常心"指人习惯于从自己出发考虑问题，总是先权衡自己的利益。"无常心"则是说执政者自己首先要转变这种立场，"以百姓心为心"。"百姓心"指大众利益，就是人民的心愿。执政者只有把"百姓心"转变为自己的"心"，才可能真正得到人民的拥护和支持。

这一条实质上是个执政理念问题。执政为民还是为己？是为多数人还是少数人？对这个问题古今所有的执政者都必须做出回答，因为这是执政合法性最根本的依据，所以都会把"为民"挂在口头上，实际上从来不这么做。老子当然明白这一点，所以强调必须从"心"改变，要真心实意。有了这个改变，对那些不亲近、不拥护、不信任自己的人便只有一种选择：

> 善者吾善之，不善者吾亦善之，德善。
> 信者吾信之，不信者吾亦信之，德信。

前者容易做到，放下架子便可。对"不善者"、"不信者"要"善之"、"信之"则难矣，难在这些"不善者"、"不信者"都有他们的理由。这些理由常常不能被说服，也不会被姿态所迷惑，只能通过实实在在的事实使他们改变立场。另一方面难在执政者自身，要倾听自己不喜欢听的刺耳话，要损失自己不想失去的利益，这的确让人很纠结，也容易让打算这么做的执政者失去耐心。但这是唯一的正确途径。只有这么做，才能使这两部分人群逐渐合一，执政者才能得到一致的拥护和信任，所谓"德善"、"德信"。

老子回答的问题是春秋各诸侯国执政者普遍面临的问题，也是坐在老子对面的这位执政者所关切的，他们听明白了但是做不到。然而老子的这句话流传到后世，意思变得令人不可思议：

> 善良的人，我善待他；不善良的人，我也善待他；这样可使人人向善。
> 守信的人，我信任他；不守信的人，我也信任他；这样可使人人守信。①

如果把"善者"理解为善良的人，那"不善者"便是邪恶的人；如果把"信者"理解为有诚信的人，那么"不信者"便是没有诚信的人。善待恶人，那是东郭先生；信任骗子，那是傻瓜才干的事。这种理解均于常识不合。然而这却是当今的主流看法。南怀瑾先生发挥了他对这句话的理解：

> 他又说"善者吾善之"，善人有好的意见，令人特别高兴，对好人也会特别喜欢。"不善者，吾亦善之"，坏人所持反对的意见也是意见，只不过他这个意见与善人的意见相反而已。一个圣人，爱一切的善人，也爱一切的坏人，因为坏人更应该救，更要帮助他。……反对道德的那些坏人，我一样信他。信他什么呢？相信人性本善，有一天他会自己觉悟的，会走上道德这条路的。②

持同样看法的傅佩荣先生举例说：

> 不善良的人，譬如，关在监狱的罪犯，可能也有很多委屈，同样也希望别人善待他。如此一来，可以使人人行善，很具正面的效果，这也是圣人的高明之处。

他又说：

> 当我们看到别人不守信用，借钱不还，说话不算话，不免感到气愤，然而替他想想，他又何尝愿意如此呢？很可能有不得已的苦衷。所以，要继续相信他，给他机会，他将来才愿意守信。③

圣人治国之大事被如此庸俗化解读令人吃惊。在《百家讲坛》讲老子的姚淦铭先生讲演说：

得到了善，那不就是人心向善了吗？善人的人心更向善了，不善人的人心也向善了，人人都得到善了，都得道了，这不就是人际交往的大成功？难道不是吗？就是牢房中的"不善者"，今天我们的警察还在循循善诱地对他们"亦善之"，就是像老子所说的用善来对待他们，希望将他们重新改造为"善人"。④

原来对"不善者"还是要投放监狱，靠"警察""循循善诱"。从古代到今天，几乎所有的执政者都是这么做的，难道这些执政者都是"圣人"？

当今这些人的见解也并非空穴来风，他们也是有所本的。汉代河上公先生对老子这两句话就是这么解释的：

> 百姓为善，圣人因而善之；百姓虽有不善者，圣人化之使善也。百姓德化，圣人为善。
>
> 百姓为信，圣人因而信之。百姓为不信，圣人化之使信也。百姓德化，圣人为信。⑤

河上公的"化之"，显然是引申发挥出来的，文句中并没有这层意思。即使引申发挥的合情合理，自成一说，也未必就是老子的本意。不过，河上公把这两段话定位在执政者和百姓之间的问题，还是正确的。而很多当代学者则扩大到所有的人，不但误解了老子，还可能误导更多的人。

人们都把"善"解为善良，"信"释为诚信，因而导致进入误区。任继愈先生似乎察觉出其中的不妥，他的解释与前不同：

> 百姓的意志，善的，我好好对待它，百姓的意志，不善的，我也好好对待它，就得到了善。
>
> 百姓中，可信的，我信任它，百姓中，不可信的，我也信任它，就人人得到了信任。⑥

上句中，任先生没有把"不善者"说成"不善良的人"或"坏人"，这是对的。只是不明白"百姓的意志"是怎么看出来的，可能和上句"百姓心"有关。那么接下来要对"百姓心"进行区分，对百姓进行区分，最后却什么也没有区分，就"人人"皆大欢喜了。

失去特定的背景与语境去探寻作者的本义，无疑于缘木求鱼。虽然文本对这些情况没有明确的说明，但文本自身却必然留下了许多蛛丝马迹，只是需要去寻找而已。

孔子也说过一句话，和老子这句话的意思非常相近，不过是换了一个角度：

> 子曰："唯仁者能好人，能恶人。"

孔子这句话是什么意思？如果从字面顺下来再译成现代汉语有如下几种释法：

杨伯峻先生把此句译为：

> 只有仁人才能够喜爱某人，厌恶某人。⑦

李泽厚先生译为：

> 只有仁爱的人才能喜欢人，憎恶人。⑧

钱穆先生将此句译为：

> 只有仁者，能真心地喜好人，也能真心地厌恶人。⑨

这句话朱熹有个解释：

> 盖无私心，然后好恶当于理，程子所谓"得其公正"是也。⑩

南怀瑾先生也有一个解释：

> 这是仁的体用并讲。孔子说真正有"仁"的修养的人，真能喜爱别人，也真能够讨厌别人。"好"就是爱好的"好"。"恶"字读去声，照现在的国语读法是读作第四声，就是厌恶的意思。⑪

看完这些译文和解释之后，人们仍有疑问：好恶之心人皆有之，人皆能之，为什么只有"仁者"有之，"仁者"能之？

钱穆先生加了"真心"二字，南怀瑾先生加了"真能"二字，说明两位先生看见了这个问题，但加了两个字并没有解决实质问题，不管是"能"还是"真能"，都难以自圆其说。喜爱别人还好说，厌恶别人则有仁有悖，因为孔子还说过："我未见好仁者恶不仁者"。

常识告诉我们，每个人都会"好"某人，"恶"某人；每个人也会被人"好"，被人"恶"。每个人都会亲近所"好"者，疏远所"恶"者；亲近"好"己者，疏远"恶"己者。好恶是一种情感，亲近是一种行为，无论男女老幼，人皆有之，人皆可为，算不得什么高尚的品德，甚至还有一点俗的味道，和"仁者"根本扯不上关系。那么，问题出在哪里呢？既然"仁者"不是"好恶"的主体，那么"仁者"极可能是"好恶"的对象。而孔子所谓"仁者"，多指向有道的执政者。执政者被一些民众喜欢，一些民众所不喜，甚至厌恶，也是常态。执政者怎样对待厌恶他的这些民众，就成为有道无道、有仁无仁的试金石。孔子说："苟志于仁矣，无恶也。"这应该就是我们要找的缺失的一环，仁体现在善待、包容，而无论其所持态度立场。这和老子所说的"善者（好）吾善（好）之，不善者（恶）吾亦善（好）之，德善（无恶）"，完全是一个意思。

好恶的对象是"仁者"，孔子这句话便有了完全不同的深刻含义：

> 子曰："唯仁者能好人，能恶人。"

317

孔子说：只有有道的人才能做到包容喜欢自己和不喜欢自己的人。

这是为什么呢？

子曰：苟志于仁矣，无恶也。
孔子说："如果坚持行仁道，那就没有人不喜欢他。"

有人喜欢（好），有人不喜欢（恶），这和"善者"、"不善者"；"信者"、"不信者"是同一种情况。老子认为，"圣人"应该"善之"、"信之"，这不仅是态度，还应该是行动，但这层意思在孔子这句话里被弄丢了。从下句"苟志于仁"可知，孔子所称的这位"仁者"如果坚持行仁道，"以百姓心为心"，那么就会出现"好"者"更好"，"恶"者变"好"，自然"无恶也"。

从以上所举的例子中，误读经典几乎无处不在，可见我们极容易犯错。因此，背景、语境很重要。如果不明确，则需要另辟蹊径去寻找，不放过任何蛛丝马迹。

另外，常识很重要。如果不符常识也会不合逻辑。常识和逻辑是发现问题的利器，也是解决问题的利器。它的重要性在释经上我认为可以和王国维先生提出的二重证据法合并，称之为三重证据法。

---

① 陈鼓应：《老子注译及评介》，中华书局，1984，页 255。
② 南怀瑾：《老子他说续集》，东方出版社，2010，页 141。
③ 傅佩荣：《细说老子》，国际文化出版公司，2007，页 187。
④ 姚淦铭：《老子与百姓生活》，中国民主法制出版社，2006，页 260。
⑤《老子道德经河上公章句》，中华书局，1993，页 188、189。
⑥ 任继愈：《老子绎读》，北京图书馆出版社，2006，页 107。
⑦ 杨伯峻：《论语译注》，中华书局，1984，页 35。

⑧ 李泽厚:《论语今读》,生活·读书·新知三联书店,2004,页108。

⑨ 钱穆:《论语新解》,生活·读书·新知三联书店,2002,页86。

⑩ 朱熹:《四书章句集注》,中华书局,1983,页69。

⑪ 南怀瑾:《论语别裁》,复旦大学出版社,1999,页174。

老子书中的几个比喻

中国古人抒情喜欢用"比兴"的手法，《诗经》里多是这样的篇章。其实中国古人讲理也喜欢用"比"的方法，后来发展到"寓言"。这种方法有利有弊，利是形象生动，弊是易生歧见或产生误解。因此，谈到古人书中的"比喻"，要十分谨慎，要从整个语境中去把握，切不可执其一端而失其主旨。否则，就极易犯似是而非的错误。

"刍狗"喻

第五章："天地不仁，以万物为刍狗；圣人不仁，以百姓为刍狗。"这段话把万物和百姓都比喻为"刍狗"，还说"天地"、"圣人"都"不仁"，这种言论似乎真有点逆天的味道。

这段话人们大都是这样理解的："天地是无所谓仁慈的，听任万物自生自灭；'圣人'是无所谓仁慈的，听任百姓自生自灭。"①

这种理解释仁为仁慈，从人对刍狗的态度引申出听任其自生自灭的不干预态度。我以为这不是老子的意思。

所谓"天地不仁"，只是说天地和人不一样。"仁"通"人"。因为人有私，故有亲疏爱憎；天地无私，故能视万物为一物，此一物的代表即刍狗或任何一物。"以万物为刍狗"，是说在天地面前，万物皆平等，是一样的，都是刍狗。换句话说即无论是帝王将相还是平头百姓都是刍狗，无一例外。圣人是人间的执政者，也要学习天地的榜样，平等地对待他的百姓。"刍狗"只是老子用来说明平等的一个比喻，一件道具。细心品味，老子的这个思想已有"天赋人权，生而平等"的含义，起码已是这种思想的萌芽状态，不可不重视。但这句话自古及今都把"仁"理解为"仁恩"或"仁慈"，关注着"刍狗"用后即弃的特性，最后得出一个无关痛痒的"任自然"结论。

什么是"刍狗"？吴澄说："刍狗，缚草为狗之形，祷雨所用也。既祷则弃之，无复有顾惜之意。"苏辙说："结刍为狗，设之于祭祀。尽饰以奉之，夫岂爱之，适时然也；既事而弃之，行者践之，夫岂恶之，亦适然也。"所谓"刍狗"，即用草扎成狗形的祭品。狗为六畜之一，最早是为供食用而畜养，后来人们才开发出狗的各种用途。作为祭品之一的狗，也经历了从生殉到象征的变化，这便是"刍狗"的来历。现在人们还保留了祭祀亡亲时烧纸扎的风俗，只是已经没有狗的踪影了。

晋人王弼说："无为于万物而万物各适其所用，则莫不赡矣。若慧由已树，未足任也。"[2]他认为天地"以万物为刍狗"是不干预万物，万物则各适所用，还是任自然的意思。无论是不干预、任自然，还是干预，都说明这个天地仍是有"心"的，即是有选择的。陈鼓应先生认为这时的天地已无主观意图，"即意指天地只是个物理的、自然的存在"。[3]钱钟书先生也说："刍狗万物，乃天地无心而'不相关'、'不省记'，非天地忍心'异心'而不悯惜。"[4]这个观点和陈鼓应先生的观点相近，实在是说过头了。还有一些看法令人莫名其妙，比如任继愈先生在注解里说："人们把草做成刍狗的时候，并不爱它，重视它；人们祭祀完了抛开它，也不是恨它，轻视它。"[5]刍狗是人们对祭祀对象，比如神灵、祖先、亡亲的重视、爱戴和怀念的表达方式，这种情感当然不是指向刍狗的。用完就扔一是因为其值太低，极易得到，二是重复使用有对祭祀对象不敬之嫌，自然也不是因为对刍狗有"恨它、轻视它"的意思。这本是常理无须多说，说多了会误导读者只关注刍狗本身，而忽视对关键问题的把握。因为一个形象的比喻不可能面面俱到，首先要分清最主要的意思。天地"以万物为刍狗"，强调的是无区别，无贵贱，无轻重。人为万物之一，自然也是刍狗。由此出发，"圣人以百姓为刍狗"是要求执政者平等地对待百姓，而不能"损不足以奉有余"，这才是老子比喻的现实含义，只不过没有明说罢了。

"刍狗"之喻自有轻贱的意思，那是老子对自命高贵的既得利益者集团的挑战，在天地面前，这些贵人自然也在"刍狗"之列，毫无例外。而对最高执政者而言，圣人的做法是一视同仁，平等地对待所有的人，那就不会因此而产生不均，也不会因严重不均而发生社会动荡了。

---

① 任继愈：《老子绎读》，北京图书馆出版社，2006，页12。
② 楼宇烈：《老子道德经校释》，中华书局，2008，页13。
③ 陈鼓应：《老子注译及评介》，中华书局，1984，页78。
④ 钱钟书：《管锥编》，生活·读书·新知三联书店，2007，页652。
⑤ 任继愈：《老子绎读》，北京图书馆出版社，2006，页12。

"上善若水"喻

第八章"上善若水"句，是老子最出名的名言，自然也是一个最出名的比喻。但比喻的是什么？人们却并不清楚，只能望文生义指为"上善"，于是"最高的善像水那样"，①便成为流行的解释。其实"若水"是对道的比喻，而不是对所谓"善"的比喻；此处的"善"不指善良、善行，仅表示好或好的，"上善"即上好的、最好的。上好的指什么被省略了，从通篇文字看，省掉的是"国君"，即国家领导人。或因问题由国君提出，对象很明确，无需再重复。类似的情况还有"太上，不知有之"，回答的是同一个问题。但由于这里用了一个"若水"的比喻，便被人们混在一起，意思成了"最高的善像水那样"，这种解释不但犯了张冠李戴的错误，而且对"善"的后来义也有不恰当的界定，善固有大小，岂有高低之分乎？"上善，若水"的意思需要拾遗补缺才能表达清楚：

　　　　最好的（君主），（对待百姓）要像水那样。

　　为什么以水为喻？因为"水善利万物而不争，处众人之所恶，故几于道"。"水善"，犹善水、好水，指那些润物细无声的水，而不是造成水患的水。"利"，利益，动词。"处众人之所恶"，指众人多向高处走而厌恶卑下，水却独向低处流，比喻要面向最底层的百姓。"故几于道"，是说这样做就接近道了。

---

　　① 任继愈：《老子绎读》，北京图书馆出版社，2006，页17。

"居善地"喻

　　紧接上文，老子又回答了这位君主的另一个问题：您能否具体说一下，我该怎么去做呢？于是，老子从七个方面谈了自己的看法，留下来七个干条条，是为"七善"，或以为此即舜之"七政"。①其中"居善地"也使用了比喻的手法，而人们对此喻之解释也最为离奇纷纭。

　　河上公说："水性善喜于地，草木之上即流而下，有似于牝动而下人也。"②

　　王弼则把"七善"归于一，释为"言皆应于治道也"。楼宇烈校本改为："言（人）［水］皆应于（治）［此］道也"。他在注文中的"按语"里说："此章经文全以水为譬喻，注文之意正说明水之利物而居卑下，符合于'居善地'之道，故据改。"③

　　王弼之言是对"七善"的统而言之，未必认为"此章经文全以水为譬喻",只能认为是今人的观点。持这种观点的还有任继愈先生,他在译文中把"七善"都用［像水那样］标示出来。因此,他对"居善地"的解释是:

居住要［像水那样］安于卑下。④

还有人译为:

居处善于选择地方。⑤
居处善于卑下。⑥

把"居"理解为"居住"或"居处"已经错了,还要"安于卑下"或"善于卑下",不但脱离了人类选择居所的常识,更脱离了对象位居人君的实际。这一条和水的比喻并无关系,它是另外一个比喻。这个比喻把执政理念放在第一位,把它比喻为立足点。"居善地"的意思是:首先要选择好正确的立足点,是为民还是为己?"居",指停留或停留的地方;"善",指正确选择。"居善地"的问题也就是今日常说的立场问题,当然因非常重要而置于首位。

------

①《尚书·舜典》:"正月上日,受终于文祖。在璇玑玉衡,以齐七政。"

② 王卡点校:《老子道德经河上公章句》,中华书局,1993,页29。

③ 楼宇烈:《老子道德经校释》,中华书局,2008,页21。

④ 任继愈:《老子绎读》,北京图书馆出版社,2006,页17。

⑤ 陈鼓应:《老子注译及评介》,中华书局,1984,页91。

⑥ 傅佩荣:《细说老子》,国际文化出版公司,2007,页39。

"心善渊"喻

这是"七善"之中唯一以水为喻的例子。而这个水是渊水，而不是雨水、江河水或海水。渊水一般较深，不像溪水和江河水那样生动活泼地发出声响；渊水平静而无波涛；渊水深而利藏。于是深藏而不露，深不可测、深沉、不表露自己的意向，因为"与别人相处的时候，意向一表露就输了"。[①]这些解释是当今流行的认识，他们塑造了一个为人处世老谋深算的老子，和上下文中的内容都格格不入。因此，这些解释虽然符合"渊"有深的特点，但却不合于结构性文意，也不能成立。"渊"最主要的特点是平静。"心"指思想、意愿、欲望。"心善渊"是说要克制自己的欲望，让自己的心像渊水那样平静。上面讲要选对立场，而要选对立场则必须没有私心，无私才能公正，此"心善渊"也。这都是执政者必备的品质。下面接着讲"与善仁"，直指君主的交往圈要选择"仁人"，即"以道佐人主者"，而不是小人；"言善信"是说执政者对百姓的承诺要说到做到，不能"忽悠"老百姓；"政善治"则指执政者要具备治理国家的能力；"事善能"是干部使用问题，用人以能而不是任人唯亲；"动善时"也是执政者必须要注意的，使用民力要在农闲时节，不能随心所欲或过度劳民。此七项都是对执政者的要求，对象非常明确，要求也非常明确，看不出一点深藏不露的影子，自然也没有一点所谓"权谋"的味道。

[①] 傅佩荣：《细说老子》，国际文化出版公司，2007，页41。

"车辐""埏埴""户牖"喻

老子从哲学高度提出了"有无相生"的论点，同时也肯定了它们之间的相互依存关系。在第十一章，又进一步把这种依存关系表达为"有之以为利，无之以为用"。"有"的好处是通过"无"来体现的。为了说明这一点，他从生活中一口气举出了三个例证，也可以说用了三个比喻，说明"无"的"用"处：

> 卅辐共一毂，当其无，有车之用；
> 埏埴以为器，当其无，有器之用；
> 凿户牖以为室，当其无，有室之用。

轮毂之间为空，车轮得以轻便；车箱亦为空，得以载人载物。陶器为了容物，而容物之处必空。

造房为了住人贮物，室内为空；门窗为了出入和透光，亦是空才能实现。空即是"无"，实体部分为"有"，由此可以自然得出结论：

> 有之以为利，无之以为用。

老子为了论证"无"的重要，真是煞费苦心。从这串珠般的比喻中，可以看出老子对事物观察的细微、深入，联想之丰富多彩，亦可见哲学的少年时代非常之可爱。

类似串珠喻的例子俯拾即是。如第十五章"古之善为道者，微妙玄通，深不可志。故强为之容"后有：

> 豫若冬涉川，
> 犹若畏四邻，
> 俨若客，
> 涣若冰将释，
> 敦兮其若朴，
> 旷兮其若谷，
> 浑兮其若浊。

这七个"若"用了不少意象式的符号，如"冬涉川"、"畏四邻"、"俨若客"、"冰将释"等，也有一些老子赋予特定含义的"朴"、"谷"等符号。通过这些比喻，一个老子理想的"古之善为道者"的形象被描绘出来了：他处理国事非常谨慎小心；从不自以为是，独断专行；他虚怀若谷，从善如流，但看上去却并不聪明过人，反而更像一个愚笨的人或一根未经人工修饰的木头。

"古之善为道者，微妙玄通，深不可志"，这句话是楼观本的句子。河上公本、严遵本、王弼本均为"古之善为士者，微妙玄通，深不可识"。但在帛书本中，此句为"古之善为道者，微妙玄达，深不可志"。"为道者"和"为士者"虽是一字之差，但一个是执政者，国君；一个是士阶层，自有极大的不同。老子说过"善为士者，不武；善战者，不怒"的话，那是针对士的；他还说过"上士闻道，勤而行之；中士闻道，若存若亡；下士闻道，大笑之，不笑不足以为道"，这也是针对士的。通过比较可知，通行本中的"古之善为士者"的"士"应为"道"之误。

"骤雨""飘风"喻

天地是人类赖以生存的根本，是人的崇拜对象，也是人的学习榜样，特别是人间的领导者师法的榜样。但天地从来只是默默地奉献着，从来都不向人类索取什么，也不居功夸耀，诚如孔子所叹："天何言哉？四时行焉，万物生焉，天何言哉？"老子说"希言自然"，也是这个意思。说是"希言"，实即不言；这里用"希言"，另有深意。"希"是少的意思，而不是"无"，从"希"可以引申为"微"、甚至"隐"，那便含有虽然不明说，但会通过一些细微的隐藏的东西暗示和表达出来的意思。类似的例子在《论语》里也有："其为人也孝弟，而好犯上者，鲜矣。""鲜"也是少的意思，而这里实际上说的却是没有。老子说的"自然"，是说从来如此。天地虽然"希言自然"，但天地间的所有生灭变化似乎都离不开它的主导。这是为什么呢？老子说："天长地久。天地所以能长且久者，以其不自生。"天地无私（不自生）故能公，公是天地的属性。那么天地的这个属性从何而来？是谁赋予了天地的无穷力量？

老子在回答这个问题时却改了口风，第二十三章说：

> 飘风不终朝，骤雨不终日。孰为此者？天地。天地尚不能久，而况于人乎？

前边说"天长地久"，这里又说"天地尚不能久"，这不是自相矛盾么？飘风、骤雨这两种天象比喻的正是变化不停的世界，而这种变化的真正幕后推手是道，天地只是它的代表而已。"天地尚不能久"，是指天地不能让飘风骤雨长久，不指天地不能长久。

"飘风不终朝，骤雨不终日"也是常识，以常识为比喻更容易为常人所接受，这大概是老子常用常识的原因。

把高深的、隐藏的、复杂的甚至是玄妙的哲理用浅近的、明显的、简单的甚至是直白的语言表达出来，比喻是个好方法。比喻形象、生动而耐人寻味，好比拉家常一样，平易近人。

没想到几百年之后，有人因为说老子"此家人言耳"，差点丢了性命。《汉书·儒林传》记载了汉景帝时一位以治《诗经》为博士的儒生辕固，窦太后听说他很有学问，就问他对自己最崇拜的老子的看法，辕固说："此家人言耳。"意思是家里人坐在一起拉家常的话。太后一听很生气，反讥说："安得司空城旦书乎"？司空指孔子，城旦是罪犯。太后说完仍不解气，命辕固下圈与野猪搏击。汉景帝"知太后怒，而固直言无罪，乃假固利兵。下，固刺彘正中其心，彘应手而倒。太后默然，亡以复罪"。要不是汉景帝暗中帮忙，辕固生死难料。辕固固有门户之见，有意要贬低老子，但他说的"此家人言耳"，从老子语言风格看却并非毫无道理。

"企者""跨者"喻

第二十四章只有四十七个字，却内含了或明或暗六个比喻。

跂者不立——"跂子"是站不直的，其病在脚。踮起脚尖指的身体正常的人，这里比喻的是毛病，因此必指跂子。跂子当然无论如何也站不直。

跨者不行——"瘸子"是走不远的，其病在腿。跨大步或二步并作一步跨也指身体正常的人，这里同样比喻毛病，因此必指瘸子。病腿者自然无论如何也是走不远的。

自见者不明——自见者指眼里只有自己或自己利益的人，这种人实际上是不自知的人，老子说过"自知者明"。这种人其病在目，所以说"不明"。不明是看不见，隐喻"瞎子"。

自是者不彰——总是自以为是的人一定听不进别人的劝谏，其病在耳，"不彰"指听不清，隐喻"聋子"。

自伐者无功，自矜者不长——自伐是自我夸耀；自矜是过于自信而以为自己有过人的能力或实力。

其于道也，曰余食赘行，物或恶之，故有道者不处——这些毛病从道的立场看，可以说就像残渣剩饭或身上长出的痛疽肉瘤那样的行为，只能让人们厌恶，所以有道的人绝不那样做。

余食：食之余，指吃剩的饭菜。

赘：多余的，不正常的如身体上长出的疮疽瘤之类，让人厌恶。

这两个比喻也指向"自见、自是、自伐、自矜"者的毛病，而这些毛病常常集于执政者之一身，而且是常见病多发病，所以老子使用了这些尖刻的比喻，开了一个猛药的方子。其中有些比喻在今日看来对残疾人有些不敬，但那是二千五百年前，现在就不必计较了。

"川谷之与江海"喻

第三十二章结束语有"譬道之在天下，如川谷之与江海"。这是一个明确指出的譬喻。这个譬喻不是一个单纯的物或物象，而是一个复合的地理现象，并且透过这种现象展示的细流汇集于江海的必然性，旨在说明道行天下，万民归心的必然性。显然，这是呼应前面所说"侯王若能守，万物将自宾"的观点，因为使用了一个形象而贴切的比喻更显生动和更具说服力。

比喻也有局限性，这种局限体现在它的不确定性，因而见仁见智各有所据。比如河上公注解此句时说："譬言道之在天下，与人相应和，如川谷与江海相流通也。"①河上公强调的只是川谷与江海相流通的特点，用以说明道与人相应和，而这种应和表现为"神灵佑助"。另一位近人蒋锡昌指出："此句倒文，正文当作'道之在天下，譬犹江海之与川谷'。盖此文以江海譬道，以川谷譬天下万物。"②这就不仅仅是相通相应的问题了，而是"万物"必将归顺于大道，不但突显了大道的现实意义，而且揭示了大道必将行于天下的未来理想。

在第六十六章里，老子还解释了"江海"为什么能为"百谷王"的原因。他说："江海所以能为百谷王者，以其善下之，故能为百谷王。"使用的是同一个譬喻，换了一个角度切入问题。问题还是老问题，即执政者如何摆正自己的位置？"江海"必定居下，因为水向低处流，居下才能聚百谷之水，聚百谷之水才能形成江海之壮观，因此执政者一定要"善下之"。什么是"善下之"？执政者能把自己位置置于百姓之下，或者说把人民放在第一位，这就叫"善下之"。这不是什么新鲜的提法，只不过历来的执政者只是口上说说而已，做的都是另一套。因此老子接着换了一种说法："是以圣人欲上人，以其言下之；欲先人，以其身后之。"意思是你想拥有居于民众之上的社会地位，你的施政就必须顾及百姓的利益；如果你想站在百姓的前面，那你就必须把自己的利益放在百姓的后面。

老子大概经常用这个譬喻为君主们说教，对这些君主的心态又把握极准，因此可以灵活运用这个譬喻，使这个譬喻的说理能量释放到最大。

① 王卡点校：《老子道德经河上公章句》，中华书局，1993，页132。

② 蒋锡昌:《老子校诂》,商务印书馆,1937,成都古籍书店,1988年影印本,页230。

"鱼不可脱于渊"喻

和"渊"有关的比喻还见于第三十六章:"鱼不可脱于渊,国利器,不可以示人。"这是一个复合的比喻。先用鱼和渊的比喻说明两者之间的依存关系。然后又用这种依存关系说明国家和这个"国利器"的依存关系。最后指明这个"国利器"的特点是"不可以示人"的。那么,这个"国利器"是什么呢? 很多人都猜是武器,是一种秘不示人的高效能武器:

> 国家的有效武器也不轻易展示出来。①
> 国家的锐利武器,不可显示在人前。②
> 国家的"利器"不可以随便耀示于人。③
> 国家的有利武器不可以向人炫耀。④

鱼离了渊便会死,国家离了这个秘密武器便会死吗? 老子历来反对战争,反对"以兵强天下",视兵器为"不祥之器",为什么突然把兵器的重要性提到生死存亡的高度? 还要叮嘱人们"不可以示人",要做好保密工作? 显然这不是老子的意思。老子的"利器"一定另有所指,"不可以示人"是这个"利器"的固有特点,即是它不具备一般器物的特性,是眼睛所看不到的,双手摸不着的。这个眼睛看不到,双手摸不着的"国之利器",只有"道"能担此重任,有道则国存,无道则国亡。而老子在前面所讲"柔弱胜刚强",也指向国之利器非"道"莫属。

老子在本章开头讲了一段话,被一些人误解为"阴谋论者"。

> 将欲歙之,必固张之;
> 将欲弱之,必固强之;

将欲废之，必固兴之；

将欲夺之，必固与之。

是谓微明。

有人看到我十多年前出版的《元刻楼观篆书本道德经》，把我列入主张老子是"阴谋论者"之列。当年那本小书对这段话没有说清楚，我从来不认为老子主张"阴谋论"。老子这段话不过是对事物发展过程出现的一些现象进行抽象的理论概括，并非是权力争斗场的权术法宝。歙张、强弱、废兴、夺与，这些矛盾着的方面，都在向自己的反面转化，这是老子在两千五百年前发现的规律，十分难得。老子告诫执政者要看到这种变化规律，而这种规律隐藏在事物的发展变化之中而不易觉察，所以老子把认识到的这种规律称为"微明"。老子担心对方听不明白，又点明："柔弱胜刚强。"因为逞强是执政者的通病。最后又用比喻说明"国利器"不是强大的军队和武器，而是"柔弱胜刚强"的"道"。

---

① 任继愈：《老子绎读》，北京图书馆出版社，2006，页81。

② 张松如：《老子说解》，齐鲁书社，1998，页206。

③ 陈鼓应：《老子注译及评介》，中华书局，1984，页207。

④ 傅佩荣：《细说老子》，国际文化出版公司，2007，页136。

"百姓"比"孩"喻

第四十九章最后一句话"百姓皆注其耳目，圣人皆孩之"，把百姓比喻为孩子。这是多数文本的句子。独严遵本"孩"为"骇"字，另有人认为"孩"应为"閡"字，"閡"有关闭义。因为文本或理解上的原因，这句话从古至今都被人误解了。由于误解，还产生了一个"爱民如子"的错误观念，这个观念后来被执政者所利用，成为民众必须服从当政者的伦理依据。

导致误解的直接原因是"孩"字之误，"孩"字原本应为"骇"字。在众多版本中，只有严遵本为"骇"字，但他的解释却升入云雾之中，脱离了特定关系中执政者应该持有的正确立场，是另一种误解。

其实这句话并不复杂。百姓"注其耳目"是在听在看，对象自然是执政者，百姓是在听其言而观其行。执政者莫不宣称要代表百姓的利益，是为"言"也；但却少有实行者，是为"行"也。这种言行不一的作风已经成为一种传统，因而老百姓总是在怀疑观望。百姓关心自己的切身利益，是完全正常的生存权力，不能视为私欲而横加指责，那不是老子的意思。老子历来认为百姓是"不足者"，执政者是"有余者"，应该损有余而补不足，社会才能实现安定。当执政者面对无数百姓的"耳目"，他应该怎么办呢？他只有一个正确选择；始终保持警惕，不能忘记对老百姓的承诺！这就是"圣人皆骇之"的真意。此处有两点值得注意，一是"圣人"，此处不过是指"聪明的执政者"之意，还不是现代人所理解的智慧及道德都非常圆满的人。二是"皆"字，不指横向的"都"，而指纵向的"都"，即自始至终的意思。百姓始终都在关注着执政者的言行，执政者应该始终保持惊惧之心，如履薄冰才是。

老子这个意思并不新鲜，甚至可以说是老生常谈。在《尚书·大禹谟》里，记载了大禹和伯益的一段对话，就要求执政者要时刻保持儆戒：

> 禹曰："惠迪吉，从逆凶，惟影响。"
> 益曰："吁！戒哉！儆戒无虞，罔失法度，罔游于逸，罔淫于乐。任贤勿贰，去邪勿疑，疑谋勿成，百志惟熙。罔违道以干百姓之誉，罔咈百姓以从己之欲，无怠无荒，四夷来王"。

古今的人们对老子这句话都作了过度解读，因而形神俱散。

河上公解释说："百姓皆用其耳目为圣人视听也。圣人爱念百姓如孩婴赤子，长养之而不责望其报。"① 在河上公看来，老百姓

"注其耳目"是在为"圣人视听";"圣人"把他们都当成自己的孩子般"爱念",永远养着他们,还不指望百姓回报!从执政者和百姓的关系看,此公的解释可谓南辕北辙,一屁股坐在了当政者一边。

王弼通行本正文漏掉"百姓皆注其耳目",但在注文中却有"百姓各皆注其耳目焉,吾皆孩之而已",文中夹注"各用聪明"是对"百姓皆注其耳目"的注解。"圣人皆孩之"的夹注是"皆使和而无欲,如婴儿也"。

王弼的理解显然和河上公不同,老百姓"注其耳目"不是在为"圣人视听",而是"各用聪明",都是在为自己的私利打算。而"圣人皆孩之"也不是"爱念百姓如孩婴赤子"般的"长养之而不责望其报",而是教育他们,"皆使和而无欲,如婴儿也"。

此二人的解释虽然不同,但其立场则无差别。老子明明说的是"圣人歙歙焉",即执政者要收敛自己的欲望和私利,应把百姓的利益放在第一位,"以百姓心为心",怎么到了最后却变成了执政者要让百姓"和而无欲",或者执政者都变成了"爱民如子"的"圣人"呢?

问题很可能出在"孩"字上。孩、婴、赤子,老子常用以比喻"和而无欲",柔弱而充满生命力,王弼的联想来源于此,河上公则用的是"孩"字的本义,所以圣人自然就会爱民如子了。

传为东汉的严遵提供了此句的另一个版本:

> 百姓皆注其耳目,圣人皆骇之。

孩、骇,形似而误,这是传抄中常见的问题。骇有惊惧的意思;两个"皆"字可以从纵向去理解,即始终的意思。所谓"百姓皆注其耳目"是指百姓一直关注的对象是执政者,当然是听其言,观其行的意思。因为很多执政者总是许下很多美好的诺言,却常常做的是另一套。面对百姓的期待,聪明的执政者自然应该始终保持惊惧之心,用行动去兑现诺言,不敢懈怠,这就是"圣人皆骇之"的真意。严遵本虽然为我们提供了最佳版本，但这位严先生却把那位"圣人"送入了太虚之上，他说：

> 废我之所欲为，裹天之所欲得，万物纷纷，皆注其耳目。世主无为，涣如俨容，天地为炉，太和为橐，神明为风，万物为铁，德为大匠，道为工作，天下青青，靡不润泽。故能陶冶民心，变化时俗，上无不包，下无不克，成遂万物，无不斟酌。感动群生，振骇八极，天下茫茫，不识美恶，玄效昧象，自成法式。②

这是一个道士眼中的"圣人"，"世主"的功德能够"振骇八极"，便是很自然的事情了。如果这位"圣人"是在人间，要面对千千万万双紧盯着他的眼睛和耳朵，而他曾经宣誓要给他们想要的生活，这位"圣人"的压力可想而知。他必须自始至终保持畏惧而不能松懈才是唯一正确的选择。

古人对"百姓皆注其耳目，圣人皆孩之"这句话的解释多误，今人亦未能幸免，但又有不同。

> 百姓都专注他们自己的耳目，有道的人使他们都回复到婴孩般［真纯］的状态。③
> ［而百姓都全神专注他们的圣人］，圣人像对待婴儿那样对待百姓。④
> 百姓都专注于耳聪目明，圣人都一律看他们做孩童。⑤
> 百姓都努力在听在看，圣人把他们都当成纯真的孩子。⑥

陈鼓应先生没有说明"百姓都专注他们自己的耳目"在看什么、听什么、想什么，从对应的下句看，应是指私欲。因为有道的人负有"使他们都回复到婴孩般［真纯］的状态"的责任，所以必须对群众进行教育才行。还有一点不妥的是，百姓专注的不是"自己的耳目"，而是用耳目去关注执政者，目的是为了自己的正当利益，这种正当利益不应视为私欲，而执政者的私欲才是老子批判的对象。

任继愈先生把百姓的专注方向搞对了，由于"孩"字的版本之误，也只能作如是解了。但历史上从来没有执政者敢于面对百姓以父母自居者。相反，他们总是自称"小子"。如《甘誓》里的夏启，《汤誓》里的商汤，《泰誓》里的周武王莫不如此。现在的政治领袖也继承了这一传统，总是自称为"人民的儿子"，哪里敢把百姓视为自己"儿子"？老子也说过："故贵以贱为本，高以下为基。是以侯王自称孤、寡、不穀，此其以贱为本邪？"（第三十九章）由此可见执政者不会也不敢以父母自居，但一个"孩"字之误，竟产生了一个"爱民如子"的说法，谬种流传二千多年。

在本章中，老子的中心思想是执政者必须"以百姓心为心"，为此就必须收敛自己的私欲，对这一点的认识古今是基本一致的。但对如何实现这一点的途径上却产生了不同的看法。老子主张包容"反对派"，用实际行动化解矛盾，达成上下之间的"和解"和"信任"。但这一看法被误解为无论善与不善、信与不信都一概善之信之，因而不合于常识。产生这一误解的原因一是对"善"的义项的选择，老子极少用"善"字表示"善良"；二是没有搞清楚不善和不信者的对立面是谁，因而把这个最重要的角色漏掉了。在百姓之中，有一些人对执政者不信任、不喜欢甚至反对，是很正常的事，能否使这一部分人改变态度，是对执政者的考验。毫无疑问，老子这一看法具有穿越时空的力量，当今世界这种情况仍然具有普遍性，仍然适用老子这一论断，因而极具现实意义。

在对本章的理解中，产生误解的主要原因是版本之误。这虽然不怪释者，但从整体及对历史的把握上此解还是有漏洞的，应该存疑才是。从细处看，两个"皆"字不是横向的"都"，而是纵向的"始终"、"一直"；"其"字指代的是百姓而不是耳目，否则对象就搞错了。

---

① 王卡点校：《老子道德经河上公章句》，中华书局，1993，

页 190。

②　严遵：《老子指归》，中华书局，1994，页 40。

③　陈鼓应：《老子注译及评介》，中华书局，1984，页 255。

④　任继愈：《老子绎读》，北京图书馆出版社，2006，页 108。

⑤　张松如：《老子说解》，齐鲁书社，1998，页 278。

⑥　傅佩荣：《细说老子》，国际文化出版公司，2007，页 185。

"烹小鲜"喻

第六十章"治大国若烹小鲜"，把"治大国"比喻为"烹小鲜"。烹是煮，小鲜是小鱼。煮小鱼为寻常之炊，无需高超技艺，应为简单易行之事。但"小鲜"经不起翻动，也应该谨慎小心对待才是。那么"治大国若烹小鲜"是哪一个意思呢？

治理国家要谨慎小心，毫无疑问是正确的。老子把"治大国"和"烹小鲜"放在一起，突出其不对称性，旨在强调"以道莅天下"，那就不是老生常谈的谨慎勿扰意，而是只要以道治国，即是治理大国，也会简单得像煮一条小鱼的意思了。

在这段话中，老子要说的是治国之道，这是核心，是前提，是最重要的纲。抓住这个纲，一切都不再困难，一切都会变得简单易行，甚至鬼神也两不相伤。

然而，自古及今的解释都一边倒向于谨慎勿扰而忽视"以道莅天下"。

韩非说：

> 藏大器而数徙之，则多败伤；烹小鲜而数挠之，则贼其泽；治大国而数变法，则民苦之。是以有道之君贵静，不重变法。故曰："治大国者若烹小鲜。"①

河上公说：

　　鲜，鱼也。烹小鱼不去肠，不去鳞，不敢挠，恐其糜也。
治国烦则下乱，治身烦则精散。②

任继愈说：

　　治理大国，要像煎小鱼那样［不要常常扰动它］。③

陈鼓应说：

　　"治大国若烹小鲜"这个警句，在传统中国的政治思想上
产生了重大的影响。它喻示着为政之要在安静无扰，扰则
害民。④

　　"烹小鲜"不难，这是常识。但和治国联系起来便需要谨慎小
心，也没有错。老子这里讲"治大国"，似乎更应该谨慎小心，不能
乱折腾。但如果把老子强调的"以道莅天下"放在应有位置，那么
"烹小鲜"只能回归常识，只能有一种理解，那就是以道治国，就是
治理大国也像煮一条小鱼那样简单。

　　脱离主题，用一个永远正确的东西贴在上面，看上去似乎也没
有错，但这种方法并不可取。韩非借老子的话在说自己的话，我们
应予区别。

　　老子这句话由于经常被国内外政要引用而产生了重大影响，因
此有必要让其回归本义。

---

　　① 韩非：《解老》。

　　② 王卡点校：《老子道德经河上公章句》，中华书局，1993，
页235。

　　③ 任继愈：《老子绎读》，北京图书馆出版社，2006，页131。

　　④ 陈鼓应：《老子注译及评介》，中华书局，1984，页300。

"拱璧"喻

第六十二章："故立天子，置三公，虽有拱璧以先驷马，不如坐进此道。""此道"是何道？以何知之？这都和"拱璧"的隐喻有关。以象征性的物件记录人类的思想和理念，是文字发明以前的伟大发明，恐怕也是人们喜欢用比喻抒情说理的源头。

拱璧以先驷马，是立天子、置三公时的一个游行仪式。一个人举着玉璧走在游行队伍的最前面，是礼仪规定，也是惯例，人们已不再追问这是为什么。老子要说的是：为什么拱璧要走在天子和三公的前面？应该把拱璧隐喻的含义弄清楚，用它所代表的天之道治理国家才是最重要的，此即"不如坐进此道"。

玉璧是远古先民崇拜太阳的产物，它的圆形即表示太阳。后来玉璧成为礼器，依然承袭了它原本的含义。诚如《礼记·礼器篇》所说："礼也者，反本修古，不忘其初者也。"在这场立天子置三公的仪式中，玉璧则转化为一种执政理念，表示执政者要像太阳那样对待自己的百姓，带给百姓光明与快乐、平等与普惠；要做到像太阳那样奉献而不求回报。这正是老子从远古先民那里所继承发扬的思想精华，太阳代表天，天的这种给予、付出，无私奉献精神，老子称之为"天之道"。

虽然仪式中仍然沿用古法，但其中所象征的理念却被执政者忘得一干二净，仅仅视玉璧为宝物而占有、欣赏、炫耀，甚至不惜为争夺宝物而发动战争。因此老子感叹道：

> 善，人之宝；不善，人之所保。
> 美言可以市，尊行可以加人。
> 人之不善，何弃之有？

这段话里的"善"即指那些好看的稀有的难得之货，比如玉璧之类的宝贝。"不善"指对民生重要但很平常的物类，比如粮食棉麻。而正是这些"不善"的东西才是人赖以保全的真正宝贝。过去释家解释道是"善人的法宝，也是不善人所要保持的"，那善人和不善人还有什么区别？凡是有悖于常识的解释必定有问题。

拱璧之喻不是老子给予的，而是古先民的遗产。老子在此论中把它重新发明出来，是希望执政者重视其中所象征的"天之道"，而不是看作稀有难得之宝。

"善者不辩"喻

用已知的公认的常识的事物为比喻，用以说明一个道理或增强论点的可信度，是老子善用比喻的另一个特点。

第八十一章有几个排比句：

> 信言不美，美言不信；
> 善者不辩，辩者不善；
> 知者不博，博者不知。

这几条原本都是常识，把这些常识贯穿在一起，是为了说明"圣人不积"也是常识，当然应该照此去做。

由于语言文字在历史演进过程中是变化的，如果不能准确地把握变化，就会把常识弄得不合常识。比如说对"善者不辩，辩者不善"的解释：

> 善人不巧说，巧说的不是善人。①
> 行为良善的人不巧辩，巧辩的人不良善。②
> 善良的人不巧嘴，巧嘴的人不善良。③
> 善良的人不巧辩，巧辩的人不善良。④

众口一词，有辩才的人都不是好人，这未免也太荒唐了，这不合乎常识。这个"善"字仅表示亲近、熟识、非常了解等，而不指善良。这句话的意思是说：相互亲近熟识的人无需多说话，需要多说话才能明白的人一定不是熟人。

再看对"知者不博，博者不知"的解释：

> 真懂的不卖弄，卖弄的不真懂。⑤
> 真正了解的人不广博，广博的人不能深入了解。⑥
> 实懂的人不卖弄，卖弄的不实懂。⑦
> 了解的人不卖弄广博，卖弄广博的人不了解。⑧

译文中"卖弄的"意思和"不能深入了解"及"实懂"与"不实懂"的意思全从想象中来。为什么不直译？因为照这种理解直译出来太离谱了，不合乎常识。

问题出在"博"字上，这里的博是通假字，通"搏"，用手去抓的意思。那么，这句话译出来应是：

聪明的人不会随便伸手拿别人的东西，随便伸手去拿别人东西的人不是聪明人。

没有高深的大道理，都是人尽知之的常识。但如果脱离了常识，那一定会出问题，这也是常识。

---

① 任继愈：《老子绎读》，北京图书馆出版社，2006，页 178。
② 陈鼓应：《老子注译及评介》，中华书局，1984，页 363。
③ 张松如：《老子说解》，齐鲁书社，1998，页 418。
④ 傅佩荣：《细说老子》，国际文化出版公司，2007，页 298。
⑤ 任继愈：《老子绎读》，北京图书馆出版社，2006，页 179。
⑥ 陈鼓应：《老子注译及评介》，中华书局，1984，页 363。
⑦ 张松如：《老子说解》，齐鲁书社，1998，页 418。
⑧ 傅佩荣：《细说老子》，国际文化出版公司，2007，页 298。

说《老子》第十九章中的几个"绝弃"

　　老子经常有惊世骇俗之语，这大概也是老子的魅力所在。但有时乍看太过离谱，不免使人生疑，老子是这个意思吗？比如老子要人们"绝圣弃智"、"绝仁弃义"、"绝巧弃利"，甚至还要"绝学"才能"无忧"，而圣、智、仁、义、巧、利、学，这些东西难道不好吗？如果绝弃掉这些东西，人和动物还有什么区别呢？老子是在挑战这些社会公认的价值观还是单一针对"儒家"而发？虽然那时并无儒道之分，但却让后世的儒家很不高兴。两千年来，围绕老子这段话出现了各种见解及争论，直到现在也没有停息，这是为什么呢？

　　主要原因出在文本上，没有明确的背景和对象，即语境模糊。这种先天不足在记录时就已产生了。因为这些背景对记录者来说都是清楚的，无须多费笔墨。而且文本在流传过程中或有删节、或有通假字替代、或有笔误及方言掺入，因此必会出现不同版本，当然也容易造成理解上的差异和对立。出在主观上的原因就更复杂了。和文本相关的是忽视语言文字的变迁，还有思想文化的变化都容易使人犯断章取义和以今释古的毛病。此外，读者思想倾向极容易使人产生门户之见，而门户之见一旦产生便牢不可破。这些因素都是产生误解的原因。对今天的读者来说，还有一个今译的问题。为了帮助一般读者阅读古籍，释者多用现代汉语把古文翻译出来。这样做的确方便了读者，但也留下了许多隐患，因为译文很难做到准确，更不要说"信、达、雅"了。特别是对像《老子》这样的文字简古又缺乏明确背景的语录体文章，今译就更加困难了。为了追求本真，人们又提倡直译，这就难上加难。这种难不单是对译者而言，更多的恐怕是会对读者产生不利的影响，特别是对那些喜欢抄近路的读者。因此，我主张直译和意译相结合；对《老子》今译，更要注意"舍遗补缺"；而对某些篇章，译还真的不如不译，如第十九章的几种现代译文，足以误导读者。因此，我们需要更细致的阅读，更深入的思考。要从文本本身找出尽可能多的语境资料，起码要确定谈话对象的大致身份，针对的是什么问题。比如从本章的"民利百倍"、"民复孝慈"、"盗贼无有"等情况，可知是社会治理问题，对象必为执政者。老子提出的几个"绝弃"，是对执政者提出的要求，而不是针对所有人。再具体一点，是对这个特定的执政者而言，虽然我们不知道他是谁。但他的问题具有一定的共性，因此，也便具有普遍性的意义。

　　绝圣弃智，民利百倍。

　　圣字的本义指无所不通，老子书中的"圣人"指的只是聪明的执政者，如"天之道，利而不害；圣人之道，为而不争"的圣人。老子对这些"圣人"都是肯定的，老子并不"绝圣"。后世把聪明才智和道德修养都圆满的人称为"圣人"，那是"圣人"的发展义，应予区别。老子说过："知人者智"。他赞赏那些"智，不智"的人，反对那些"不智，智"的人，他要弃的"智"，应即是这种"智"。那么，老子要绝的"圣"，也是"不圣，圣"的人，即自以为聪明过人的人。这一点正是执政者的通病，他们视百姓为"愚民"，以自己为"圣智"，利用权力为所欲为。老子告诫他们不要这么想，也不要这么做，百姓不傻，"百姓皆注其耳目"，他们的眼睛是雪亮的。老子认为如果执政者能绝弃这种想法和做法，做到"以百姓心为心"，这就是"道"；而以道治国，百姓便可获得百倍的利益，"民利百倍"，同时，执政者也会得到百姓的拥护，这种双赢就是老子所说的"德"。

    绝仁弃义，民复孝慈。

    从老子的回答可知，这位执政者可能抱怨百姓不能理解自己的苦心，甚至辱骂百姓无知。接着又向老子诉说自己的种种"义举仁政"，不但没有得到赞扬，反而招致百姓的更多不满和反对。针对执政者的抱怨，老子认为他的这些作为充其量不过是小恩小惠，况且"小惠未遍"，根本算不得"仁义"，或者说距离真正的仁义还差得很远。老子劝他赶快放弃这种把小恩小惠当作仁政义举的想法，这便是"绝仁弃义"的意思。

    老子从来不反对"仁"。老子自己就谦称"窃仁人之号"，这是他亲口对孔子说的，事见司马迁《孔子世家》。他怎么会反对"仁"呢？他是说过"天地不仁"、"圣人不仁"的话，但此"人"非彼"仁"，这句话也被人们误读了。"天地不仁"只是说天地和人不同，人有私而天地无私，故能对万物如对一物。此处的"仁"字通"人"字而已，和仁慈无关。

    他还说过"大道废，有仁义。智慧出，有大伪"，但这句话也没有贬低仁义的意思，而是说大道本与仁义同在，大道废方显出仁义之重要，这是辩证地看问题。而仁义是当时流行语。这句话中的"智慧"指巧诈、口是心非、"不智，智"的人，而这种人位居人上，想出各种办法与民争利，这才是"大伪"！仁有爱的意思，慈的意思，孟子干脆说："仁者，道也"。老子还说过"吾有三宝，保而持之：一曰慈，二曰俭，三曰不敢为天下先"，摆在首位的就是"慈"。如果从仁慈的角度看"仁"，老子既不"绝仁"，也不"弃义"。既然老子没有否认普世价值的"仁义"，那这里所指便是那位执政者的所谓"仁义"了，老子要绝弃的也正是这种"仁义"。这种"仁义"打着仁义的旗号粉饰政治，掩盖剥夺真相，导致社会矛盾加剧，社会风气堕落，家庭失去应有的孝慈，所以老子才说："绝仁弃义，民复孝慈。"

"民复孝慈"暴露了社会深层次的问题。问题出在家庭，但却根源于社会，根源于执政者及其集团的贪婪及过度盘剥。如果执政者只做表面文章是要不得的，是解决不了社会深层次的问题的，比如移风易俗问题。想要化民成俗，使民风恢复到敬老爱幼的状态，那就必须首先从自己做起。

在老子看来，道是根本，仁义是和大道共存的，道在则仁义自在，民利自在，孝慈自在，社会安定，没有盗贼；道废则仁义不存。所以他说"大道废，有仁义"，当人们呼吁"仁义"的时候，正是因为大道已废，在大道废的情况下，也不会有真正的仁义。执政者所标榜的"仁义"或者是虚伪的，或者是小恩小惠，并非是真正的仁义，所以必须绝而弃之。

对老子"绝仁弃义，民复孝慈"这句话的理解，古今有很多说法。

河上公说：

> 绝仁之见恩惠，弃义之尚华言。①

他的意思是口头上的仁义不实惠也不真实，只有绝仁，才能出现真恩惠；绝义，才可能出现真信之言。他解释"民复孝慈"是"德化淳也"。

晋王弼则对"圣智"、"仁义"、"巧利"作了正面的释义，这是很正确的：

> 圣智，才之善也；仁义，[行]之善也；巧利，用之善也。②

老子在使用这些词汇时并没有否定他们的本来含义，而是另有所指。如"智"，这里指把聪明用在与民争利上，变着各种方法谋求自己的利益。"巧"，工巧、技巧。而这些"巧"最后形成的产品多是为权贵服务的奢侈品，而不是老百姓最需要的生活必需品。

苏辙说：

> 未有仁而遗其亲者也，未有义而后其君者也，仁义所以为
> 孝慈矣。然及其衰也，窃仁义之名以要利于世，于是子有违父，
> 而父有虐子，此则仁义之迹为之也。故绝仁弃义，则民复
> 孝慈。③

他认为老子要求"绝仁弃义"是因为有人"窃仁义之名以要
利"。诚然，这种人是肯定有的。但因为有这些人就绝弃仁义，似乎
也说不过去。我以为老子此言一是有针对性，他面对的这位执政者
可能喜欢谈论或标榜仁义；二是强调仁义不过是道的派生品，道才
是根本，是纲，应该返归大道才对。

释德清（憨山大师）的看法和苏辙差不多，他说：

> 且仁义本为不孝不慈者劝，今既窃之以为乱，苟若弃之，
> 则民有天性自然之孝慈可复矣。此即庄子所谓"虎狼仁"也。
> 意谓虎狼亦有天性之孝慈，不待教而后能，况其人为物之
> 灵乎？④

大师对"民复孝慈"做了"天性自然"的解释，认为"孝慈"
"不待教而后能"，恐怕是对人的"天性"作了过高的评估。老子强
调的是执政者首先要以道为本，也即是以民为本，做出表率，才能
回归到真正的仁义慈孝的状态。因为人皆仁义，所以也用不着强调
仁义，可谓"绝仁弃义"，这就是道行天下的状态。

当今学者把这句话直译出来，看似忠实原文，但却不是老子的
原意，甚至相差甚远，极易引起误读。比如：

> 抛弃仁和义，人民可以恢复孝慈的天性。⑤
> 灭绝了仁德，抛弃了义理，人民才会恢复到孝慈。⑥
> ［统治者］抛弃了"仁"和"义"，百姓重新回到孝慈。⑦

去除仁德与义行，人民可以恢复孝慈的天性。⑧

译文都把矛头对准"仁义"，似乎"仁义"是很坏的东西，必要斩草除根而后快，这不是老子的意思。任继愈先生使用了括号加"统治者"三字，点明了是对执政者的要求，这一点很重要。

绝巧弃利，盗贼无有。

从自己做起首要是俭，过俭朴的生活，远离奢华。不要追求淫巧奇器，也不要谋求自己的私利。

我以为这个"巧"指的是奇器，也就是"难得之货"与"什佰之器"，奢侈品。有人释"巧"为"巧诈"或"机巧"，并不恰当，因"绝圣弃智"中的"智"已包含这层意思，这里没有必要再重复了。至于"利"，老子并不一概反对，"民利百倍"还是老子所乐见的。老子甚至不反对执政者也获利，老子反对的是执政者把自己的私利置于百姓利益之前，反对损不足以奉有余，所以才反复告诫他们"不敢为天下先"，要他们"外其身"、"后其身"，这个"身"不指身体，而指的就是自己的私利。

如果一个国家领导人家里都没有盗贼想要的东西，那天下还会有盗贼吗？

接下来应该是哈哈大笑了，恐怕这位君主也笑了。

当代学者是这样理解这句话的：

抛弃巧诈和货利，盗贼就自然会消失。⑨
灭绝了技巧，抛弃了货利，盗贼也就不会生起。⑩
去除机巧与利益，盗贼就不会出现。⑪
[统治者]抛弃了巧和利，盗贼才能消弥。⑫

从以上译文中我们可以看出对"巧"和"利"的认识不同。一种释"巧"为"巧诈"或"机巧"，可能指高明的骗术或投机取巧的手段。一种释"巧"为"技巧",但他在说解中并没有说明是哪类"技巧",我认为译"技巧"是对的。还有一种是不译,从有歧见看,译是对的。"利",一是释为"货利",一是释为"利益",准确讲应指统治者的私利,加上统治者是很必要的,因为老子并不反对"货利"和"利益",这也是老百姓最缺少的,最需要的。

释"巧"为"技巧",指这些技巧的产物,也即老子所谓"难得之货"。宋人吕吉甫说:

> 绝巧弃利,不贵难得之货之尽也,绝而弃之,则非特不贵而已。⑬

难得之货,一是稀有,寻觅不易;二是加工工艺复杂,需要高超的技巧和耗费巨大的人力物力;三是仅供极少数人的耳目之娱,无利于民生。如果统治者沉迷于享乐,钟爱于这些难得之货,必然不顾人民生活之困苦,当然应该绝而弃之。

老子停了一下又说道:

> 此三者,以为文不足。故令有所属。

"此三者"是哪三者?"文"指什么?为什么说"文不足"?但这句话译出来却变了味:

> [圣智、仁义、巧利]这三者全是巧饰的,不足以治理天下。所以要使人有所归属。⑭
> 这三句话儿呀,作为理论原则还不够,所以仍须指示人民有所遵循。⑮
> 这三方面是用来文饰的,不足以治理天下。所以要让人民有所依归。⑯
> 以上三条[消极的表述]作为理论是不够的,所以要[正面表述]使人有所从属。⑰

古人是这样理解这句话的：

河上公说：

> （"此三者"）谓上三事所弃绝也；以为文不足者，文不足以
> 教民。⑱

我以为前半句是对的，后半句有误，误在对象搞错了，因为无关乎教民，老子的话全是针对执政者的。

王弼认为："圣、智、仁、义、巧、利"，本都是极好的东西，"而直云绝，文甚不足，不令之有所属，无以见其指。"⑲把好东西绝弃掉没有令人信服的理由，即"文甚不足"，所以才"令有所属"，旨在"见素抱朴，少私寡欲"。其实在老子看来，三绝弃并不存在理由不充分的情况，"文甚不足"，只是说，从更加完善的角度讲，有破还应该有立，有"绝"还应该有"学"，这就完善了，"文"指完善完美。

苏辙是这样理解这句话的：

> 世之贵此三者，以为天下之不安，由文之不足故也。是以
> 或属之圣智，或属之仁义，或居之巧利，盖将以文治之也，然
> 而天下益以不安，曷不反其本乎？见素抱朴，少私寡欲，而天
> 下各复其性，虽有三者，无所用之矣。故曰"我无为而民自化，
> 我好静而民自正，我无事而民自富，我无欲而民自朴"，此则圣
> 智之大，仁义之至，巧利之极也。⑳

子由先生把"此三者"理解为"圣智"、"仁义"、"巧利"，认为此即"文"或"文治"。和苏辙一样，另一位宋人吕吉甫也认为"三者"指"仁义"、"圣智"、"巧利"。但他把"文"和"质"联系起来，似乎和苏的见解又有所不同。他说：

> 圣智也，仁义也，巧利也，此三者以为文而非质，不足而

非全，故绝而弃之，令有所属。见素抱朴，少私寡欲，乃其所属也。见素，则知其无所与杂而非文；抱朴，则知其不散而非不足。素而不杂，朴而不散，则复乎性，而外物不能惑，而少私寡欲矣。少私寡欲，而后可以语绝学之至道也。[21]

我以为"三者"指"三绝"而不直指"圣智、仁义、巧利"，三绝实质上指自骄、自伐和贪欲；"不足"不指治理天下，而仅指"三绝"只有破是不够的，还应该有"立"才是完整的、完善的，这就是"文"。老子要树立榜样。而无论是"破"是"立"，都指向执政者，既不泛指"人"，更不是指"人民"。至于这种破和立的精神也适用于全社会，适用于所有的人，那是读者的对号入座或引申发挥，和这段话本身的指向无关。

老子认为执政者应该做到：

见素抱朴，少私寡欲。

"见"同"现"，但却不同于表现或"外表"，应指行为，做到。"抱"，指要守住，同"善抱者不脱"的"抱"，指不放松；"朴"指"道"。"素"是没有浸染的布帛，表示本真、简单。所谓"见素抱朴，少私寡欲"，是说要坚持做到过简单的生活，守住道这个根本，私心少一点，欲望少一点。这就是老子所谓的"有所属"，即努力方向，也是下句"学"的目标和内容。下句是：

绝学无忧。

对此四字的释义问题最大最多，即使辩护者也只能把"学"说成"末学"而绝弃之。这实在是一个极大的误会。老子不过是说执政者做到"绝"（绝圣弃智、绝仁弃义、绝巧弃利），"学"会（见素抱朴、少私寡欲），自然就"无忧"了。但几乎所有的释经者都把这四个字视为一个整体，有人把它归入本章，有人归入下章，这说明他们内心也有疑虑。

归入本章者，三绝变成了四绝；归入下章者，和下文并无直接联系，成为孤零零的一丛野草。无论如何编排，现代的多数学者都把"学"释为"学问"、"学术"或"知识"，都认为老子要求绝而弃之。如：

> 陈鼓应：抛弃［圣智礼法的］学问，没有忧虑。[22]
> 任继愈：抛弃学问，可以使人无忧。[23]
> 张松如：灭绝了学术，免除于忧虑。[24]
> 傅佩荣：去除知识就没有了烦恼。[25]

当这些释"学"为"学问"、"学术"、"知识"时，又和"圣智礼法"联系起来，说明这些"学问"指的不过是"末学"，自然不能舍本求末，所以必须绝末学。这种看法古已有之。如后汉有个叫范升的教授，他就说过："绝学无忧，绝末学也"。（《后汉书·范升传》）

古人关于"绝学无忧"的解释多种多样，多为联想臆测、引申发挥之词。如苏辙说：

> 为学日益，为道日损。不知性命之正，而以学求益，增其所未闻，积之不已，而无以一之，则以圆害方，以直害曲，其中纷然不胜其忧矣。患夫学者之至此也，故曰："绝学无忧。"[26]

苏辙引出老子"为学日益，为道日损"的话，认为是批判某些人"不知性命之正，而以学求益，增其所未闻，积之不已，而无以一之"，则会造成"以圆害方"，"以直害曲"的严重后果，为了避免"纷然""其忧"，"故绝学无忧"。由此看来，苏辙也误解了"为学日益，为道日损"。为学正是指学习学问、知识，需要"日益"，即每天都要增加一点为好，用加法，正需要"增其所未闻，积之不已"；为道这里指修身，修掉自己身上的毛病和私欲，需要每天减少一点为好，损，用减法。老子没有一点反对学问的意思，反而认为多多益善，可见"绝学"不是"绝"学问。如果是这样，那便是否定了知识分子群体的社会存在价值，同时也否定了"以道佐人主者"的价值，而老子本人正是这个群体的代表人物。

苏辙的说法源于王弼。王弼说：

> 为学者日益，为道者日损。然则学求益所能而进其智者也。若得无欲而足，何求于益？[21]

王弼认为为学的目的是"益所能而进其智"，为道的目的是"无欲而足"，那么要为道根本不需要益能进智，当然要绝学了。王弼把二者混为一谈了，须知为道也是需要学习的，老子就曾把"闻道者"分为上中下三类。"无欲"、"知足"的要求虽然适合所有的人，但老子的主要指向都是掌握多数社会财富的少数人，老子这里讲的三绝三弃也是对这些人说的。老子看问题总是使用"两分法"，有破尚须有立，有绝还应有学。而只有绝是不够完善的，所以说"以为文不足"，还要树立学的榜样，这个榜样便是"见素抱朴，少私寡欲"。任继愈先生在译述"此三者，以为文不足，故令有所属"时，使用了"消极的表述"和"正面表述"的做法，他体味出了老子的辩证思维，这是很正确的。但"此三者"的断然绝弃并非"消极的表述"，乃是积极的表述。只不过要绝弃的东西是负面的或消极的罢了。

由此看来，"绝学无忧"从古到今都被误解了。这是为什么呢？我以为是句读惹的祸。当然，从根上说，也可能是记录者和传抄者的失误造成的。

老子的这次谈话可能进行了数小时之久，肯定说了不少话。其中只有极少的话被记录下来，当然是记录者认为是最重要的或是精彩的，他只能做到记录要点，因此看起来只是若干条目。这些记录稿在流传出去的时候又会被再次精简，也会被误抄及省略，那时又没有句读，这便是我们今天读老子的困难，也是我们研读老子必须要考虑的重要因素。

本章我们今天看到的只有四十九个字，而后世论及本章的文字只怕四百九十万字也挡不住。这一方面说明老子的无穷魅力，另一方面也说明因其文体古简而极易产生误解及歧见，争论无可避免。如果再加上门户之见，那就更热闹了。

北宋朱熹看到苏辙对此章的解读及其兄苏轼的题跋，竟拍案而起，逐句批驳。虽然此时二苏已经作古，但朱熹为了捍卫门户，不惜恶语相加，甚至有人身攻击的嫌疑。

苏东坡评价其弟苏辙所作《诗传》《春秋传》《古史》皆古人所未及，《老子解》差若不及。后来读到《老子解》的改定本，"废卷而叹：'使战国有此书，则无商鞅、韩非；使汉初有此书，则孔老为一；使晋宋间有此书，则佛老不为二。不意老年见此奇特。'"

朱熹评论说：

> 苏侍郎晚为是书，合吾儒于老子，以为未足，又并释氏而弥缝之，可谓舛矣。然其自许甚高，至谓当世无一人可以语此者，而其兄东坡公亦以为不意晚年见此奇特。以予观之，其可谓无忌惮者与？

朱熹不但把二苏称为"无忌惮者"，还以苏子由对老子第十九章的解释为例，逐句予以批驳，最后断言："如苏氏之说，则其乱天下也必矣。""乃所以自状其不知道而妄言之实耳。"

文章针锋相对，十分精彩。朱熹先生的愤怒溢于言表，其门户之见也暴露无遗。但见刀光剑影，却全数落在空空之处。

---

① 王卡点校：《老子道德经河上公章句》，中华书局，1993，页76。

② 楼宇烈：《老子道德经校释》，中华书局，2008，页45。

③ 苏辙：《道德真经注》，华东师范大学出版社，2010，页24。

④ 释德清：《道德经解》，华东师范大学出版社，2010，页60。

⑤ 陈鼓应：《老子注译及评介》，中华书局，1984，页138。

⑥ 张松如：《老子说解》，齐鲁书社，1998，页109。

⑦ 任继愈：《老子绎读》，北京图书馆出版社，2006，页40。

⑧ 傅佩荣：《细说老子》，国际文化出版公司，2007，页78。

⑨ 陈鼓应：《老子注译及评介》，中华书局，1984，页138。

⑩ 张松如：《老子说解》，齐鲁书社，1998，页109。

⑪ 傅佩荣：《细说老子》，国际文化出版公司，2007，页78。

⑫ 任继愈：《老子绎读》，北京图书馆出版社，2006，页40。

⑬ 转引自焦竑：《老子翼》，华东师范大学出版社，2011，页47。

⑭ 陈鼓应：《老子注译及评介》，中华书局，1984，页138。

⑮ 张松如：《老子说解》，齐鲁书社，1998，页109。

⑯ 傅佩荣：《细说老子》，国际文化出版公司，2007，页78。

⑰ 任继愈：《老子绎读》，北京图书馆出版社，2006，页40。

⑱ 王卡点校：《老子道德经河上公章句》，中华书局，1993，页76。

⑲ 楼宇烈：《老子道德经校释》，中华书局，2008，页45。

⑳ 苏辙：《道德真经注》，华东师范大学出版社，2010，页24。

㉑ 转引自焦竑：《老子翼》，华东师范大学出版社，2011，页47。

㉒ 陈鼓应：《老子注译及评介》，中华书局，1984，页138。

㉓ 任继愈：《老子绎读》，北京图书馆出版社，2006，页42。

㉔ 张松如：《老子说解》，齐鲁书社，1998，页109。

㉕ 傅佩荣：《细说老子》，国际文化出版公司，2007，页81。

㉖ 苏辙：《道德真经注》，华东师范大学出版社，2010，页25。

㉗ 楼宇烈：《老子道德经校释》，中华书局，2008，页46。

后记：关于《老子新释》及其他

有朋友问：有关老子的书汗牛充栋，你为什么还要去凑热闹？

热闹吸引着更多的人去"凑"，岂不更热闹？其实真正吸引我的倒不在"热闹"，主要是"缘分"。我在少年时就喜欢《老子》，曾经把全文抄录在一个硬壳笔记本上，可以背诵。后来逛书店时只要碰到有关老子的书，就会忍不住掏腰包，渐渐积有数十种。书虽然不少，也只是翻翻，并没有深入。年过花甲，我才开始认真读老子，同时开始通读《春秋三传》，特别是《左传》，以及《尚书》《诗经》《易经》等。读了一年后老子其人虽然仍旧模糊，但老子的思想却渐渐清晰起来，于是又花了一年时间完成了这本《老子新释》。

朋友说：你胆敢叫"新释"，是不是老王卖瓜？

正是老王卖瓜。没有新意，没有特点当然不行。我粗略计算了一下，大约有近五十多处与众不同。至于这些新释能否自成一说，需要很长的时间检验。对读者来说，多了一种选择；对作者来说，甚至无须期待什么。

朋友来了兴趣，在电话里问道：能不能说来听听？不能，因为说来话长。长话短说或许对少数研究者省事，对多数读者却无益，还是将来送你一本书吧！

本书采用西安周至楼观高翻本为底本。高翻本也称"楼古本"、"至元本"，是刻本中的著名版本，在《道德经》的众多版本中虽并不十分突出，但颇具特色。如有的字句与王弼本不同，却合于帛书本，说明这个版本也是流传有序的重要版本。高翿是金末进士，号松岩真隐，益津（今河北霸县）人，入元后做过一些执掌文书的小官，工文辞，精书法。

做学问讲究不落俗套，做事却很难免俗。后记总会出现感谢之类的俗套，不少还要提及贤妻爱女。不过，心中油然生出感激之情，还是从众为好：

感谢任继愈先生。任先生曾当面鼓励我向学，并为我题写"锲而不舍，金石可镂"的名言，我一直挂在书桌对面的墙上。

感谢萧箑父先生。萧先生把他为纪念王船山逝世三百周年题湘西草堂的诗写成条幅给我，其中有一句"雷风相薄孕新思"，我很喜欢，并从中获取激励。

感谢赵馥洁先生。赵先生亦师亦友，为本书提出了许多极中肯的意见，并且亲自动手修改和润色了译文，从而避免了不少失误并增色不少。

感谢老友赵乐宁。他是具有独到眼光的资深编辑，本书经过他的法眼剪裁，方得有模有样。

老友袁长安、何谦不但校读了全书，而且对不妥之处提出了许多具体的修改意见，使我获益良多。

老友张应超、张长怀，以及王孝祖、王海团、闫景学等都极为关注本书，给了我很多鼓励。

感谢当代高道任法融先生。任先生是中国道教协会会长，他不但亲自为本书题签，而且用了一个下午的时间和我在楼观论道。楼观台监院助理任兴之道长、金仙观贾慧法道长都对本书助力颇多，谨致谢意。

最值得我们感谢的，还是老子和他的《道德经》，因为正是老子缔造了中华民族最早的精神家园，直到今天，仍然是我们吸取精神养分的源泉。